마주침의 정치

The Politics of the Encounter

: Urban Theory and Protest under Planetary Urbanization by Andy Merrifield

마주침의 정치

The Politics of the
Encounter
Urban Theory and Protest Under Planetary Urbanization

앤디 메리필드Andy Merrifield
김병화 옮김 서동진 감수 및 해제

이후

일러두기

1. 한글과 외래어 표기는 〈국립국어원〉 표준국어대사전 표기 및 '외래어 표기법'을 따랐다. 단, 원칙대로 표기할 경우 현실과 지나치게 동떨어진 음이 나오면 실용적 표기를 취했다.
2. 단행본, 정기간행물에는 겹낫쇠(『』)를, 논문이나 기고문, 에세이 등에는 홑낫쇠(「」)를, 단체명의 경우 꺾쇠(〈〉)를 사용했다. 그 밖에, 영문 단행본이나 정기간행물은 이탤릭체로, 영문 논문은 큰따옴표(" ")로 표시했음을 밝힌다.
3. 본문 아래 각주는 모두 옮긴이의 것이다.

허버트 머스챔프(1947~2007)를 추억하며

마주침의 순간에 나는 상대방 속에서 매번 또 다른 나 자신을 발견한다. 당신 이거 좋아해? 나도 그런데! 당신 이거 좋아하지 않아? 나도 그래!

_롤랑 바르트

단지 질서가 달라졌을 뿐, 하지만 거기 존재하지 않았던 몸체는 여기 존재하지 않는다.

_제임스 조이스

차례

개인적인 것과 정치적인 것: 다른 종류의 우울함

『뉴욕타임스』의 칼럼니스트였던 고故 허버트 머스챔프Herbert Muschamp는 도시를 다룬 나와 앙리 르페브르Henri Lefebvre의 작업이 심리학자 멜라니 클라인Melanie Klein이 "우울한 입장depressive position"이라 부른 것의 변형태에서 발생했다고 주장한 적이 있다. 미국에서 가장 영향력이 큰 (그리고 논쟁적인) 건축 평론가 가운데 한 명인 머스챔프는 뛰어난 데다 활동적이기까지 한 도시 해설가이며, 르페브르의 화신이라고 해도 될 만한 사람이었다. 그와 내가 친구가 된 것은 2002년이었는데, 그 무렵 내 책『매혹의 도시, 맑스주의를 만나다Metromarxism』와 『변증법적 도시주의Dialectical Urbanism』가 출간되었다. 그 뒤 내가 프랑스로 거처를 옮겼기 때문에, 우리 사이는 어딘가 동료 여행자 같은 성격의 관계, 대양과 이데올로기와 시차를 사이에 둔 우정 같은 것으로 유지되었다. 머스챔프에게 르페브르를 다룬 내 책의 서문을 써달라고 부탁하자 그는 기꺼이 들어주었다. 그리고, 민망하게도 그는 그 서문에서 나를 도시에 관한 가장 위대한 철학자인 프랑스의 마르크스주의자 르페브르와 동격으로 분류했다.

머스챔프는 2007년에 폐암으로 사망했다. 그때 나이 쉰아홉이었다. 그의 죽음으로 미국의 도시주의에는 커다란 구멍이 생겼다. 희귀한 목소리, 국제주의적이고 낭만적인 목소리가 사라졌다. 그 목소리의 소유자에게 도시란 무엇보다 정치적이고 성적인 자유를 의미했다.[1] 머스챔프는 그런 자유가 박탈당하는 것을 보며 괴로워했다. 그는 뉴욕을 사랑하면서도 그 도시를 비난하고, 대중들의 착각을 시정하기를 두려워하지 않았다. 머스챔프에게 뉴욕이라는 도시는 섬 속의 섬이었다. 그 섬은 자신을 자유주의의 거점이라 여겼지만 머스챔프는 그 반대가 참이라는 것을 보여 줬다. 뉴욕은 수정헌법 제1조*에 대한 루돌프 줄리아니의 만성적 적대감, 땅으로 돈이나 벌어 보려는 속셈으로 설계된 허황한 전근대적 건축물과 그 밖에 흉측한 건물들, 각종 종교적 광기를 다루는 커버스토리로 장식된 새 잡지들, 1960년대 감수성에 역풍을 불러일으키는 빨간 주州의 무리들(공화당 지지자)을 우리에게 날려 보냈다. 머스챔프는 9.11 그라운드 제로 사건 이후 호전적 애국주의가 날뛰는 재앙이나 부시 통치 기간의 백치 같은 행태를 도저히 견뎌내지 못했다.

지원자이자 영감의 원천이던 그를 잃은 것은 내게 개인적으로 큰

■ 1791년에 채택된 미국 헌법 수정 법안을 말하는 것으로, 종교, 언론, 집회 등 다양한 분야의 표현의 자유에 관한 내용을 포괄적으로 담고 있다.

손실이기도 했다. 하지만 머스챔프가 살아 있을 때는 그가 던진 멜라니 클라인에 대한 암시를 그리 중요하게 고려하지 않았다. 아마도 그의 글을 처음 읽었을 때 슬쩍 웃어 넘겼던 것 같다. 아니면 크게 웃었는지도 모르겠다. 머스챔프의 글은 재치있고 가벼우면서도, 깊이가 있고 난해해 흥미로움과 의미를 함께 담고 있었다. 머스챔프가 사라진 지금, 돌이켜 생각하면 그는 나에 대해서도, 그리고 르페브르에 대해서도 옳았다. 우리가 증오하는 도시는 우리가 사랑하는 도시이기도 하다. 일종의 미운 정이 생긴 것이다. 머스챔프에 따르면, 도시를 증오하게 되는 계기는 주로 그 도시의 비즈니스 때문에 생긴다. 뉴욕의 비즈니스가 "표현되는 방식은 일부 사람들에게는 거의 항상 완벽하게 가증스러워 보이기까지 한다." [2) 그는 그런 가증스러워하는 태도를 내게서, 그리고 앙리 르페브르에게서 포착했다. 나와 마찬가지로 머스챔프 역시 전기와 비평이라는 게 위장된 형태의 자서전이라는 것을 알고 있었다. 그것들은 타인을 통해, 다시 말해 '권위 있는 인물'을 통해 자신의 견해를 간접적으로 말하는 방식이다. 나는 『앙리 르페브르: 비판적 서문Henri Lefebvre: A Critical Introduction』을 알프스 산맥 기슭에 있는 르부아슈Le Vuache라는 이름의 거대한 바위산 옆에서 썼다. 사부아 산자락의 작은 마을이었다. 그 두어 해 전에 나는 뉴욕에서 달아나 살림 규모를 줄여 시골에 정착했다. 그때 생각으로는 그곳이 내가 있어야 할 곳이며, 숨을 좀 돌리고 나서 다시 나 자신을 추스를 수 있으리라고 생각했다. 물론 뉴욕의 터무니없는 생활비 때문에 밀려난 점도 있지만, 도시와 학계에서 자발적으로 뛰어내렸다고 할 수도 있었다. 나 스스로 도약을 감행한 것이다.

앙리 르페브르가 말년을 보낸 곳도 자신이 어렸을 때 뛰어다니던 피레네 산맥 기슭의 어느 중세적인 소도시였다. 기 드보르Guy Debord 역시 파리에서 달아나, 작고 외진 오베르뉴에 정착해, 높은 돌담 안에서 은둔하는 수도승처럼 살았다. 드보르는 더 나아가 소매가 기다란 전통 셔츠를 입고는 농부 행세를 하기도 했다.(나는 드보르의 담벼락과 1970년대에 파리에서 달아난 행동에 매력을 느꼈고, 그에 대한 책을 한 권 쓰기도 했다. 그 책은 나 자신의 도시 탈출을 반영한 것이기도 하다.) 르페브르와 드보르는 파리에 대해 쓴 수많은 글 중에서 가장 아름답다고 할 만한 글을 몇 편 썼다. 그러면서 보들레르도 그에 비하면 밝아 보일 정도의 우울을 담아 파리와 파리의 정치가, 설계자, 관료, 기업가를 강하게 비난하기도 했다. 그리고 바로 이런 점이 스스로 변증법적으로 물꼬를 틔워 나가는 클라인(그리고 머스챔프)의 "우울한 입장"이라는 테제였다.

나의 우울한 입장이 가장 개인적으로 나타난 책이 『당나귀의 지혜*The Wisdom of Donkeys*』이다. 『당나귀의 지혜』는 귀가 긴 동반자(당나귀)를 끌고 다니면서, 혹은 그에게 이끌려 다니면서 농촌 생활의 기쁨을 환기해 보려는 시도이자 느리게 살기, 자연을 느끼기, 전통으로 돌아가기, 좀 더 분별 있고 차분한 고대로 거슬러 올라가기를 시도한 책이다. 당시 부시 행정부는 전성기를 누리고 있었고, 세계는 전쟁 중이었고, 나는 그런 일에 조금도 끼어들고 싶지 않았다. 나는 평화의 상징인 동물과 함께 살고 있었다. 세상은 하이테크에 강박되어 있었고, 목적도 없이 아주 빠르게 달리고 있었다. 그런데 여기, 내 곁에는 빈둥거리면서도 꾸준히 걸어가는 로우테크 동물이 있었다. 도시화urbanization로 전 세계는 콘크리트로 뒤덮이고 대기는 오염되었고, 모든 사람에게 끝없는 소음의 폭격이 쏟아지는 가운데, 나는 연녹색으로 펼쳐진 조용한 초지에서 맑은 공기를 마시고 있었다. 정치가와 금융계의 거물들은 우리 모두를 멋대로 휘둘러댔지만, 이 동물은 어느 누구도 괴롭히지 않았다.

그래서 거의 8년 동안 나는 초현실적인 프랑스의 목가적 농촌 마을에서 살았고, 게다가 당나귀에 관한 책을 쓰기까지 했다. 그런 방식으로 평화롭게 지내며 조용하게 일할 수 있다고 스스로를 납득시키려고 애쓴 것이다. 나는 틀렸었다. 뒤로 돌아가는 것, 앞으로 아주 천천히 나아가는 것, 소리도 없이 움직인다는 것은 사실 느린 죽음, 창조적 정신의 죽음이었다. 『당나귀의 지혜』를 마무리한 뒤 얼마 안 있어 나는 속도가 필요하다는 사실을 깨달았다. 빠른 생활, 시끄러운 생활이 다시 필요해졌다. 미래를 끌어안기 위해 나는 곧바로 전진해야 했다. 다시 사람들 사이에, 수많은 사람들 사이에 있게 해 줄, 번잡한 길거리를 쏘다니게 해 줄 마법의 알약이 필요했다. 그 욕망의 결과물이 『마술적 마르크스주의Magical Marxism』(2011)였다. 그것은 주문 같은 마법의 약을 마술처럼 불러내고, 어떻게 해서든 그것을 정치적으로 건드려 보려는 시도였다. 나는 브라질의 상파울루에 있는 자르딤 파울리스타노의 돔 호세 카페에서 그 책 거의 전부를 썼다. 그 카페는 상파울루 시의 종합병원 근처에 있는, 아르튀르 데 아제베도 거리와 오스카 프레이르 거리의 교차로에 있었다. 글을 쓰다가 머리를 들기만 하면 대도시라는 거대한 세계가 움직이는 것이 보였다. 그렇게 브라질에 머무는 동안 나는 주민이 열아홉 명(여름 동안의 인구!)에 불과한 마을에서 살았던 일을 농담처럼 말하고 다녔다. 상파울루의 인구는 1천 9백만 명인데, 그런데도 나는 이곳이 더 내 집 같았고, 존재론적으로 더 편안했고, 더 친밀한 소속감을 느꼈다.

　상파울루에 갔던 이유는 하나 더 있었다. 나는 가브리엘 가르시아 마르케스의 『백년 동안의 고독』의 책장을 넘기며 흠뻑 들이마셨던 광포한 라틴아메리카의 맹렬한 기운을 직접 맛보고 싶었다. (사실 이곳은 카리브 해안의 콜롬비아가 아니지만, 그래도 마르케스는 남아메리카 대륙에서 고향의 해안 지역 같은 느낌을 주는 곳을 한 곳 더 꼽으라면 꼭 한 군데, 브라질뿐이라고 항상 말했다.) 시간이 지나고 나는 이 마술이 교통정체로 꽉 막힌 거리, 허물어지는 기간시설, 그리고 수백만 명의 시민을 괴롭히는 심각한 빈곤과 같은 상파울루의 객관적 현실 아래 그 어디에도 존재하지 않는다는 사실을 깨달았다. 내가 찾을 수 있었던 유일한 마술은 내 머릿속에 불러낸 **주관적 마술**, 가끔씩 일어나는 상상력의 미친 도약뿐이었다. 이 마술은 정말로 마음을 움직이고, 활기를 불어넣으며, 그 마음을 실행에 옮기도록 만들기에 단지 이상주의라고 부를 수만은 없었다.(상파울루나 세계의 많은 사람들이 바로 그런 식으로 하고 있었기 때문에, "전복적 정치와 상상력"이라는 『마술적 마르크스주의』의 부제副題도 그렇게 결정되었다.) 그럼에도 뭔가 미묘한 어떤 것도 작동하고 있었다. 어떤 식으로든, 어디든, 도시에 실제로 있다는 것, 다시 '큰 도시'에 있다는 사실이 그 마술을 실현시켜 주었고, 그 마술이 부화하고 거대한 도가니 속에서 부글거리며 끓어오르게 하는 데 도움을 주었다. 그 부글거리는 증기는 내가 군중의 장엄한 소동과 보편적으로 교감하는 동안 군중 속의 내 머리 위에서 감돌았다.

이상한 일이지만 『마술적 마르크스주의』는 도시와 도시의 문제점을 재빨리 다루고 넘어가버린다. 『마술적 마르크스주의』는 도시에 관한 책도 아니고, 정치와 도시의 연관도 그 결론에서만, "도시에 대한 권리(Right to the City, RTTC)"라는 문제를 통해 개략적으로만 다룬다. 뿐만 아니라 돌이켜 생각해 보면 내가 『마술적 마르크스주의』의 초안을 완성한 뒤 출판될 때까지 그 책에 쓴 얼마 안 되는 내용도 잘못 구상되었거나 문제가 있었던 것 같다. 세계 최대의 대도시 가운데 한 곳에서 거의 전부를 집필했건만 정치적 분석의 명시적 대상으로서의 도시는 왜 그토록 작은 비중을 차지하며, 또 왜 그처럼 문제 많은 것으로 다루어지는가? 그보다 십 년 전, 나는 노골적으로 도시적 마르크스주의를 표방한 독특한 책 『매혹의 도시, 맑스주의를 만나다』를 기쁘게 출간했었다. 가장 혁신적인 마르크스주의 연구 가운데 일부가 도시주의자urbanist들에 의해 실행되었으며, 가장 혁신적인 도시 연구 가운데 일부가 특정한 마르크스주의자들에 의해 실행되었고, 또 계속 실행되고 있다고 주장한 책이었다. 2011년에서 2012년 사이, 통계학자들이 인류 역사상 최초로 균형추가 기울어졌다고, 세계 인구의 다수가 (시골이 아니라) 도시에 살고 있다고 말하는 바로 이때, 나는 어떤 식으로든 괴상한 존재론적 도약을 감행했다. 대도시에서 마술적인 것으로, 재즈적인 42번가의 속도 빠른 도시 풍경에서 『뜻대로 하세요As You Like It』(셰익스피어 작품 중에서도 가장 불안한 정치 코미디 가운데 하나인)에서 방금 빠져나온 것 같은, 겉으로 보기엔 전원적이지만 으스스한 풍경으로, 동화 속 새끼 사슴과 당나귀와 팔랑거리는 나비와 니체적인 밤 부엉이가 백주 대낮에 울어대는 곳으로 뛰어 들어간 것이다.[3)]

　이러한 맥락의 변동이 왜 일어났는가? 마술적 마르크스주의의 맥락은 도대체 무엇인가? 도시는, 그런 곳이 정녕 있다면 말이지만, 어디에, 어떻게 들어맞는가? 처음에는 확신이 서지 않았고, 아마 어디에도 들어맞지 않을지도 모른다고 생각했다. 전 세계 마르크스주의 정치는 한 도시의 정치 수준을 넘어 이동해야 하는 것이라고, 사실 도시는 정치 투쟁을 위한 특권적인 지형일 필요가 없다고, 특히 트위터와 페이스북 같은 새로운 소셜 미디어가 있는 상황에서는 더욱 그렇다고 생각했던 것이다. 지금은 그게 사실이 아님을 안다. 혹은 안다고 생각한다. 어쨌든 도시는 가상적으로나 물질적으로나 진보 정치를 위해 중요하다. 그렇지만, 어떤 이유로 그러한가? 그리고 이 "어떤 이유로"라는 것이 정확하게 무엇인가? 이런 물음의 대답을 찾다가 지금 이 책을 쓰게 된 것이다. 그 대답이 "우울한 입장"을, 도시적인 것에 대한 나 자신의 양면적 태도(도시에 양면적 감정이 없는 사람이 애당초 누가 있겠는가?)를 넘어서게 해 줄 것이라는, 그리고 그것은 '도시에 대한 권리'라는 개념을 전체적으로 문제화하는 것과 연관돼 있을 것이라는 생각에 사로잡혔다. 나는 지적으로 도시에 돌아올 필요가 있었고 **개인적으로도** 도시를 되찾을 필요가 있었다. 또한 도시라는 지형을 정치적으로 되찾을 필요도 있었다. 『마술적 마르크스주의』의 끝 무렵 나는 막연히, 조금은 과장해서 도시에 대한 권리라는 것이 전 지구적인 "절규이자 요구cry and demand"
(이 말은 르페브르가 『도시에 대한 권리Le droit a la ville』에서 쓴 표현이
다)라고 썼다. 최근 들어 나는 도시에 대한 권리에는 그 이니셜인
"RTTC[right to the city]", 다시 말해 비공식적 행성의 특성, 지구적
도시에 대한 권리의 주장, 어떤 도시에서든 통하는 권리, 모든 시민
이 그들 도시에 대해 갖는 권리의 주장이 담겨 있다고 말했다. 나는
RTTC를 나의 영웅 가운데 한 사람인 제임스 조이스의 말에서 따와
잠재적으로 재활성화된 좌파의 "인칭 문자들normative letters"■, 매
인이 온다(Here Comes Everybody, HCE)■■라는 의미도 똑같이 지닐 수
있는 "인칭 문자들"로 여긴다. 다시 말하지만, 이 단어는 조이스에
게서 빌려 온 것이다.[4] RTTC야말로 이제 세계 모든 곳에서, 사람
들이 모여드는 곳 어디에서나, 노동의 해체와 생활공간의 해체가 영
향력을 발휘하는 곳 어디에서나 들어 올려지는 기치이기 때문이다.
RTTC는 행성 도시planet urban의, 우리 행성의, 모든 사람이 모이
고, 또 모두가 어떻게든 형성하는 **바로 그** 사회적 환경의 인칭 문
자들이다.

하지만 정치적 매니페스토로서 도시에 대한 권리가 진정으로 상
징하는 것은 무엇일까? 그것은 실제로 어떤 모습일까? 사람들이 마

■ 『피네간의 경야』(고려대학교출판부, 2012) 국역본에서 김종건이 사용한 번역어를 따랐다. 『피
네간의 경야』에서 주인공의 이름은 여러 가지이지만 HCE라는 이니셜은 공통으로. 표준처럼
쓰인다. 즉, '인칭 문자들'이란 규범이나 표준이 되는 문자라는 뜻으로 짐작할 수 있다.
■■ Here comes Everybody는 『피네간의 경야』 주인공 HCE의 여러 이름 가운데 하나이다. 클
레이 서키Clay Shirky의 대표작인 *Here comes Everybody*는 다중적 인격을 지닌 조이스의 주
인공 이름에서 제목을 딴 것으로, 국내에는 『끌리고, 쏠리고, 들끓다』(갤리온, 2008)라는 제
목으로 출간되었다.

을의 중심(물론 명백한 중심이라는 게 여전히 있었을 때의 얘기지만)으로 폭풍처럼 몰려들어 그곳을 점거하고, 중요한 동상을 허물어 버리고, 한동안 임대료도 내지 않으면서 유쾌함과 떠들썩함이 넘치는 위대한 축제의 시간을 보냈던 바로 그 파리 코뮌과 비슷한 모습일까? 만약 그렇다면 도시에 대한 권리는 마르크스가 밝혀낸 문제를 어떻게 다루게 될까? 그것은 중앙은행 및 자본과 상품의 그 모든 유입을 어떻게 다룰 것인가? 그리고 도시를 점령하는 것이 어떻게 이런 거래, 이러한 교역을 필연적으로 방지해 준단 말인가? **어떤** 도시에 대한 권리? 그것은 대도시 지역에 대한 권리인가? 광역시 전체에 대한 권리인가, 아니면 그 도시의 도심에 대한 권리만인가? 만약 권력, 특히 금융 권력이 전 지구적인 현상이라면, 그러한 권력은 그 어떤 요구든 절망적일 정도로 낡아 빠진 것으로 만들어 버리지 않는가? 이러한 상황에서 마치 단일한 중심이 있고 명백한 것마냥 바로 그 도시에 대한 권리를 말하는 것이 여전히 의미가 있는가? 상파울루 주변, 그러니까 세 광장과 상파울루 성당 근처의 더러운 구도심 주변을 서성이는 동안, 또는 파울리스타 대로를 따라 형성된, 마치 파크 애비뉴를 떠오르게 하는 그 **새롭고** 현란한 맨해튼화된 시내 주변을 서성이는 동안 숱하게 이런 생각이 들었다.(그곳엔 미스 반 데어 로에Mies van der Rohe가 지은 시그램 빌딩 스타일의 건물이 온 사방에 솟아 있었다.) 상파울루에서 중심은 온 사방에 있었고, 그 중심은 투자자가 원하는 대로 이동했다. 되찾을 만한 중심이 있다고 해도 어느 중심을 말하는 것인지 알기 힘들었다.

상파울루의 거리는 급증하는 저개발국의 수많은 거대 도시처럼 삶과 죽음으로, 일을 너무 안 하거나 너무 많이 하는 신체들로 부글대고 있다. 그런 곳은 실업자, 준실업자, 두세 가지 일을 해야 먹고 살 수 있는 종업원들로 가득 차 있다. 전통적인 농촌의 과거에서 차단되었으면서 현대적 미래의 겉치레도 누리지 못하는 사람들이 있다. 이런 도시 거주자들에게 '도시에 대한 권리'는 작업의 개념으로서도, 정치적 프로그램으로서도 쓸모가 없다. '도시에 대한 권리'는 **일상생활에서 실존적으로 의미 있는** 어떤 것이 되기에는 여전히 너무 고차원적으로 추상적이다. 좀 다르게 말해 보자. 도시에 대한 권리는 **너무 광범위하면서도 동시에 너무 협소한** 어떤 것, 너무 제한적이고 불만족스러우며, 집합적인 분노를 촉발하기에는 너무 공허한 기표記標인 어떤 것을 정치화한다. 적어도 이것이 나의 작업 가설이며, 아래에서 진행될 논의에서 탐구하고자 하는 테제이다.

또 다른 분명한 사실은 '이런저런 것에 대한 권리'가 그토록 많은 다양한 삶의 영역에서, 그토록 많은 삶의 경기장에서, 좌파들에 의해 그토록 자주 선언되어 온 덕분에 이제는 그 개념이 정치적으로 천박한 느낌마저 든다는 점이다. 우파들이 볼 때 권리라는 이슈는 개인적인 책임과 개인적 자유에 관한 수많은 보수적 사유를 지탱해 준다. 티파티*든 토리당이든, 대서양 이쪽과 저쪽의 우파는 이제 단호하게 권리를 주창한다. 그들은 공공 서비스 제공자들에게 맞서 (부유한) 시민의 권리를 선전하고 다니며, 사기업에 힘을 싣는 방향

■ Tea Party. 오바마 정부의 의료제도 개혁에 반발하여 나타난 강경 우파 성향의 미국 민간 운동 단체.

으로 나아가지 않는 모든 국가 행동에 이의를 제기하거나, 그 국가에서 발을 빼거나, 그러한 국가를 공격한다. 르페브르가 말한 신성한 도시권까지도 이제는 주류 일파의 무기고에 들어가서 이빨이 빠진 채 재활용되어 버렸다. 2010년 "유엔-해비타트" 운동의 헌장과 세계적 빈곤의 덫에 대해 발언하는 〈세계은행〉의 매니페스토가 바로 그런 경우다.

오래지 않아 나는 생각할 수 없는 것을 생각하기 시작했다. 아니면 적어도 생각할 수 없는 것을 파헤치기 시작했다. 아마, 그저 아마에 지나지 않겠지만, '권리'라는 것이 진보주의자들에게는 올바른 구호가 아닐지 모른다. 도시에 대한 권리라는 것이 명확하게 표현될 필요가 있는 **올바른 권리**right right가 아닌지도 모른다. 이런 말을 한다고 해서 도시의 임대료를 합당한 수준으로 유지하기 위해 싸우는 사람들, 다양한 출신의 사람들이 어우러진 동네를 비교적 민주적으로 꾸리기 위해 노력하는 사람들, 공적 공간이 계속 개방될 수 있도록, 그리고 젠트리피케이션*이 최고 부자를 제외한 다른 모든 사람들을 몰아내지 못하도록 싸우는 사람들의 역할을 부정하는 것은 절대 아니다. 내 말은, 이런 여러 투쟁을 한데 묶어 RTTC라는 약칭 안에 집어넣는다면 그것들은 공허하고 추상적인 것, 정치적 이해로는 너무 광범위하지만 실존적 필요로서는 너무 협소한 것이 되어 버린다는 것이다. 너무 광범위하다는 것은 도시의 규모가 길거리

■ gentrification. 영국의 사회학자 루스 글래스가 고안한 개념으로, 빈곤층의 주거지였던 정체된 도심 지역에 고소득층이 유입되면서 임대료가 오르고 지역 특성이 변화하는 현상을 말한다.

수준에서 살아가는 거의 모든 사람들에게 손 쓸 길 없이 커졌기 때문이다. 또 너무 협소하다는 것은 사람들이 저항을 할 때, 그들이 실제로 무리를 이루어 거리에 나설 때, 그들의 실존적 욕구는 걸핏하면 도시 자체의 규모를 넘어서 버리며, 공통적이고 집단적인 인류를 중심으로, 순수한 민주적 갈망을 중심으로 돌아가기 때문이다.

얼마 지나지 않아 나는 생각할 수 없었던 것을 말하기 시작했다. 도시에 대한 권리에서 느낀 문제점들을 공개적으로 발언한 것이다. 이윽고 나는 다시 학계의 학회와 전문적인 토론회에 참여했다. 점차 이 책에 담을 생각들이 모습을 갖추어 나갔고, 비판과 토론을 통해 구두로 작업이 진행되었다. 그동안 세계에서는 극적인 일들이 일어나고 있었다. 카이로의 타흐리르 광장에서 마드리드의 솔 광장까지, 아테네의 신타그마 광장에서 런던의 토트넘 거리 시위까지, 월스트리트 점거에서 세인트폴 성당 점거에까지 이르는 사건들이었다. 밖에서 볼 때 도시는 새로운 사회적 저항이 전개되었고, 지금도 전개되고 있는 임계 구역critical zone이 된 것 같았다. 이런 활동이 곧 도시에 대한 권리인가, 아니면 다른 어떤 것인가? 다른 어떤 것이라면 그것은 무엇인가? 어느 쪽이든, 월스트리트와 런던 시티의 결정권자들이 휘두르던 전 지구적 통제권은 마침내 의문의 대상이 되었고, 공적 영역에서 집단적 신체들의 도전을 받고 있다. 이런 상황은 마침 집적된 도시로 인구가 끊임없이 유입되고, 도시 지역이 경제 발전의 붕괴와 잠재적인 환경 파괴의 근본적 단위로 비춰지기 시작한 그 시기에 벌어졌다. 이 모든 현상은 정치적으로 흥미로운 일이지만 이론적으로 해명하거나 파악하는 것은 까다롭다.

또 얼마 지나지 않아 도시에 대한 권리를 문제 삼다 보니 지적으로도, 또 정치적으로도 그와 비슷한 도시와 '도시적 문제'에 대한 문제 제기가 필요하다고 믿게 되었다. 하나의 이론적이고 정치적인 대상으로서 도시의 역할 전체, 전 지구적 사회 투쟁의 장소이자 이해가 걸린 도시를 조사해야 한다는 것이다. 그리고 놀랄 일도 아니지만 여기서, 주요 문헌들이 다시 한 번(다시 한 번!) 나에게 앙리 르페브르에게 가라고, 그에게 다시 돌아가라고 손가락질하는 것처럼 보였다. 전진하기 위해 후퇴하라고 말이다. 하지만 단순한 통찰의 수준을 넘어 르페브르의 작업이 가진 진정한 타당성, 진정한 응용성은 무엇인가? 그의 작업이 행성 도시화planetary urbanization(르페브르가 쓴 단어를 가져오자면 *planetarisation de l'urbain*)의 소시오패스같은 복잡성을 해명하도록 도와주는가? 아니면 도시 사회가 당면한 정치적 급무들을 처리하도록 도와주는가? 르페브르의 통찰을 빌려 우리는 도시화의 실제적이고 추상적인 지리적 문제들을 헤쳐 나아갈 수 있을까?

이 책은 르페브르가 떠난 바로 그 지점에서 출발해 그를 넘어서려고 노력하는 한편, 그를 통해 작업함으로써 위의 질문들을 다루어 보려는 것이다. 좀 더 구체적으로 나는 『도시적 혁명*The Urban Revolution*』이 출간된 이후의, 지구라는 행성에서 일어난 일들에 비추어 도시 이론을 재고하고, 특히 도시에 대한 권리와 관련하여 도시 정치를 재구성하고 싶다. 나는 르페브르를 활용하고 이용하기 위해, 그리고 때로는 그를 오용하기 위해 그가 특별히 도시에 관해 쓴 글들을 가져오려고 한다. 하지만 이는 어디까지나 르페브르 자신을 넘어 그가 불온하게도 "가상의 객체virtual object"라 부른 영역까지 그를 몰고 가려는 시도이다. "가상의 객체"란 말하자면 르페브르가 죽은 지 이십 년이 지난 지금, 오늘날 우리의 실제 세계가 되었다.

이 책에는 미리 지적해 두어야 할 상호 관련된 주제가 두 개 있다. 르페브르는 오직 이 같은 분석적·정치적 고속도로의 일부 구간까지만 우리 등을 밀어 줄 수 있다. 첫 번째는 도시의 문제에서 도시적 사회, 특히 행성 도시화에 부여된 우선순위로 이동하는 것이다. 나는 이것이 단순한 의미론적 문제 이상이 되기를 바란다. 그러한 이동이 진정 의미하는 바는 우리 지각의 반경을 열어젖히고, 그것을 연장하고, 우리가 전통적으로 도시를 보아온 방식을 버리고 관점을 바꾸자고 촉구하는 호소이다. 사실, 그것은 '도시city'라는 용어 자체를 포기하자는 호소의 표시다. 절대적인 것에 입각해서 생각하는 망령, 무엇이 안쪽이고 무엇이 바깥인지가 명확하게 구별되고 경계선이 있는 실체에 입각하여 생각하는 망령을 포기하자는 호소이다. 이 호소는 그런 것 대신에 뭔가 새로운 것, 뭔가 미래적이고, 생성 과정 중에 있는 도시를 포용하는 어떤 것을 주장한다. 그것은 새로운 "인식론적 지도 그리기cognitive mapping"라는 프레더릭 제임슨Fredric Jameson의 주장과 어딘가 닮은 점이 있다. 그는 "인식론적 지도 그리기"를 통해 우리가 우리 자신과 세계를 보는 방식을 재배치하는 새로운 방식, 그렇게 재배치함으로써 전 지구적 무대 위에 올라간 후기 자본주의의 '하이퍼 공간'에 적응하도록 돕는 방식을 제안한 바 있다.[5] 제임슨은 도시 계획가인 케빈 린치Kevin Lynch의 이론을 끌어온다. 제임슨은 린치의 저서 『도시의 이미지*Image of the*

City』(1960)가 도시 형태의 문제, 도시의 상상 가능성imageability▪의 문제, 특히 상상 가능성의 결여라는 문제에 스스로를 한정시킨다고 보았다. 반면 제임슨에게 상상 가능성이라는 아이디어, 인지적 지도 그리기라는 아이디어, 혹은 사람들이 자신들의 감각적이고 지각적인 영향을 찾는다는 아이디어는 좀 더 큰 개념적, 정치적 지형에 투사되었을 때 '지극히 도발적인 것'이 된다. 그리고 제임슨 자신은 결코 그렇게 말하지 않았겠지만 행성 도시화의 계획에 투사되었을 때에도 마찬가지이다. 아마 새로운 인지 지도를 만드는 일은 예전 그 어느 때보다도 더 시급한 문제일 것이다. 그것은 더 이상 **물리적인** 대상이 아니라 이론적인 대상을 구상할 새로운 방법을, **비대상 nonobject**을 정치적 대상으로 되찾아올 새로운 길을 제공하기 때문이다. 형태가 없는 것 같은 실재에 어떻게 형태를 부여하는가? 도시화가 탈중심적 다중심성decentered polycentricity을 창출하는 이 행성 위에서 우리는 스스로를 어떻게 다시 중심에 둘 수 있을까?

어떤 면에서는 르페브르도 『도시적 혁명』에서 이와 비슷한 내용을 제안했다. 『도시적 혁명』 1장에서 "도시에서 도시적 사회로From the City to Urban Society" 이동하자는 르페브르의 제안은 이를 극적으로 표현하고 있다. 이러한 이동은 심오하면서도 비슷한 정도로 당혹스럽다. 아인슈타인이 물리학에서 성취한 것에 비할 수 있는 이동이라는 점에서 그러하며, 또한 그 이동에 깃들어 있는 분석적·정치

▪ 린치는 사람들이 그들을 둘러싼 (도시) 환경의 패턴과 의미를 인식하기 용이한가를 기준으로 도시의 상상 가능성을 따졌다. 그러한 상상 가능성은 도시 계획의 성패를 좌우하는 것이었다.

적 함의를 수용하기 위해서는 과감함이 필요하다는 점에서도 그렇다. 이 측면에서 내 친구인 허버트 머스챔프는 여전히 개념적 재구성 작업에 도움을 준다. 내 책에 쓴 서문에서 머스챔프는 『도시적 혁명』에서 르페브르가 "형식주의의 전원을 뽑았다"고 생각했다.[6] "그런 태도는 건물을 일차적으로 독자적인 예술 작품이 아니라 도시의 편린들로 여기는 사람들에게 바친 그의 결정적인 공헌이었다." 머스챔프는 여기에 덧붙여 이러한 단절은 심미적 가치를 부정하는 게 아니라 그것을 확장한다고 말했다. "르페브르가 폐지한 것은 뉴욕의 현대미술관이 진작한 단순한 종류의 형식주의와 미학의 동일시였다." 머스챔프는 미국식 하이-모더니즘high-modernism▪의 일인자이던 필립 존슨Philip Johnson을 염두에 두고 말한 것이었다. 존슨은 2차원이나 3차원에서 기하학적 형태를 움직이고 형성하는 것과 관련된 종류의 건축학을 후원하는 사람이었다. 존슨에 따르면 그 밖에 다른 모든 것은 건축학이 아니라 사회학이었다. 존슨은 그답게 확실한 태도로, 머스챔프는 형식주의를 포기했기 때문에 그의 글은 "당연히 건축학에 관한 글이 아니"라고 결론지었다.[7]

하지만 이런 종류의 형식주의에 대한 르페브르의 거부, 그림이든, 건물이든, 도시 전체든 어떤 작품의 예술적 가치는 그 형태에 의해 결정된다는 특정한 신조에 대한 거부는 또 다른 종류의 형식주의를 발생시키지 않을 수 없었다. 이 다른 종류의 형식주의는 그것

▪ 1800년대 중반 이후 1차 세계대전 전까지, 서구식 과학 문화. 과학기술적 진보에 대한 신념과 자기 확신이 강력하게 나타난 형태. 인간의 활동 영역에서 기술적, 과학적 진보의 혜택이 어떻게 작동될 수 있는지 보여 주는 획기적인 비전을 담고 있다고 여겼다.

이 진실의 어떤 측면을 강조하는가, 아니면 새로운 진실을 만들어 낼 수 있는가 하는 결정적인 시험을 거쳐야 한다. 르페브르가 생각하는 종류의 공간 개념에는 그런 식의 무형성 같은 것은 없다는 점이 기억날지도 모른다. 르페브르는 공간이란 전 지구적임과 동시에 파편화되어 있고, 또 동시에 위계적이라는 점을 강조하는 데 열중했다. 르페브르의 모자이크는 기절할 정도로 복잡하고, 중심부와 주변부가 온 사방에 흩어진 형태로 직조되지만, 그래도 '상품─형태commodity-form'가 이런 패턴에 결정적인 의미를 부여한다. 공간의 '가치─형태value-form'는 어쨌든 무한하지만 공간의 '상품─형태'는 그런 식으로 한정된다. '가치─형태' 대 '상품─형태'의 관계는 마르크스의 『자본론』 도입부에 등장하는 핵심적인 구분이다. 이러한 구분은 마르크스가 어떻게 모든 사물이 개별성과 일반성을 동시에 가질 수 있는지를 설명하는 한 가지 방식이었다. 사물들은 내재적으로는 유형적이나 외재적으로는 무형적이다. 마르크스가 이런 분석적, 방법론적 통찰을 적용하여 시간을 이해하고, 노동시간과 "상품의 엄청난 축적" 사이의 연결고리를 파악하려고 했다면, 르페브르는 공간의 엄청난 축적에 대해, 공간 역시 유형적이고 무형적인 두 얼굴을 가졌음을 이야기함으로써 이 게임에 판돈을 올린다.

『도시에 대한 권리』 같은 책에서 르페브르는 도시가 어떻게 하여 최고의 예술 작품, 최고의 걸작, 아마도 지금까지 것들 중 가장 위대한 형태를 취하게 되었는지를 인식한다. 도시라는 형태는 우리보다 먼저 그곳에 있었고 우리에 의해 만들어졌다. 이 관점에서 도시는 예술적 '대상object'인 동시에 '비대상nonobject'이다. 도시의

'내용'은 사회적 관계와 공간적 관계를 통합한 것이기 때문이다. 즉, 다른 말로 하면 도시는 사회학적·정치적·경제적 현상이며, 그러한 현상의 형태는 명백한 형태 없음이라는 특징을 갖는다. 물론 형태와 내용은 형식 논리에 반대되는 것으로서 변증법적 논리(비록 전자가 후자의 기초를 이루긴 하지만)를 신뢰했던 르페브르의 핵심적인 부분이다.[8] 하지만 르페브르가 『도시적 혁명』에서 공격의 포문을 열면서 '도시'에서 '도시적 사회'로 논의 무대를 옮길 때, 그는 우리더러 형태가 아니라 형태라는 표준적인 틀을 포기하라고, 우리 자신의 위치를 재설정하고 입체파 화가가 세상을 보는 것 같은 방식으로 우리가 보는 방식을 재서술하라고 설득한다. "그렇다면 형식주의는 새로운 내용이나 과거 한 번도 완전하게 파악하지 못했던 내용들을 잠깐이라도 볼 수 있게 해 주는 모양과 형태, 이미지, 그리고 운동들을 만들어 내는 데 핵심적인 역할을 하게 될 것이 분명하다."(피카소의 〈게르니카Guernica〉를 생각해보라.) 르페브르가 감행한 도시에서 도시적 사회로의 이동 역시 구체적인 것에서 추상적인 것으로의 이동이며, 절대적인 것에서 상대적인 것으로의 이동이기도 하다. 마르크스와 르페브르 모두 그들이 **구체적 추상성**이라 부른 것을 이론화하기 위해 이러한 이동을 감행했다. 도시에 대한 질문에서 행성 도시화에 대한 질문으로 나아가는 여정에서 내가 모방하고 조명하려는 것도 바로 이러한 종류의 이동이다. 간단히 말해 나는 추상적인 표현주의에서 파생되어 나온 또 다른 종류의 형식주의, 또 다른 종류의 보기의 방식ways of seeing을 발전시키려는 것이다.

특정한 종류의 형식주의의 전원을 뽑으면 다른 문이 열리거나 혹은 반경이 넓어져 다른 종류의 형식주의를 만들어 낼 수 있다. 또한 당대 도시화의 과정(이라고 쓰고 내용이라고 읽는다)을 구상하고, 그 과정의 인지 지도를 그리게 해 주며, 그것을 추상적 표현주의의 한 형태로, 프랙탈 지리학으로 분석적으로 보게 해 준다. 여기서 내가 제안하는 것은 급진적 정치학도 이와 비슷하게 그 지평선을 열어야 하며, 그 자체의 형식주의를 통해, 언젠가는 구체적이 될 그것의 추상적 표현주의를 통해 자신을 이해해야 한다는 것이다. 그리하여 이 책의 두 번째 주요 주제이자 사실은 가장 중요한 주제(제목이 함축하듯이)는 도시에 대한 권리에서 **마주침의 정치**로 옮겨가는 정치적 우선순위의 이동이 된다. 나는 그 마주침이 세계의 도시화 내부에서 정치적 참여를 구상하는 또 다른 방식을 촉발할 수 있다고 주장하고 싶다. 도시가 마주침을 위한 최고의 장소라고, 흔히 우연히 이루어지는 마주침의, 특히 우연한 정치적 마주침의 최고 장소라고 말한 것이 바로 르페브르였음을 기억하라. 하지만 마주침의 힘을 왜 사회적-도시적 직조물 전체로 스며드는, 잠재적인 전투적 실천의 모든 구역으로 스며드는 물질로 설정하지 않는가? 나는 바로 이런 의미에서 르페브르 너머로 르페브르를 끌고 가려고 시도할 것이다. 친화성이 "**자리 잡을take hold**" 때 마주침이 어떻게 발생하는지를 보여주고 마주침의 윤곽을 그려 보이면서 말이다. 공통의 적이 확인될 때, 공통 통념들common notions이 응집하여 집단성이 형성될 때, 연대감이 형성될 때 친화성은 자리를 잡는다.[9]

결과적으로 도시 과정이 내가 이 책에서 상정하려는 것처럼 형태 없이 열린 결말을 갖고 있는 형태라면, 그 어떤 변혁적 정치도 잠정적으로 그런 식의 것이 될 필요가 있다. 만약 도시에 대한 권리를 잃는다면 그는 마주침에 기초한 정치를 만들어 낼 능력을 얻게 될지도 모른다. 더 자유롭게 부유하고 더 역동적이고 관계적 투지를 가진, 그 범위와 조직 면에서 더 '수평적'이지만 확산되기 쉽고, 거대 도시화하는 우리 시대에 더 잘 어울리는, 새로운 소셜 미디어가 전복적인 무기가 된 정치 지형에 더 잘 어울리는 그런 정치를 만들어 낼 능력 말이다. 나는 여전히 이 책이 『마술적 마르크스주의』와 공통점을 갖고 있다고 생각하고 싶다. 두 책 모두 친도시적pro-urban인 책이며, 두 책 모두 도시적 사회의 도래를 말하고 있다. 나중에 나온 이 책이 이 행성의 **비민주적** 도시화의 현실에 좀 더 의구심을 표하고 있지만 말이다. 마르크스가 『공산당 선언』에서 분석했듯이 이 자본주의적 도시 팽창 논리는 긍정적 함의와 부정적 함의를 모두 가지고 있고, 최고의 시절이든 최악의 시절이든 지구에서의 삶에 진보를 가져다주기도 하지만, 퇴보하게 하기도 한다. 『공산당 선언』에서 마르크스는 생산력의 기술적 발전과 사회적 발전을, 그리고 도시화 현상의 증가를 환영했다. "문명화" 경향과 국제주의적 열망, 사람들을 "농촌 생활의 어리석음"에서 구해 낼 능력을 갖고 있다고 보았기 때문이다. 비록 마르크스의 전성기 이후로 자본주의의 드라마에 몇 차례 위기와 전환이 있었지만 도시화 현상을 고집스러울 정도로 긍정적으로 보았다는 점에서 마르크스는 옳았다. 이 책에서는 마르크스가 본 것뿐 아니라 그가 결코 보지 못했을 것들도 함께 강조하면서 그러한 위기나 전환을 파헤칠 것이다.

다른 무엇보다도 『마주침의 정치』는 앞으로 전진하려는 책, 미래적이 되고자 하는 책, 르페브르 본인이 **트랜스덕션transduction**[*]이라 불렀던 방법을 추적하여 밝히려는 책이다. 트랜스덕션은 사실로 채워진 경험주의도, 귀납법도 아니다. 그것은 또한 연역 그 이상의 이론적 가설이다. 개념과 경험적 관찰 사이, 존재하는 것과 존재할 수도 있는 것 사이, 좋든 나쁘든 이미 여기 있는 것과 미래에 여기 있을지도 모르는 것 사이의 부단한 왕래를 전제하기 때문이다. 나의 주장을 입증하기 위해 수많은 경험 자료를 떠벌리는 것이 내 의도는 아니다. 그보다는 행성 도시화를 받아들이기 위해 노력하고, 그것을 마음의 눈으로 설명하고, 그와 동시에 정치적 표현을 확립하기 위해서 또 다른 '감정 구조'를 발전시키려는 쪽에 더 가깝다. 나는 아이디어로 가득한 책을 제공하고 싶은 것이다. 그 아이디어들은 르페브르에게서만이 아니라 예술과 과학에서, 정치와 문학에서도 끌어올 것이다. 21세기 자본주의 도시화의 눈부신 빛에 맞서서 실천적이고 역동적인 도시의 정치학이 무엇을 할 수 있을지를 구체화하는 데 이런 생각들이 도움이 될 것이다.

　『마주침의 정치』에 나오는 나의 미래주의적 사고는 부분적으로는 공상과학소설에서 힘을 얻었다. 그 장르의 대가인 아이작 아시모프Isaac Asimov의 소설이 그중의 하나다. 내가 아시모프를 좋아하게 된 것은 르페브르 덕분이다. 『도시에 대한 권리』에서 르페브르는 아시모프의 『파운데이션Foundation』 연작, 그리고 행성 전체가 단 하

---

[*] 원래는 형질 도입, 변환, 전달 체계를 가리키는 생물학의 용어인데, 르페브르는 이것을 귀납 induction도 연역deduction도 아닌, 둘 사이를 넘나드는trans 새로운 추론 방식을 가리키는 의미로 사용했다.

나의 도시로 이루어졌으며 주민이 4백억 명에 이르는 완전히 도시화된 거대한 행성 트랜터Trantor 이야기를 무심히 꺼냈다. 그 소설이 시작되는 시점은 2만 2천5백 년 뒤의 미래이다. 그런데도 르페브르는 궁금해한다. "그처럼 먼 미래까지 탐험할 필요가 있는가?" 비슷한 상황이 지금 "우리 눈앞에서" 벌어지고 있지 않은가?[10] 나는 아시모프의 대하소설인 『파운데이션』과 '역사 심리학psychohistory'에 대한 그의 탁월한 아이디어 몇 가지에 푹 빠졌고, 이런 아이디어를 행성 도시화와 관련하여 르페브르와 벌이려는 대화에 가져오고 싶었다. 나는 2011년 9월, 르페브르가 재직하던 낭테르의 파리 10대학(지금 이 대학은 파리 우에스트 낭테르 라 데팡스 대학으로 이름이 바뀌었다)에서 열린 르페브르에 관한 학회에서 이러한 아이디어를 처음으로 제시해 보았다. 프랑스 학계의 주류 학자들이 이 아이디어를 전적으로 이해했다고는 말할 수 없겠지만, 그들의 태도는 공손했다. 그들은 자료집에서 머리를 들어 올리는 것도, 종종 르페브르를 따라가는 것도, 그와 함께 뭔가를 하는 것도, 그를 가져다 쓰는 것도 힘들어하는 것처럼 보였다. 그러니 그 위대한 인물을 넘어서기는 더더욱 힘들었을 것이다. 그들은 마치 르페브르의 불굴의 권위에, 그의 대가적 지위에 마비되어, 그에게 주석을 다는 것 이외의 어떤 행동도 하지 못할 정도로 겁에 질린 것처럼 보이기도 했다. 르페브르가 말한 것 이상으로, 르페브르가 뜻한 것 이상으로 넘어가지 못하는 것 같았다. (이는 프랑스 학자들만의 결점은 아니다. 프랑스에 비하면 오두막이나 마찬가지로 규모가 작은 영미계 르페브르 학자들의 작업도 거의 똑같은 결함을 가지고 있다.)

어떤 면에서 그것은 모두 **비**-르페브르적이다. 기억하라. 르페브르는 헤겔의 위대한 해석자인 알렉상드르 코제브Alexandre Kojeve에 대해 투덜댄 적이 있었다 코제브가 그저 헤겔이 무슨 말을 했는지 아는 데 만족하고, 헤겔의 모순을 설명하는 데 만족하고, 헤겔의 불행한 의식을 설명하는 데 만족했다는 것이었다. 르페브르는 코제브가 위의 모순들에 아무런 조처를 취하지 않았고, 그것들을 현재의 모순에 관련짓지도 않았다고 말했다. 지금 일어나는 일에 대해, 현재에 대해, 그리고 미래에 무슨 일이 일어날지에 대해 아무 것도 하지 않았다는 것이다. 프랑스의 좌파 르페브르 지지자들도 마찬가지다. 그들은 르페브르 안에 갇혔을 뿐 아니라 과거의 황금시대, 68세대가 거리 시위를 하고 중심부를 장악하던 시절에 갇혀 있는 것 같았다. 그때만 해도 장악할 단일한 중심부가 있었다. 오래 전에 르페브르는 바로 그런 구태의연함, 신성한 '노동계급'이 우리를 구하러 올 거라는 식상한 마르크스주의, 식상한 믿음을 경고한 적이 있다. 르페브르는 사회 이론에서 일종의 마일스 데이비스 같은 인물이다. 그는 낡은 블루스, 낡은 음표를 연주하거나 제자리걸음하기를 거부하는 사람, 새로움을 영속적으로 도발하는 사람이었다.

1970년대에 르페브르는 정치와 도시주의의 개념적 개방 및 그에 대한 재고를 촉발했다. 동시대에 개방되고 확장되기 시작한 세계를 상대하려면 그 길밖에 없었기 때문이었다. 르페브르는 1950년대와 1960년대 파리에서 이러한 개방과 확장이 실행되는 것을 지켜보았다. 그때는 1968년 체제 이후 들어선 퐁피두 정권하에서(1969 ~ 1974) 탈중심화, 현대화, 옛 도심을 다시 중심으로 만드는 정치가 규준이 되어가던 시절이었다. (이 도시적 변형은 르페브르가 낭테르에서 학생들을 가르칠 때 르페브르의 코앞에서 벌어졌다. 그 대학 캠퍼스 자체가 라 데 팡스 너머 파리 서쪽 주변부에서 쫓겨난 것이다. 당시 르페브르는 "도시에 무슨 일이 일어나고 있는지 알고 싶다면 교수실 창문 밖을 내다보기만 해도 된다"고 말했다.[11]) 1980년대에 로스앤젤레스를 방문했을 무렵 르페브르는 '도시적인 것the urban'의 미래가 찬란한 빛의 도시〔파리〕보다는 천박한 캘리포니아 대도시와 더 비슷할 것임을 알았다. 명백하게 다중심적인, 중심들이 여기 저기 흩어져 있는, 뻗어나가고 찢겨진, 제멋대로 펼쳐져 있고 게토화된 그런 도시 말이다. 도시적 과정은 전통적인 도시 형태에서, 즉 중세 시대까지 거슬러 올라가는 중심부를 가진, 내적으로 정돈된 역사적 도시에서 벗어나고 있는 중이었다. 이제 초고속으로 성장하는 도시들은 옛 도시와 아무 관계가 없고, 특정한 역사적 연속성에도 전혀 관심이 없는 것처럼 보였다.

우리의 예스러운 파리에 대해 말해 보자면, 낭테르 학회 때 학회 운영자들은 내 숙소를 라탱 구區에 위치한 어떤 끔찍한 호텔에 잡아 주었다. 그곳은 쿠자스 가街 근처로, 가까이에 아주 작은 극장(Studio Cujas)이 하나 있었다. 그 극장은 1970년대 초반에 제라르 르보비치Gerard Lebovici▪가 오로지 기 드보르의 유명하지도 않은 영화만 재상영할 목적으로 사들인 곳이었다. 하지만 그것은 이미 다른 시대의, 감상주의 시대, 감상적인 도시주의의 시대라 부르기도 했던 시대의 이야기였다.[12] 한동안 나는 그것이 가야 할 길이라고, 당나귀와 함께 다니는 생활의 도시적 등가물에 해당하는 일이라고 생각했다. 하지만 나는 그때도 틀렸고, 지금도 틀렸다. 그것은 가야 할 길이 아니다. 그 시기는 잊어버리는 게 최선인 시절이며, 뒤에 남겨두고 와야 하는 시절, 뭔가 더 새롭고 더 참신한 것으로, 더 개방적이고 바람이 더 잘 통하고, 더 밝은 것으로 새로 지어져야 할 시절이다. 이것이 미래의 도시주의와 정치이다. 미래를 끌어안고 그 가능성만이 아니라 위험도 전면적으로 끌어안으며, 돌아갈 길도, 잃어버린 시간을 찾을 방법도, 잃어버린 공간을 찾아 나설 방법도, 이 거대한 메가 도시에서 달아날 방법도 없다는 걸 알아야 한다. 그리고 그 도시를 마르크스와 엥겔스가 미래의 공산주의가 달성해야 한다고 주장했던 것처럼 더 작은 단위로 쪼갤 방법도 없다는 걸 알아야 한다.

기묘하게도 낭테르에서 발표가 끝난 날 저녁 프랑스 텔레비전에서 나는 미래를 이처럼 위험하게 포용하는 방식에 대해 이야기하는 걸 보고 들었다. 저녁에 즐겁게 몇 잔을 마신 뒤, 호텔 방에 돌아왔다. 채널 플러스에서 머레이 러너Murray Lerner가 2004년에 만든 마일스 데이비스에 관한 다큐멘터리 "마일스 일렉트릭: 다른 종류의 우울함Miles Electric: A Differen Kind of Blue"을 방영하고 있었다. 다큐멘터리는 그 전설적인 재즈 트럼펫 연주자가 1960년대 후반 이후 일렉트릭을 받아들이던 단계를 거쳐 1970년대 초·중반에 일렉트릭 음악을 열정적으로 연주하던 시절을 다루고 있었다. 일렉트릭 기타, 신시사이저, 펜더 로즈 전기 피아노, 일렉트릭 트럼펫을 쓰던 시절 말이다. 그것은 시대와 함께 움직이는 마일스, 음악적·역사적

■ 프랑스의 유명한 영화 제작자, 출판업자로, 기 드보르의 친구이자 열렬한 지지자였다.

시대를 형성하는 마일스, 슬라이 스톤, 제임스 브라운, 지미 헨드릭스와 함께 1970년 "아일 오브 와이트 페스티벌Isle of Wight Festival" 같은 락 콘서트에 출연하면서 락앤롤과 대화하던 마일스, "비치스 브루Bitches Brew" 같은 혁신적 걸작(지금까지도 가장 많이 팔리는 재즈 앨범)을 만들던 시절의 마일스였다. "비치스 브루"의 편곡자 폴 벅마스터는 "이것이 내가 미래의 음악에 대해 상상할 수 있는 모든 것"이라고 말했다. 이런 음악에는 형태 없는 음표가 나오고, 아무 의미도 없는 것 같은 작품이 길게 이어진다.(평론가 스탠리 크라우치 Stanley Croutch는 이것이 "쓰레기"라고 생각했다) 마일스의 음악은 현대 도시화와 마찬가지로 형태가 없지만 어쩐지 현대 도시 정치학 역시 그렇게 되어야 할 것만 같다. 긴 음표들이 취주되고, 수평으로 흩어지고, 행성 전역에 퍼져나가고, 처음에는 어디에도 가지 않을 것처럼 보이지만, 그래도 미래의 융화를 향해 서서히 나아가고, 전자와 전기를 끌어안아 그것들이 빛을 발하도록, 우리의 세계를 연결하도록 도우며, 다른 종류의 우울함을 연주하게 해 준다……

이 책은 리버풀의 브런즈윅 독에 있는 빈Bean 카페에 혼자 앉아 상당 부분을 집필했지만 혼자만의 비행은 아니었다. 책을 쓰는 과정에서 많은 도움을 받았으며, 말도 많이 했고 듣기도 많이 했다. 본문의 많은 부분은 쓰기 전에 발언을 거쳤으며, 구두로 사람들 앞에서 발표를 한 뒤에 글의 형태로 편집되고 다듬어졌다. 루이스 모레노Louis Moreno에게 특별한 감사를 전한다 이 주제를 놓고 그와 나눈 대화들은 내게 늘 영감과 재미를 선사했다. 『시티City』 잡지사에 있는 밥 캐터럴Bob Catterall 역시 내 작업에 흔들리지 않는 지원과 우정을 보내 주었다. 의미를 놓고 가끔 다툴 때도 있었지만 말이다. 조지아 대학 출판부의 데렉 크리소프Derek Krissoff는 이 프로젝트를 내게 처음으로 의뢰했고, 리건 허프Regan Huff는 그것이 결실을 맺기까지 돌봐 주었다. 두 사람에게 감사한다. 메이즌 라반Mazen Labban과 니크 헤이넌Nik Heynan은 초고를 읽고 훌륭하게 평가해 주었고, 풍부한 주석과 예리한 비판을 아낌없이 제공했다. 이 책의 본문에는 그들의 재능이 남긴 흔적들이 찍혀 있다. 이와 같은 감사 인사는 서로 다양한 방식으로, 본인들은 알지도 못하는 새 이 책에 도움을 준 많은 이들에게도 돌아가야 한다. 푸시파 아라빈두Pushpa Arabindoo, 존 버거John Berger, 마샬 버먼Marchall Berman, 닐 브레너Neil Brenner, 앤드루 해리스Andrew Harris, 데이비드 하비David Harvey, 코린나 호크스Corinna Hawkes, 마리아 카이카Maria Kaika, 로저 케일Roger Keil, 에스터 레슬리Esther Leslie, 피터 마커스Peter Marcuse, 다이애너 미틀린Diana Mitlin, 대니얼 나일스Daniel Niles, 미구엘 로블라스-뒤란Miguel Roblas-Duran, 크리스티안 슈미트Christian Schmidt, 에드 소자Ed Soja, 에릭 스윈게도프Erik Swyngedouw, 제인 윌스Jane Wills, 그리고 맨체스터 대학 오픈 스페이스의 직원들, 특히 라자로스 카랄리오타스Lazaros Karalio-tas, 브라이언 로사Brian Rosa, 요안나 타나나시Ioanna Tananasi에게 감사한다. 또 나를 2011년 시애틀에서 열린 〈미국 지리 학회〉 연례 강연에 초청해 준 『도시와 지역 연구 국제 저널(International Journal of Urban and Regional Research, IJURR)』의 편집위원회에게 감사한다. 이 책의 아이디어가 처음 시험대에 오른 곳이 그 강연이었다. 마지막 감사 인사는 앞으로 나올 수많은 단어를 빚는 데 필요한 자유와 비용을 기꺼이 대 준 〈리버흄 재단Leverhulme Trust〉의 몫이다.

The Politics of the
Encounter
Urban Theory and Protest Under Planetary Urbanization

1장

마지막 미개척지:
행성 도시화

그리하여 세계를 둘러싸고 있고 그것을 하나로 유지하고 있던 천계는 대폭발로 단번에 사라져버리지 않았다. 세계의 거품은 점점 커지고 부풀어 오르다가 터져서 그것을 둘러싸고 있던 공간과 뒤섞였다.

_알렉상드르 코이레Alexandre Koyre

그게 쉬운 일이 아니라는 데는 나도 동의하지만, 새 이론을 만들어 낼 수는 없더라도 적어도 새 낱말을 찾아낼 수는 있다. (…) 새 낱말을 찾아내면 우리는 이해의 뼈대를 만들어 낼 것이라 기대할 수 있다. 뼈대 없이는 어떤 수단으로 도움을 구하든 무용지물이다.

_렘 쿨하스Rem Koolhaas

1. 관점과 전망

마르크스주의 도시 연구의 대부인 앙리 르페브르는 『도시에 대한 권리』에 실린 "관점인가, 전망인가?" 장의 첫 부분에서 공상과학소설의 대부인 아이작 아시모프를 넌지시 끌어온다. 아시모프에 대한 언급은 간신히 한 단락이 될까 말까 하는 정도의 길이이며, 르페브르도 자세한 설명을 달지 않는다. 하지만 르페브르의 언급은 간결한 와중에도 궁금증을 불러일으키며, 지금까지도 한동안 나를 계속 곤혹스럽게 만들었다. 이 첫 장에서 나는 르페브르가 이 문장에 담은 의미를, 적어도 **내가 생각하기에는** 그가 담았을 것 같은 의미를 발전시키려고 한다. 구체적으로 말하자면 나는 행성 도시화의 시대에 진보가 직면하고 있는 이론적 · 정치적 딜레마의 틀을 만드는 데 그를 사용하고 싶은 것이다. "관점인가, 전망인가"에서 르페브르는 마르크스 『자본론』의 세기인 1967년 자기 시대의 도시를 2만 2천5백 년 뒤의 미래에, 아시모프의 장엄한 연작인 『파운데이션』 속의 공상과학적 가상 세계에 투영하고 있다. 아시모프의 드라마는 거대한 행성 도시인 트랜터, 주민이 4백억 명이며, 눈부시게 뛰어난 행정과 기술 복합체의 산물이며, 광대한 은하계를 지배하는 철저하게 도시화된 사회인 트랜터에 초점을 맞추고 있다.

아시모프는 밤중에 외계에서 보면 트랜터는 "거대한 반딧불이 무리, 움직이던 도중에 붙잡혀 동작이 영영 멈춰버린 반딧불이 무리"[1] 처럼 보인다고 말한다. "트랜터의 사막과 옥토는 토끼장같이 비좁은 인간 사육장과 정글같이 뒤엉킨 행정 체계와 컴퓨터화된 시설과 식량과 부속품을 저장하는 광대한 창고로 뒤덮였고, 그렇게 바뀌었다. 산맥은 깎여 평지가 되었다. 낭떠러지는 메워졌다. 대양저 밑을 파들어 가 끝없는 복도가 설치되었고, 대양은 거대한 해저 문화 단지로 변했다."[2] 거대한 빙산처럼 수백만 개의 강철 돔으로 만들어진 천장 아래에 감싸인 트랜터에서는, 사회생활의 10분의 9가 공기와 빛이 인공적으로 조절되며 계획에 따라 인공강우가 내리는, 기후 조절된 지하에서 이루어진다. 그 누구도 더 이상 밤낮을 구별하지 않고, 해가 비치는지 아닌지도 상관하지 않는다. 시골이라는 것은 까마득한 옛이야기에서나 희미하게 기억될 뿐이며, 진짜 식물은 황궁과 트랜터의 스트릴링 대학에서만 자란다. 처음 온 사람이라면 트랜터에서는 공기가 더 짙고 중력도 더 무겁다 느낄 것이며, 무엇보다 그 엄청난 규모에 놀랄 것이다.

아시모프는 도시화가 극대화된 상황, 진정한 유토피아이자 진정한 디스토피아를 탁월하게 묘사해 보여 준다. "관점/전망"이라는 도발적인 제목 하에 아시모프를 언급하면서 르페브르는 당시, 1960년대 후반에 이미 우리가 사는 도시 속에 트랜터의 씨앗이 뿌려졌음을 인식했던 것이다. 얼핏 보면 그는 아시모프와 더불어 우리에게 도시 생활에 대한 사유의 관점을 열어젖히라고, 그 관점을 되도록 넓은 범위로까지 확장시키라고 주문하는 것처럼 보인다. 대량으로, 그리고 대규모로 자본주의적 도시화의 전체성을 파악하고, 그 경이로운 거대함에 적응하고, 그것을 우리 것으로 만들라고 말이다. 그렇게 함으로써 우리는 정치를, 다시 말해 행성 도시화 하에서의 전망과 진보 정치를 더 명확하게 생각할 수 있을지 모른다.

르페브르는 그런 작업 방식이 바로 **트랜스덕션**이라는 것을 우리가 깨닫길 바란다. 그는 지금 여기를 생성되는 미래로, 내일의 여기로, 그리고 모레의 여기로 (니체가 썼을 법한 어법처럼) 내보내는 방식을 쓴다.[3] 현재의 실재 가운데 어떤 것을 취해야 미래의 실재를 열어젖히고, 그것이 진행되는 모습을 흘깃 엿보기라도 할 수 있을까? 『도시적 혁명』(1970)을 출간했을 무렵, 르페브르는 이 새 현실을 서서히 암시하기 시작했다. 그것은 공상과학소설에서나 있을 법한 현실이 아니라 지금 여기 이미 존재하는 어떤 것이었다. 『도시적 혁명』의 서문에서 그는 그것이 "사회의 완전한 도시화"라고 말한다.[4] 물론 반어법을 쓴 것이지만 그 다음에 덧붙이는 말을 보면 반어의 정도는 약한 편이다. "이 가설은 하나의 정의를 함축한다. '도시적 사회'란 완전한 도시화의 과정에서 나온 결과물이다. 오늘 그것은 가상의 사회지만 내일은 실재하는 것이 된다."[5] 이런 전진/시기 규정은 분명하다. 르페브르는 『도시에 대한 권리』에서 우리가 도시에 대해 말할 때 더 이상 도시적 사회라는 말이 더 적절하다고 말하지 말아야 한다고 했다. 하지만 『도시적 혁명』에서는 도시적 사회라는 말조차 하지 말아야 한다고 생각하기 시작했다. 그보다는 행성 도시화라고 해야 한다는 것이다. 즉 사회의 완전한 도시화, 여기 있는 것과 앞으로 다가올 어떤 상황에 대해 말해야 한다는 것이다. 트랜터는 여기 있지만 아직 완전히 여기 있지는 않다. 하지만 우리는 그것이 언제라도 실현되리라고 예상할 수 있다.

앞으로 40년의 시간을 빨리 감기 해 보자. 아시모프의 외계 우주가 그 어느 때보다 더 가까워 보이고, 르페브르가 지상에 내린 예언에 더 가까워질지도 모른다. 행성 도시화는 전적으로 새로운 공간 세계의 (무)질서를 창출하고 있다. 2006년에 그 균형이 뒤집혀졌기 때문이다. 그 무렵 농촌이 아니라 도시 지역에 사는 사람이 세계 인구의 절반을 넘어서서 33억 명에 이르렀다. 2030년쯤이면 그 수는 전 세계 인구의 60퍼센트 가량인 49억 명 정도가 될 것이다. 그때쯤이면 지구 행성의 지표 면적 가운데 59만 평방 마일이 추가로 도시화될 텐데, 이는 텍사스 주 면적의 두 배 이상이며, 그렇게 도시화된 곳에는 14억 7천만 명 정도의 주민이 추가로 거주하게 될 것이다. 이런 추세가 계속된다면 2050년쯤에는 지구 행성의 75퍼센트가 도시화되어 있을 것이다.[6] 도시 지역은 이제 거대한 메트로폴리스 복합체로 응집되고 있다. 현재 3천 5백만 명이 사는 행성 최대 도시인 도쿄-요코하마 메갈로폴리스, 즉 '대 도쿄'(요코하마는 공식적으로 도쿄에 '병합된 도시'이다)가 그런 예이다. 갈수록 더 번창하는 중국의 거대 도시들은 상하이와 베이징과 주강 삼각주의 배후지를 계속 흡수하면서 그런 지역을 적어도 4천만 명의 인구를 갖는 도시 형태로 바꿔놓고 있다.[7]

상하이는 행성 전역에서 가장 빠르게 크고 있는 메갈로폴리스다. 1992년 이후 상하이는 매년 15퍼센트씩 성장해 왔고, 1천2백억 달러에 달하는 외국인 직접 투자에 힘입어 도시 공간을 완전히 개조했다. 전 세계에 있는 크레인의 절반가량이 상하이 푸동 구역의 건설 현장에 모여 있다는 소문도 있다.[8] 예전에는 논이던 곳에 현대식 마천루와 거대한 공장이 들어섰다. 외딴 농장이던 곳에 이제 세계에서 가장 빠르게 달리는 철도 구간과 초고층 호텔이 들어섰다. 1992년 이후 상하이에는 20층 이상의 빌딩이 약 4천 동 지어졌다. 상하이에 들어선 빌딩 수는 뉴욕보다 두 배나 더 많다. 중국에는 인구가 1백만 명을 넘어서는 도시가 171곳 있으며, 2000년 이후 중국에서만 전 세계 시멘트 공급량의 절반 가까이가 사용됐다.

2011년에는 전 세계에서 주민이 백만 명 이상인 메트로폴리스가 479개소였다.(1959년에는 열 손가락으로 다 꼽을 수 있었다.)[9] 이제는 인구 천만 명 이상인 거대 도시가 26곳 있다. 세계에서 가장 큰 메트로폴리스 25곳 가운데 상위 19곳이 개발도상국에 있으며, 행성 전역의 도시 거주자 가운데 70퍼센트가 그런 나라에서 산다. 전 세계 10대 메트로폴리스의 순위는 다음과 같다.

도쿄(일본)	34,300,000
광저우(중국)	25,200,000
서울(한국)	25,100,000
상하이(중국)	24,800,000
델리(인도)	23,300,000
뭄바이(인도)	23,000,000
멕시코시티(멕시코)	22,900,000
뉴욕(미국)	22,000,000
상파울로(브라질)	20,900,000
마닐라(필리핀)	20,300,000

그러나 어떤 면에서 정치적 도시주의자들에게 이런 사실과 수치

따위는 그리 흥미롭지 않을 것이다. 또 분석적으로든 정치적으로든, 중요한 것은 그런 것들이 아니다. 진짜 문제는 어디에서든 도시화가 확대되고 있다는 것이며, 이 '어디나'가 어떤 식으로든 도시 과정과 우리의 삶에 손을 뻗치고 있다는 사실이다. 루이스 워스Louis Wirth 의 믿을 만한 말을 빌리자면, 요즘의 도시주의urbanism는 달라진 감정 구조와 새로운 보기의 방식을 요구하는 삶의 방식, 즉 '생활 방식a way of life'이다. 워스가 1938년에 한 말은 여전히 현명하게 들린다. "현재의 세계가 '도시적'이라고 말해질 수 있는 정도란 실제로는 도시에 살고 있는 전체 인구의 비율에 의해 측정되지 않으며 그것은 제대로 된 측정도 아니다. 도시 인구 비율이 가리키는 것보다 도시가 사회생활에 행사하는 영향력이 더 크다. 시간이 갈수록 도시는 현대인들의 주거지와 작업장일 뿐만 아니라 경제적, 정치적, 문화적 삶을 선도하고 통제하는 중심지가 되어가고 있기 때문이다. 그런 중심지는 전 세계에서 가장 궁벽한 지역도 그 궤도 속으로 끌어들이고 수많은 지역과 주민과 활동을 하나의 우주 안으로 짜 넣고 있다."[10] 그렇다면 도시는 경계가 어디에 있는지, 무엇이 안에 있고, 무엇이 바깥에 있는지도 말하기 어려운 새로운 모순과 긴장으로 분열된 채, 모습 없이, 겉보기에 경계도 형태로 없는 채로 존재하는 것이다.

하지만 뭔가의 **경계를 정하고**, 우리의 시야를 일종의 **그릇**으로 이해하려는 시도는 바꿀 수 없는 인간적 집착이며, 어찌할 수 없는 인간적 필요이다. 이런 이유로 **무한한 도시, 줄어드는 도시, 1백 마일 도시, 전 지구적 도시, 거대 도시, 도래하는 도시, 식별 불**

가능한 도시, 병합된 도시, 등 이 새로운 '도시' 형태가 어떨 것인지를 규명하려는 일련의 개념들이 무한대로 늘어난다. 위 이름표에서 흥미로운 점은 모두가 르페브르를 따르려 한다는 것, 그리고 그들 대상의 죽음, 혹은 이론가들이 택한 주제의 죽음, 즉 도시의 죽음을 붙잡으려 한다는 것이다. 무엇인가 일어났으며, 일어나고 있다는 것을 충분히 인식한 채로, 그리고 그것을 분석적으로 움켜쥐는 것이 어렵다는 것을 충분히 인식한 채로 말이다. 도시는 한때 온전하고, 견고하고, 강철 같고, 구체적이었으며, 그곳에, 오직 그곳에만 있었다. 이제 '그것'은 파악하기 힘들 뿐더러 더 이상 '그것'이 아니며, 낡은 중력 법칙에 반응하지 않는다. 여기서 또 흥미로운 점은 모든 이름표가 아무리 다양하고, 아무리 통찰력 있고, 아무리 귀에 쏙 들어와도, 여전히 '도시'라는 용어에 깃든 사회과학적 엄격함을 유지하려고 분투한다는 점이다.

하지만 르페브르는 그다지 확신을 갖지 못했다. 그는 『도시에 대한 권리』에서 도시적 사회는 "그 스스로를 도시의 폐허 위에서 구성한다"고 말했다.[11] 『도시적 혁명』에서 그는 그 주장을 더 과감하고 더 강한 어조로 되풀이했다. "도시는 역사적 실체로서만 존재한다." 그것에 "대응하는 사회적 대상은 더 이상 존재하지 않는다. 도시는 사회학적으로 사이비 개념이다."[12] 이런 이유로 이제 '도시'라는 용어를 그만 쓰기로 하자고, 우리의 어법을 바꿔 보자고 그는 설득한다. 통상적인 의미에서의 물리적인 대상이 아닌 새로운 대상에 걸맞는 이름을 주자. 도시 대신에 "도시적 사회" 또는 "도시적 직조물 urban fabric"이라는 용어를 써 보기로 하자. 새로운, 지금 막 생성하는 도중에 있는 이론적이고 가상적인 대상을 규명해 보기로 하자. 르페브르는 루이스 위스를 암시하면서 "도시적 직조물"이라는 용어는 도시의 건축 환경처럼 좁게 규정되는 게 아니라 "시골에 대한 도시의 지배를 나타내는 모든 표현"을 가리킨다고 말한다. 그러므로 "시골에 있는 별장, 고속도로 슈퍼마켓 역시 모두 도시적 직조물의 일부분이다." 한편 "도시적 사회"는 이론적 필요를 충족시키며, 앞으로 나올 장에서 보게 되듯이 정치적 야심의 틀을 짜 준다. 도시적 사회는 실재하는 현실을 더 큰 관점으로 바라보기 위한 도착 지점인 동시에 새롭게 도래할 현실을 연구하기 위한 출발 지점을 나타내는 가설이다.

2. 사각지대와 보기의 방식

도시적 사회는 우리의 인지적 · 감각적 장치가 감당할 수 있는 한도를 넘어선다. 인간 심리는 오늘의 도시 과정이 우리에게 떠안기는 감각의 과부하 때문에 골머리를 앓는다. '도시'를 계속 생각한다면, '도시'라는 렌즈를 통해, 그리고 '객체', '범주', '사물' 같은 개념을 통해 사물을 지각한다면, 산업적 성장에 관한 전통적인 언어와 개념을 통해 그것들을 지각한다면, 문제는 더 복잡해진다. 르페브르에 따르면, 미래적으로 생각하기 위해서는 우리의 관점을 바꿀 필요가 있다. 도시적인 것을 다시 생각할 필요가 있는 것이다. 그렇지 않으면 우리의 인식론은 진정한 '사각지대' 안에서 주춤거리게 된다. 도시화는 산업화가 가장 발달된 형태라기보다 (이것이 르페브르의 '도시적 혁명' 테제에서 놀라운 점인데) 산업화야말로 생산력의 역사적 발전이라는 전통적인 마르크스주의 개념을 뒤집는 특별한 종류의 도시화였다.

르페브르는 마르크스와 엥겔스가 '도시적 생산양식'을 한 번도 명시적으로 보여 준 적이 없었다고 말한다. 하지만 그들의 저작을 면밀하게 살펴보면 그들도 나름대로는 보여 주고 있다. 도시는 현대적 산업, 노동 분업, 노동력의 재생산, 그리고 기술 혁신의 장소로 그 자체가 발전의 동력이었다. 산업도시의 성장은 생산력의 확장에 필수적이었을 뿐만 아니라 봉건주의에서 자본주의로 이행하는 과정에서 존재감을 드러내며 성장한 부르주아에게 정치적으로 핵심적인 요소이기도 했다. 마르크스는 도시화에 산업화 논리가 담겨 있다는 것을 알지 못했고, 결코 알 수도 없었을 것이다. 마르크스는 산업적 생산이 사회의 도시화를 함축한다는 것을 알지 못했다. 산업의 잠재력에 통달하려면 도시 과정을 구체적으로 이해해야 한다는 사실을 알지 못했다는 것이다. 성장이 어느 수준 이상을 넘어서면 도시화는 산업 생산을 창출하고 산업화를 만들어 내고, 산업화를 일구기 위한 비옥한 조건에 영양을 공급하여, 산업적 모순을 도시의 모순으로 전환시키며, 궁극적으로는 도시 문제를 새롭게 제기하여 지구 행성의 도시화 문제로 바꾸어 놓는다.

나는 관점상의 이러한 이동을 어떻게 정의해야 할지 오랫동안 생각해 왔다. 렘 쿨하스Rem Koolhaas가 말하듯이 이것은 완전히 새로운 이론을 찾아내려는 탐구가 아니라 낡은 이론(르페브르의 이론 같은 것)을 새롭게 비틀어 보고, 그것에 새로운 어휘를 부여하고, 그 이론을 더 **효과적effective**이고 더 **정동적인affective** 것으로 만들려는 시도였는지도 모른다. 내가 할 수 있는 최선은 이런 시각의 이동을 **도시city**의 인식론을 떠나 **도시적인 것the urban**의 존재론으로 이동하는 움직임으로 설명하는 것이다. 그것은 더 이상 자본주의 하에서의 도시에 대한 새로운 이론적 이해를 개발하려는 문제가 아니라 갈수록 도시화되어가는 세계에서 **정동적인 존재**와 씨름하는 문제다. 거기에 있는 것은 이론적 가설이 아니라 우리 속에 있는 존재론적 현실, 우리 자신과 우리 세계를 보는 한 가지 방식이다. 그것은 외재적인 것이라기보다는 내재적인 것이다. 따라서 또 다른 "보기의 방식",[13] 마음의 눈으로 도시화를 인지하는 또 다른 방식이란 도시화를 혼란스럽지만 확정적인 과정으로, 하나의 복합적인 적응 체계로 파악하는 것이다. 설사 '가상의 개념'이라고 할지라도 하나의 개념으로서 '행성'이라는 용어는 이미 관점의 이동을 함축하며, 좀 더 흥분되는 이미지, 아마도 좀 더 수사학적일 이미지, 외견상 외계적이며 미래주의적인 어떤 이미지를 떠오르게 한다. 우리는 우리의 지각적 반경이 뻗어 나가고, 확장되고, 넓어지면서, 어떤 면에서는 사차원마저 구식으로 보이는 영역에 들어가게 되는 것이다. '행성'이라는 말은 뭔가 더 살아 있고 더 성장하는, '전 지구적'이거나 '지구화'라는 불분명한 단어보다 더 생생한 어떤 것을 시사한다. '행성'이라는 용어의 사용은 실제로 마지막 미개척지, 지구상의 공간적 해결책의 최종 목적을 기록한다. 그 목적이란 경제적, 정치적, 문화적 논리를 가리키며, 이 논리는 지구화로부터 동력을 얻는 것은 아니지만 지구화(생산력의 행성적 확장, 시간으로 공간을 말살하고 공간으로 시간을 말살하려는 자본주의적 성향)의 핵심적인 구성 요소 가운데 하나이다.

전통적인 도시와 도시 형태에 대한 우리의 전통적 통념을 구속하고 있던 내적 유계성(有界性, boundedness)은 산업도시의 등장으로 억지로 열어 젖혀졌다. 자본주의적 산업 생산이 그 지리적, 시간적 속박을 떨쳐버림으로써, 새로운 수송 수단의 발달에 의해, 신기술, 생산품, 기간시설의 발명과 재발명에 의해, 밀물 때는 사람들을 삼켰다가 썰물이 되면 뱉어 버리는 비즈니스 사이클에 따라 그렇게 된 것이다. 한때 절대적 공간이던 도시는 상대적 공간이 되었다. 즉, 20세기 후반부에 경제적 비교우위에 의해 규정된 전 지구적 계층 서열에 따라 서로에게 상대적 공간이 되었다. 절대적 공간에서 상대적 공간으로 변하는 이 역사적 이동이 르페브르가 1970년대 이후 집필한 두 권의 위대한 저서, 『도시적 혁명』과 『공간의 생산*The Production of Space*』의 주 관심사였다.[14] 그는 이런 상황을 어떤 점에서는 혁명적인 것으로, 그람시가 생각했을 법한 의미에서 혁명적인 것으로, 수동적인 혁명이라고 여겼다. 거기에는 모든 상반된 것들이 지닌 진보적 가능성이 잔뜩 배태되어 있지만 그럼에도 불구하고 반혁명적이며, 일종의 위로부터의 혁명이다. 마르크스가 『공산당 선언』에서 말한 바 있는 "부르주아가 가장 혁명적인 역할을 담당했던" 그런 혁명 말이다.[15]

따라서 르페브르가 도시를 '도시적인 것'으로 재구성하라고 요구할 때, 그것은 곧 우리더러 표준적인 사고틀을 포기하고, 시야를 재설정하고, 입체파 화가가 보았을 법한 것으로 도시를 재서술해 보라는 말이다. 이는 공간과 인문 과학 분야에서 아인슈타인의 혁명에 비길 만한 어떤 것이다. 아인슈타인이 절대적 시공간을 가정한 뉴턴의 중력 개념을 문제 삼으면서 일반 상대성 이론을 구상하던 때와 비슷한 상황인 것이다. 설사 그 모든 것이 우리가 즉각적으로 인식하는 세계를 넘어서고, 볼 수 있는 능력을 넘어선 것이라 할지라도, 이러한 이동은 우리가 세계를 보는 새로운 방식임이 분명하다. 아인슈타인의 우주론은 1920년대와 1930년대 닐스 보어와 베르너 하이젠베르크가 '상보성'과 '불확정성'이라는 확률론적 이론들을 개척했다는 점에서 그 자체가 양자 이론의 조짐이기도 했다. 물론 아인슈타인 본인은 그 역할을 쉽게 받아들이지 못했지만 말이다.

도시 개념에서 **도시적인 것**으로의 이동은 아인슈타인에 견줄 만한 패러다임의 전환이었다. 절대적인 것에서 상대적인 것으로의 이동, 곡면 시공간을 긍정하는 문제였다. 자본주의의 중력은 절대적 공간에서만, 수동적 표면에서만 일어나는 것이 아니다. 공간과 시간 자체가 자본주의의 구성물이며, 시장이라는 우주를 옮겨 다니는 상품과 자본과 돈의 수량과 속도는 그 자체가 시간과 공간을 구부러트리거나 휘게 만들고, 그 자체의 시공간적 차원을 창출한다. 전 지구적 금융시장이라는 가상현실은 공간이라는 등방성isotropic plane▪을 지닌 평면과 시간에 대한, 과거와 미래에 대한 선형적 개념을 대혼

▪ 등방성이란 방향과 상관없는 성질, 물체를 관찰할 때 방향이 달라져도 크기가 변하지 않는 성질을 말한다. 우주는 어느 쪽으로 보나 같다는 것이 아인슈타인의 등방성 우주 원리.

란에 빠뜨린다. 화살과 같은 시간을 인정하면서, 공간을 틀어지게 할 뿐만 아니라 그것을 물리적으로 뜯어 발기기도 하면서, 빛의 속도로, 그리고 거래인이 키보드를 살짝 건드리는 동안 금융적 입자 quarks와 중성자neutrinos 들이 앞뒤로 움직이는 숨겨진 투기 영역을 만들어 내면서 말이다.

3. 구체적 추상과 추상표현주의

한 도시가 복합적인 적응 시스템이라면, '도시들' (복수형)에서 '도시적인 것' (단수형)으로의 전술적 변화는 단순화시키는 움직임을, 구체적인 것에서 추상적인 것으로의 분석적 미끄러짐을 나타낸다. 도시적인 것이란 더 엄밀하게 말해 **구체적 추상**이며 이론적 지식의 지형, 또는 르페브르의 용어로 말하면 "눈부신 가상현실illuminating virtuality"이다.(『도시적 혁명』, 17) 따라서 도시적인 것은 이론적 대상이자 '가능한 대상'이다. 이는 마르크스가 세계시장을 자본주의의 기초로 설정한 방식과도 유사한 구체적 추상을 말한다. 물론 우리는 마르크스의 명료한 의미를 조금도 해치지 않은 채, '도시'를 '세계시장'으로 바꿔 쓸 수 있다. 『자본론』 3권에서 마르크스는 "이러한 생산양식은 내재적으로 그 어느 때보다 거대한 규모의 세계시장을 필요로 한다"[16]고 말했다. 『정치경제학 비판 요강』에서는 이런 분위기가 다시 강화된다. "자본 개념 그 자체에 세계시장을 창출하려는 경향이 내재돼 있다. 모든 한계는 넘어서야 할 장벽이다."[17]

『공산당 선언』에서는 더 유명한 표현으로 세계시장의 형성을 환기하고 있다.

> 생산물을 처리하기 위해서는 시장이 계속 커질 필요가 있기 때문에 부르주아들은 지구의 전 표면을 샅샅이 훑는다. 그들은 어디에나, 어떤 곳에나 자리 잡고 정착해야 하며, 모든 곳에 인맥을 만들어야 한다. 부르주아들은 세계시장의 수탈을 통해 모든 나라의 생산물과 소비에 국제주의적인 성질을 부여했다. (…) 그 나라에서 생산된 것들로 충족되어 온 옛날식 수요 대신에 우리는 새로운 수요를 찾아낸다. 그런 수요는 먼 나라와 먼 기후에서 만들어진 산물이 있어야 충족된다. 한 지역에 한정되고 한 국가를 넘어서지 못하던 옛날식의 은둔과 자족성 대신에 국가들 간의 보편적 상호의존성, 모든 방향에서의 교섭이 있다.[18]

『잉여가치 이론Theories of Surplus Value』 3부에서 마르크스는 "오직 외국과의 교역만이, 시장을 세계시장으로 발전시키는 길만이 화폐를 세계 화폐로, 추상적 노동을 사회적 노동으로 발전하게 한다. 구체적 노동이 세계시장을 끌어안는 새로운 노동의 양식, 즉 총체성을 띠는 한에서 발전한다"[19]고 말한다. 마르크스가 묘사한 대로라면 세계시장은 르페브르의 '도시'처럼 실제 현실이며 현실의 **개념**이다. 세계시장과 도시는 충분히 실재하며 확대된 규모에서의 자본주의 재생산을 위해 반드시 필요한 요건이다. 세계시장과 도시 모두 이름 붙일 수 있는 사람들에, 살아 있는 행위자와 실제 경제적 실천들에, 제도와 조직들에 구현되어 있다. 둘 다 돈과 자본과 문화를 기초로 하는 교환 관계의 거대한 그물망이다. 두 가지 모두 마르크스가 이야기해 온 상품-형태의 '유계적' 형태를 띤다. 하지만 그와 동시에 두 가지 모두 전 지구를 순환하는 유동적인 과정으로 인식되어야 한다. 두 가지 모두 관찰 불가능한 현상으로 흘러가기도 한다. 다른 말로 하면 두 가지 모두 '가치-형태'를 띠며 외견상 경계가 없다. 그럼에도 마르크스가 말하듯이, 두 형태 모두, 형태와 기능, 인지 가능한 것과 인지 불가능한 것 모두 상대적이다. 그것들은 서로 배타적이지만 똑같이 "서로에게 속하며 서로를 한정하는 분리 불가능한 두 개의 순간들이다."[20]

'도시적인 것'의 틀을 짜는 방식, 우리 마음의 눈으로 그것의 틀을 만들 다른 방식이 있다. 스피노자가 『윤리학』 1부에서 실체를 구상하는 방식이 그렇다. 스피노자의 관점은 겉보기보다 마르크스와 공통점이 많다. 스피노자에게 실체는 자연nature과 실재reality의 정수이며, 본질적인 내용상 그 자체로 분할 불가능하고 그것이 가진 여러 가지 **속성들**을 통해서만 지각되고 구상될 수 있는 어떤 것이다. 스피노자는 각각의 속성이 "실재성, 또는 실체의 존재를 표현한다"고 말한다.[21] 물론 실체란 스피노자의 범신론적 신 이론, 즉 신은 우리 자신을 포함한 모든 실재에 내재한다는 그의 신 개념을 말한다. 스피노자의 신 개념은 신학적 '가치-형태'이다. 따라서 이 개념의 형태는 도시적인 것의 내재적 본성, 도시적인 것의 복잡한 존재론적 조직tissuing, 우리 일상의 삶을 감싸 주는 직물에도 해당될 것이다. 여기서 긍정되는 것은 단일하고 분할 불가능한 실체로서의 도시적인 것이다. 그리고 그 도시적인 것의 속성들(건설 환경, 수송 기간시설, 인구밀도, 지형학적 특성, 소셜 믹스,■ 정치적인 거버넌스 등)은 존재론적으로 도시적인 것에 널리 퍼져 있는 것의 형식적 표현들이다. 이런 속성들은 서로 환원 불가능하며 뚜렷하게 구별되고, 각자 고유한 **연장** 양식(성장하고 확장하고 응결하고 분해된다)을 갖고 있으며, 그들의 질서와의 일치는 어떤 식으로든 실체에 상응한다. 그런 속성들은 도시적인 것이 어떤 모습으로 보이고, 어떻게 하여 보일 수 있고, 알려질 수 있고, 느껴질 수 있는가이다. 간단하게 말해, 그 것들은 손에 만져지고 지각되는 '상품-형태'이다.

잭슨 폴록이 만드는 거대한 드리핑 회화처럼, 또 그의 그림이 표현하려는 내용이라 인정되는 프랙탈처럼, 이런 속성에는 혼돈이 있지만, 실체에는, 그것의 실체에는, 기저에 깔린 도시적 구조에는 기저의 질서가 있다. 입체파 미술이 당대에 나타난 도시 공간의 상대화하는 경향과 왜곡을 포착한 것이라면, 폴록이 제작한 후기 추상표현주의 회화의 자연스럽게 흘러가는 실타래와 폭발하는 안개 같은 덩어리는 행성 도시화 과정과 형태 없는 형태인 그 실체를 회화적으로 표현한 것이다. 폴록이 그린 벽화만 한 크기의 드리핑 회화 작품들, 특히 1947년에서 1950년 사이에 완성된 것들은 종종 무한한 확장성의 인상, 확장과 확대의 체험적 느낌, 그 자신의 경계를 부수고 나아가길 바라는 듯한 불안한 역동성을 표현하고 있다는 평을 들었

■social mix, 도시계획을 통해 지역 주민들 간의 계층 격차를 해소하고 사회 통합을 도모하는 정책 방법. 가령 일반 분양 아파트와 임대주택을 같은 단지에 배치하여 빈민과 부유층을 섞여 살게 하는 방법 같은 것이 있다.

다.[22] 폴록 본인도 "여기에는 중심도, 시작도, 중간도, 끝도 없다"고 말한다. (폴록의 그림에) 입장하려면 어디로 가는지도 모르고, 그저 어디에 있었는지만 막연하게 알고 있는 채로, 움직이는 기차에 과감하게 뛰어오르는 동작이 필요하다. "프레임화되지 않은 공간"이라는 말은 폴록의 아내였던 화가 리 크래스너Lee Krasner가 경계 없는 운동 에너지와 고도의 복잡성을 띠는 혼돈으로 가득 찬 조밀한 과정(거의 숨겨져 있기는 하지만 규모 확대의 명령을 담고 있는)을 담은 폴록의 그림을 묘사하며 쓴 표현이다. 이는 당대의 행성 도시화를 떠오르게 한다.

폴록의 실타래와 소용돌이, 나선형, 흩뿌리기는 너무나 치열하고 너무나 조밀해서, 화폭 전체를 삼켜 버린다. 비어 있는 공간은 없고, 건물과 도로 사이에는 햇살이 비치지 않고, 더 이상의 개발 가능한 화폭 공간도 없다. 그 이미지는 전기 역학적이고 물 같은 성질을 가졌고 활력에 넘치며, 어떤 면에서는 뼛속 깊이 도시적이다. 여기서 똑같이 중요한 것은 이 관점이 클레멘트 그린버그Clement Greenberg가 "이젤 그림의 위기", 즉 고전적인 구도의 위기라 부른 것을 환기시킨다는 점이다. 이는 도시의 고전적 구도의 위기라고도 할 수 있을 것이다. 그린버그가 뜻한 것은 중심이 없어진 다성주의적 그림을 긍정하는 것, 어떤 반듯한 시점도 없이 시작, 중간, 끝이라는 것도 없이 사는 방식을 말한다. 그린버그는 가장 중요한 요소로 "치명적인 모호성"을 거론한다.[23]

혼돈과 반복은 규제 없는 세계시장에서 풀려난 자본의 흐름을 모방하여 자유롭게 흘러가는 구성으로 긴밀히 협업한다. 폴록의 반복되는 이미지들이 가진 생기 있고 즉흥적인 에너지와 똑같아 보이는 공간을 생산하는 투자의 흐름은 자본의 '2차 회로'를 부동산을 향해 맹렬히 나아가게 한다. 과거 자본의 '1차 회로' 쪽으로, 즉 산업생산 쪽으로 나란히 뻗어 있던 이 2차적인 투자의 흐름은 이제는 르페브르가 말하듯(『도시적 혁명』, 159) 전체적인 지구 경제에서 상대적으로 더 중요해졌다. 2차 회로는 고정자산이거나 대개는 부동산인 자본, 사무실 건물과 수송 기간시설, 도로, 창고, 부두, 아파트단지 같은 시설로 흘러간다. 이런 시설의 가치는 공간에 갇혀 있으며, 내적으로 파괴되지 않는 한 절하되지 않는다.[24]

르페브르에 의하면, 2차 회로는 과거에는 위기에 저항하는 방어벽이었다.(『도시적 혁명』, 159) 그러던 것이 이제는 전 지구적 도시경제, 갈수록 행성 전역으로 확산되는 도시 경제의 기본이 되었고, 자본 투자의 주요 출처 가운데 하나가 되었다. 이런 이유로 지난 15년에서 20년 사이, 2차 회로는 전 세계적인 부동산 붐을 실어 나르는 매개였고, 그 결과이기도 했다. 하지만 2차 회로는 새로운 불안정성과 문제를 유발하는 원인이기도 했다. 특히 (허구적인) 금융자본의 도움을 받아 작동이 매끄러워지고 국가의 보증을 받을 때는 더욱 그렇다. 도시 공간 생산의 2차 회로에 주목해야 할 또 다른 측면은, 그것이 소위 자본의 3차 회로라 불리는 것과, 즉 과학과 기술, 지식의 생산과 교환에 대한 투자와, 그리고 물질적 성장은 지상 공간에서 이루어지더라도 이윤은 사이버 공간에서 벌어들이는 소트웨어*적인 실천과 어떻게 불가분하게 뒤엉켜 있는가 하는 점이다.

1970년대 초반에 르페브르는 이 2차 회로가 국가의 신관리주의 관료들의 '합의의' 정치에 붙잡혀 있다고 말한 바 있다. 이들 관료들은 사적 부문의 기업가적인 신자유주의자라는 새로운 종과 협상을 벌인다. (그는 나중에 관료들이 어떻게 기업가적 신자유주의자로 응고되어 전 세계 정부들을 통제하는 쪽으로 나아가는지를 인식하게 된다.) 1980년대에 신자유주의 패러다임은 평등, 민주주의, 사회 정의에 대한 관심을 처참하게 짓밟으며 성장, 생산성, 경쟁이라는 주제를 정치적·경제적 지배 이데올로기의 최전선에 억지로 끼워 넣었다. 초국적인 독점 자본이 부가가치를 늘리고 자본을 축적하기 위해 모든 곳에서 모든 것을 모조리 먹어 치우기 시작했다. 마르크스가 『공산당 선언』에서 그렸던 것처럼 미친 듯한 박자에 맞춰 자본이 춤을 추었다. 도시의 폭발적 성장은 결과적으로 불균등한 발전 과정, 균질성과 파편화의 과정이었다. 농촌 장소와 근교 공간이 신산업적 생산과 금융 투자의 필수적 순간이 되어, 새로운 세계-지역적 수탈 지역으로, 메갈로폴리스적 지역 체제로 흡수되고 재편되어 갔다. 이는 구식의 도시 형태를 집어삼켜 그 피부를 벗겨 내고, 껍질을 부식시키는 현상이었다. 장 고트만Jean Gottmann은 이를 가리켜 "굴 껍질이 벌어졌다"고 말했다.[25]

예전에는 이런 도시화 과정이 금융자본 및 세계 금융시장의 변덕에 연루되었던 적이 없었다. 자본의 2차 회로 안으로 끊임없이 빨려 들어가는 것처럼 보이는 전 세계 도시화의 붐은 허구적 자본과 신용

■thoughtware, 사람이 키보드나 마우스 혹은 다른 기계적 장치의 도움을 받지 않고 컴퓨터와 소통할 수 있게 하는 기술. 마음속으로 생각한 것을 컴퓨터 화면에 바로 옮기는 기술이 그 예이다.

화폐로 술수와 농간을 부리는 새로운 메커니즘의 탄생에 의존해 왔다. 합법적 약탈과 사기, 자산 수탈, 잉여 자본을 흡수해 건설 환경으로 전환시키기 등, 새롭게 탈규제화된 장치 같은 것들 말이다. 데이비드 하비는 마르크스의 '원시적 축적' 이론을 업그레이드하고 업데이트시켜, 깔끔하게도 이 모든 것에 '강탈에 의한 축적accumulation by dispossession'이라는 이름표를 붙인다. 21세기 신자유주의 논의 맥락에 원시적 축적 이론을 동원하는 것이다.[26] 『자본론』에서 마르크스는 원시적 축적의 역사는 언제나 획기적인 것이며, 자본가 계급 자체가 형성되는(그리고 재형성되는) 과정에서 그 계급을 위한 지렛대 노릇을 했다고 말했다. 그 과정은 충분히 단순하다. "생산자와 생산수단의 분리"라는 것이다. 마르크스는 자본주의 연대기에 썼듯, 원시적 축적은 여러 형태를 취한다고 보았다.(876) 그 연대기는 아직도 현재형인 것처럼 보이지만 말이다. "거대한 군중이 갑자기, 그리고 강제로 그 생계 수단에서 분리되었을 때, 그리하여 보호받지 못한 채로 노동시장에 내던져졌을 때, 그와 같은 농업 생산자 및 농민들의 토지로부터의 격리가 이 전체 과정의 기초에 있다."[27]

하비는 우리 시대에 강탈에 의한 원시적 축적은 투기와 시장 확장을 위한 다른 새로운 영토들에 신호탄이 되어 준다는 점을 분명히 한다. 합병과 획득을 통한 자산 수탈, 연금 펀드의 공격, 생물자원 수탈, 공공자산에 대한 전반적인 약탈이 그런 것이다. 과거에 오스만 남작은 파리 중심부, 그 오래된 마을과 빈민들을 공격해 들어가 후자를 주변부로 쫓아내고 중심부를 투자 대상으로 만들었다. 건설된 도시 형태는 동시에 자산을 만들어내는 기계가 되었고, 분할 통치의 수단이 되었다. 오늘날 신오스만화는 금융과 기업과 국가의 이익을 통합하여 지구 전역에서 강제적으로 슬럼을 철거하고 토지 수용권을 주장함으로써[28] 땅을 격리시킨다는 점에서 비슷하다. 이는 이전의 거주자들을 후기 산업사회의 불안감이 들끓는 지구적 배후지로 쫓아냄으로써 안정화된다.

4. 막간: 세계시장 거리에 관해

잠시 방향과 어조를 바꿔 보자. 또 다른 아이작(아시모프가 아니라 노벨상 수상자인 아이작 배시비스 싱어Isaac Bashevis Singer)의 단편인 『시장 거리의 스피노자The Spinoza of Market Street』에는 병약하고 소심한 도시 남자, 피스켈슨 박사가 나온다. 우리는 피스켈슨 박사가 지난 삼십 년 동안 17세기의 유대계 네덜란드 철학자인 바뤼흐 스피노자를 연구해 왔다는 걸 알고 있다. 그가 읽는 책은 오직 『윤리학』 한 권뿐이며, 마르크스가 좋아하는 철학자가 쓴 그 책에 나오는 모든 명제와 모든 공리와 추론까지 전부 외고 있다. 하지만 사실, 피스켈슨 박사는 스피노자의 『윤리학』을 연구하면 할수록 불명료한 구절과 수수께끼 같은 문장과 암호 같은 언급을 더 많이 발견한다. 피스켈슨 박사는 예전에 취리히에서 철학을 공부했지만, 이제는 시나고그에서 배척당해 홀로 시간을 보내면서 암스테르담 출신의 철학자 책에 거미줄 같은 주석을 쌓아가고 있다. 한편 오랫동안 그를 괴롭혀 온 위장병은 나날이 더 악화되고 있다.

다락방 창문을 통해 피스켈슨 박사는 바깥 세계, 바깥의 두 세계를 관찰한다. "그의 머리 위에는 하늘, 별이 잔뜩 뿌려져 있는 하늘이 있었다. (…) 스피노자에 따르면 무한한 연장은 신의 속성 가운데 하나다. 피스켈슨 박사는 자신이 허약하고 기묘한 남자, 절대적으로 무한한 실체의 가변적 양상에 불과하지만, 그럼에도 거대한 우주의 일부이고 천체와 같은 재료로 만들어졌다고 생각하면 위로가 되었다."[29] 하늘에 있는 행성을, 위를 올려다보기에 지치면 피스켈슨 박사는 눈길을 아래로 돌려 집에서 더 가까운 행성인 "시장 거리"를 바라본다. 어느 여름날 저녁, 그 거리는 유례없이 혼잡해 보였다.

도둑들, 창녀들, 도박꾼, 장물아비들이 광장에서 빈둥거렸다. 젊은이들은 거칠고 상스럽게 웃어댔고 여자들은 찢어지듯 소리를 질러댔다. 레몬 음료 통을 등에 진 행상꾼 한 명이 이따금씩 사방을 뒤덮은 소음을 뚫고 고래고래 소리를 질렀다. 수박을 파는 노점 주인도 야만스런 목소리로 고함을 질렀고, 과일을 자르느라 휘두르는 긴 칼에서는 핏물 같은 과즙이 뚝뚝 떨어졌다. 간혹 거리의 소란이 더 심해지곤 했다. 소방 마차가 무거운 바퀴를 철커덕거리며 달려 지나갔다. 마차를 끄는 것은 몸집이 탄탄한 검은 말이었는데, 그런 말은 단단한 멍에로 묶어두지 않으면 거칠게 날뛰게 마련이었다. 그 뒤로는 의사의 마차가 소리 높이 경적을 불면서 지나갔다. 그 다음에는 깡패들이 싸움을 벌이는 바람에 경찰을 불러야 했다. 행인 한 명이 강도를 당해 도와달라고 소리치며 뛰어다녔다. (…) 상인들은 매의 눈으로 진열된 물건들을 살피면서, 다들 옆 상인보다 더 큰 소리로 외치려고 애썼다. "금, 금이요, 황금 같은 오렌지예요." 썩은 오렌지를 파는 한 여자가 소리를 질렀다. "설탕, 설탕처럼 달아요, 설탕이라고." 너무 익어 무르기 직전인 자두를 파는 상인이 깩깩거리며 소리 질렀다. "머리, 머리요, 머리." 생선 대가리를 파는 소년이 고래고래 고함을 질렀다.(8)

피스켈슨 박사는 술에 취한 듯한 이러한 소란에 냉소를 보낸다. "이런 오합지졸의 행동은 이성과는 정반대다. 이런 사람들은 흐릿하기 짝이 없는 열정에 흠뻑 빠져 있고 감정에 취해 있는데, 스피노자의 말에 따르면 감정은 절대로 선이 아니다. 그들은 쾌락을 얻으려고 애쓰지만 얻는 것은 질병과 감옥, 수치와 무지가 낳는 결과물인 고통뿐이다. 지붕 위에서 어슬렁거리는 고양이조차 도시의 다른 지역 고양이보다 더 야만스럽고 야단스러워 보인다."(9)

하지만 그때, 몸 상태가 최악일 때 피스켈슨 박사는 도비를 만난다. 도비는 베이글을 파는 우울한 노처녀로, 코뼈는 내려앉은 데다 윗입술 인중에는 수염 자국이 거뭇거뭇했다. 도비는 항상 남자 운이 없었다. 피스켈슨 박사의 다락방 바로 옆에 살던 그녀는 어느날 그의 방문이 활짝 열려 있는 것을 보았다. 문에 노크를 했지만 아무 대답이 없었다. 그래서 들어가 보았더니, "늙은 이단자"가 옷을 입은 채 침대에 누워 있었다. 얼굴은 마치 누런 밀랍 같았다. 처음에 그녀는 그가 죽은 줄 알았다. 하지만 그가 몸을 움직이고 정신이 들자, 도비는 겁이 나는 것을 억지로 참으면서 이 외톨이 남자에게 먹을 것을 만들어 주고 위로해 주기 시작했다. 얼마 지나지 않아 두 사람은 서로를 좋아하게 되었고, 결혼했고, 결혼식 날 밤에 사랑을 나누었다. 박사의 병과 신경증은 홀연히 사라졌다. 그의 내면에 오랫동안 잠복해 있던 힘이 일깨워졌다. 그리고 낡아 빠진 『윤리학』 책을 영영 치워 버렸다. 피스켈슨 박사는 "눈을 감고, 산들바람에 이마의 땀이 식고, 턱수염이 흩날리는 것을 느꼈다. 한밤중의 공기를 깊이 들이마셨고, 떨리는 손을 창문틀에 짚고 중얼거렸다. 신성한 스피노자여, 날 용서하시오. 난 바보가 되었어요."(24)

히틀러가 오기 전의 바르샤바 게토를 무대로 한 싱어의 이야기는 스피노자에 대해 쓴 최고의 글 가운데 하나다. 또 갓 움이 트는 메트로폴리스, 오늘날의 개발도상국 세계 어디라고 해도 될 도시에 대한 가장 유려한 묘사 중의 하나이기도 하다. 『윤리학』 책을 치워 버리고, 도비와 결혼하고, 그녀와 섹스를 하면서 피스켈슨 박사는 마침내 더 제대로 된 스피노자인이 **되기** 시작했다. 그는 삶으로 돌아왔을 뿐만 아니라, 다른 사람과 공감하고 기쁨과 사랑으로 도비를 사랑하면서 **공통의** 삶에 참여하기 시작했다. 싱어의 피스켈슨 박사는 스피노자를 오해함으로써 실제로 스피노자에 관해 뭔가 더 흥미로운 언급을 한다. 그는 창문 밖으로 시장 거리의 소란스러움을 내려다본다. 야만적으로 오고가는 사람들을, 그들의 울부짖음과 낄낄거림을, 흔하디흔한 오합지졸들의 모험과 실패를, 문자 그대로, 그리고 형이상학적으로 내려다본다.

이제 이 오합지졸들은 일상의 평범한 술수와 농간에 능한 하층민, 무질서한 군중, 거지 나사로와 같은 도시 대중이다. (프랑스에서 사르코지는 상대편 진영을 '라까이으racaille'라고 부른다. 지상의 '쓰레기'

라는 뜻이다.) 하지만 어떻게 이와 같은 오합지졸들이 잠재적인 정치적 지지층을 구성하는지, 규범적 이상과 더 나아가 21세기 사회 투쟁에서 결정적인 정치적 주체를 구성하게 되는지, 혹은 구성해야 하는지를 살펴보는 것은 조금의 상상력만 발휘한다면 그리 어려운 일이 아니다. 이 오합지졸은 조이스가 말하는 "매인이 온다(Here Comes Everybody, HCE)"이다. 다가오는 미래에 일반 대중의 규모는 엄청날 것이며, 그 범위는 수백만 배로 늘어날 것이다. 그 정도 규모라면 이 오합지졸들은 언젠가는 질적 차이를 드러낼 것이다. 언젠가 그것은 자체의 숫자를 내세우며 자신들의 본성을 초월해 스스로에게 이성을 부여하고 단일한 영혼을 형성할 것이다. 그리고, 해방과 집단적 기쁨을 추구하여 싸우는 과정에서 그 자체의 연합적 연대를 긍정하게 될 것이다.

피스켈슨 박사는 자신이 그토록 찬양해마지 않는 저 하늘 높이 있는 천체들과 이 오합지졸들이 같은 질료로 만들어졌다는 걸 도무지 생각조차 할 수 없었다. 시장 거리가 어떻게 무한한 사유와 동일한 우주적 힘에 속할 수 있는지도 전혀 이해하지 못했다. 하지만 그것이 사실이다.[30] 뿐만 아니라 오합지졸이 자신들의 '인칭 문자normative letters'를 하나의 의무로, 한 명의 매인HCE으로 선언하기를 갈망하는 경험적 범주라면, 그것이 한데 모이는 맥락, 그 공통의 공간은 짐작컨대 피스켈슨 박사의 시장 거리나 전 세계의 시장 거리와 비슷한 모습일 것이다. 또 그렇다면 아마 우리는 이 맥락을 "세계시장 거리world market street"라고 재명명해야 할 것이고, 그것이 전 지구에 다수 존재한다는 사실을 집중 조명하고, 이 거리가 어떻게 하여 모든 거리, 세계 모든 거리의 총합이 되는지를 밝혀야 한다. 그것은 세계 모든 상업의 흥망성쇠를 어떤 식으로든 내면화하고 있으며 마르크스의 고전적인 세계시장 개념을 잠재적인 드라마의 설전 속으로 끌어들이기 때문이다. 세계시장 거리는 추상적이지만 "끔찍할 정도로 현실적인"(알튀세르의 용어) 어떤 것, 지독하게 구체적인 어떤 것으로 작동한다. 동시에 시장 거리가 그 존재를 밝혀 주는 실재, 영토적이면서 탈영토적이고, 장소에 구속되는 동시에 장소에 속하지 않는 실재에 대한 지식을 제공한다.

간단하게 말해, 세계시장 거리란 지형적 추상 개념이며, 전혀 딴판인 다양한 사람들로, 구체적이고 실재하는 사람들로 가득한 길거리를 가리킨다. 하지만 동시에 그것은 국제적 가치와 자본을 거느리고 순회하고 흘러가는 추상적 과정이기도 하다. 알튀세르는 마르크스가 사회 구성체에서 정치적 이데올로기적 사건들로부터 경제적 관계를 분리해 내기 위해 "지형학적으로" **하부구조**infrastructure와 **상부구조**superstructure라는 말을 사용했다고 주장했는데, 바로 그 맥락에서 세계시장 거리 또한 어떤 특정한 지형을 묘사한다.[31] 알튀세르는 "지형이란 여러 개의 실재가 점거한 각각의 장소를 하나의 확정적인 공간으로 표현한다"고 말한다.[32] 따라서 세계시장 거리는 단일한 지형으로, 확정된 공간으로 결합함으로써 세계시장이 그 스스로를 구체적으로 품고 있는 그 모든 거리들(추상적 부, 가치, 돈, 그리고 추상적 노동)을 시각화하고자 한다. 세계시장 거리에서 바라보는 것, 피스켈슨 박사의 형이상학적 다락방에서 바라보는 것, 즉 단일한 도시적 실체를 바라보기 위한, 혹은 도시화를 인지하기 위한 또 다른 보기의 방식과 또 다른 관점과 인식 지도를 얻을 수 있는 곳은 거기에 있을지 모른다. 그리고 그 모든 거리들은 그것의 실체에 내재한 세계시장 거리를 따라, 도시 생활에 급진적으로 일원론적인 존재론적 대안을 우리가 수용할 수 있는 곳에, 그리고 급진적 행성 정치학을 위한 다가올 무대를 찾을 수 있는 곳에 있을지 모른다.

5. 잃어버린 도시들

르페브르의 마지막 논문 가운데 한 편인 「행성적 변형 안에서 도시가 길을 잃을 때Quand la ville se perd dans une métamorphose planétaire」는 세계시장이 도시 사회에 한 일들, 그리고 도시화가 그 자체로 세계시장을 움직여 가는 방식을 밝히고 있다.[34] 이 논문은 1989년에 『르몽드 디플로마티크Le monde diplomatique』에 처음 실렸다. 제목만 봐도 내용을 다 알 수 있을 정도이다. 죽기 2년 전, 자신이 아끼던 전통적인 도시처럼 죽어 가던 르페브르는 그답지 않은 비관적인 분위기를 보여 준다. 그는 "도시가 길을 잃을 때, 행성의 변형 속에서 길을 잃을 때" 도시에 대해 더 이상 변덕스럽고 유쾌하게 쓸 수가 없다고 비통해한다. 또 아폴리네르가 과거에 파리에 대해 썼던 것 같은 그런 서정성을 지니고 쓸 수도 없다. 지금은 상황이 더 심각하고, 더 우울하며, 『도시에 대한 권리』를 쓴 팔십 세가 넘은 저자는 어떤 이유에서인지 이 우울한 상태를 반영하고 있다. 도시가 더 커지고 더 발전하고 더 확장될수록, 그 촉수가 사방팔방으로 퍼질수록 사회관계의 수준은 낮아지고, 사회성은 완전히 허물어져 버린다고 그는 말한다.

이 도시가 확장되면서, 지금까지 도시화되지 않았던 곳들을 도시화하면서, 또 농촌 세계를 도시화하면서, 그와 똑같이 이상한 일들이 노동시장에도 일어난다고 르페브르는 말한다. 노동시장도 사라지는 것 같다. '도시 형태'가 모든 곳에 자리를 잡고, 온 사방으로 뻗어 나가는 속도에 발맞추어 전통적인 노동 형태, 적절한 급여를 받는 안정적인 일자리들이 허공 속으로 빠르게 녹아 없어진다. 전세계의 사람들은 일자리를 찾아 도시로 이주하지만, 가 봤자 그곳에도 일자리가 없음을 알게 될 뿐이다. 적어도 품위를 유지하며 생계를 유지할 수 있는 '공식적' 일자리는 더 이상 없다. 과거에는 사람들이 공장에서 일정한 일자리를 얻을 수 있었지만 이제 그런 산업체는 파산했거나, 더 싸고 더 수탈하기 쉽고 더 확장하기 쉬운 곳으로 옮겨 갔다. 도시는 그들의 제조 기지를 잃었고, 그로 인해 활발한 생산 중심지로서 누리던 '인기'를 잃었다고 르페브르는 말한다.

매년 전 세계 수백만 명의 농민과 소규모 자작농들이 거대 농기업이나 기업적 수출농에 의해, 그리고 신자유주의 세계시장의 '합리적' 작동에 의해 그들의 시골 땅에서 쫓겨나 지구 전역으로 흩어진다. 이 사람들은 생계 수단뿐만 아니라 푼돈을 모을 수단도 잃었다.[35] 그래서 그들은 살아갈 돈도 없고 이해할 길도 없는 낯선 서식지에 오게 되었다. 그곳은 제대로 도시라 부르기도 힘들 만큼 도시적이지 않고 전적으로 농촌적이지도 않으며 두 현실이 흐리멍텅하게 뒤섞인 곳일 때가 더 많은 그런 서식지였다. 그곳은 밀고 당기기와 악질적인 박탈의 변증법이 작용한 결과 나타난 새로운 현실이었다. 젠트리피케이션이 진행되는 도심은 일부 주민을 끌어들이는 동안 다른 주민들은 뱉어 내고. 도시 변두리, 사회적 주변부로 구별된 지역, 지구 전역의 교외 지역에서는 허름한 도시 빈민들과 취약한 신참자들이 서로를 끌어안지 않을 수 없게 만든다. **세계시장 거리**에서 그들 스스로 알아서 살아가도록 내버려 두는 것이다.

이 모든 것은 이제 '구체적 변증법'을 낳는다고 르페브르는 주장한다.(16) 이는 "중심부와 주변부가 서로를 적대하는" 모순이다. 하지만 두 세계 사이의 단층선과 경계는 도시-농촌이라는 단일한 구분선으로 그어지지 않는다. 또 남북 경계 따위의 것으로도 나뉘지 않는다. 중심부와 주변부는 자본 자체의 축적에, 다시 말해 "자본의 2차 회로"에 **내재한다**. 2차 회로의 흐름이 소나기처럼 한꺼번에 쏟아지면 수익성 있는 곳은 약탈당하고, 투자 자금이 회수되면서 다른 부문과 장소도 잠식한다. 그곳에서 중심부는 그 자체의 주변부를 만들어내고, 양편 모두 위기를 잔뜩 걸머지게 된다. 중심부와 주변부의 두 세계는 모든 곳에서 나란히 존재하며, 모든 곳에서 서로를 배척하고 받아들이지 않는다. 르페브르의 말에 의하면 그로 인한 '위협'은 우리가 '도시적인 것'이라 부르는 이 무정형적 괴물이 완전히 통제를 벗어나 행성 전역의 변형을 가져온다는 데 있다. 도시 사회는 전통적인 도시의 내적 친밀성을 산산조각 내고, 엥겔스가 기록한 바 있는 거대 산업도시를 출현시킨 힘, 다시 말해 산업화가 낳은 산물이다. 하지만 산업화는 스스로를 낡은 것으로 만들었고, 그 자신의 자손에게 살해당했다. 한 마디로 산업화는 스스로를 부정했고,

자신의 꼬리를 잘랐으며, 양적 성장을 통해 질적으로 무언가 새롭고, 병리적이고, 경제적·정치적으로 **필수적인 것**을 남겼다. 그 결과 등장한 것이 행성 도시화다.

시민과 도시 거주자는 흩어졌다. 르페브르는 역사적으로 핵심적인 이상이었던 것, 근대 정치적 삶의 핵심 실체였던 것이, 아마도 처음으로, 그리고 아마도 영원히 비틀어 뜯겨져 나갔다고 말한다. 도시 거주자들은 이제 지독히도 가까이에서 살아간다. 이는 사회적 교류 없이 가까이 모여 살기만 하는, 표상 없는 현존의, 그리고 진정한 마주침 없는 마주침이 낳는 비극적인 친밀성이다. 도시 거주자들의 비극은 과도한 희망을 품은 데서 오는 비극, 겉으로는 이런 희망이 줄줄이 충족되는 것처럼 보이는 데서 오는 비극이다. 이 논문 전체에서 르페브르의 어조는 밤의 끝으로 떠나는 여행을 떠오르게 한다는 점에서 셀린느를 닮았다.[■] 하지만 그는 몇 구절에서 휘트먼 스타일의 허장성세를 절제하지 못하여, 새로운 민주적 전망이 어떤 모습일지에 대한 하나의 최종적인 답을 던진다. 그는 시민권이라는 개념을 재편할 필요가 제기될 것이라 확신한다. 그것은 도시 거주자와 시민이 어떤 식으로든 서로를 다시 끌어안지만, 새로운 방식으로 끌어안는 그런 개념이다. 사실 르페브르는 "도시의 권리는 이제 적어도 시민권의 새로운 혁명적 개념, 바로 그것이 되어야 한다"(17)고 말한다.

[■] 프랑스의 소설가이자 의사인 루이 페르디낭 셀린느Louis Ferdinand가 쓴 소설 『밤의 끝으로의 여행*Voyage au bout de la nuit*』의 제목에서 가져온 말. 셀린느는 사르트르가 『구토』를 쓰는데 큰 영향을 준 것으로 알려져 있다.

그러나 으레 있는 일이기는 하지만 실망스럽게도 르페브르는 "혁명적 시민권" 따위의 의미심장한 용어에 자신이 어떤 의미를 담았는지는 끝까지 말해 주지 않는다. 하지만 우리에게는 이것이 기회다. 스스로 그 의미를 파악해 보라는, 우리 시대에 자신의 내용을 발전시켜 보라는 초대장이니까. 잠시 뒤에 나는 르페브르가 혁명적 시민권이라는 개념에 어떤 의미를 담았는지, 또 그가 오늘날 살아 있다면 무슨 말을 했을지 밝혀 보려 한다. 하지만 지금 당장은 이 주제를 미뤄 두고 르페브르의 혁명적 방정식인 도시에 대한 권리의 반대항을 먼저 살펴볼 것이다.

The Politics of the
Encounter
Urban Theory and Protest Under Planetary Urbanization

2장

매인每人이 온다:
도시에 대한 권리에
문제 제기하기

대중의 아마추어화는 표현 능력이 급속하게 확산된
결과이다.

-클레이 서키Clay Shirky

1. HCE와 RTTC

HCE라는 약자가 처음으로 무대 위에 등장한 것은 2차 세계대전 직전에 출간된 제임스 조이스의 눈부시도록 독창적인 걸작, 『피네간의 경야』에서였다. 이 책의 주인공답지 않은 주인공인 속물적 술집 주인 험프리 침든 어위커Humphrey Chimpden Earwicker의 이름 첫 글자를 딴 것이었다. 조이스는 『피네간의 경야』 전체에서 H. C. 어위커의 이름으로 언어유희를 꾸민다. 어위커의 몽상적인 정신은 『피네간의 경야』의 드라마가 전개되는 심리적 공간이다. 『율리시즈 *Ulysses*』의 레오폴드 블룸이 일상적인 (낮의) 사람이라면 늙은 어위커, 늙은 HCE는 일상적인 (밤의) 사람이고, 보편적인 몽상가이다. 그렇게 하여 조이스가 험프리에게 붙인 다른 별명, 별칭 HCE의 또 다른 용법인 "매인每人이 온다Here Comes Everybody"가 나온다. 조이스의 말에 따르면, 그것은 "인간 이상의 다분제(多分祭, manyfeast munificent)", 우리의 집단적인, 욕망하는 무의식에 대한 융의 원형적 이미지 같은 것, 인류 전체의 역사를 하룻밤의 꿈속에서 다시 체험하는 것의 인칭 문자이다.[1] 그 몽상가는 "인간 이상의 폭도"라고 조이스는 농담하듯 말한다.[2] 그가 언제나, 정말로, 끊임없이 그 자신과 같고 동등하다고 보아 온, 그리고 충분히 바로 그와 같이 보편화할 만한 가치가 있다고 보아 온 압도적인 매인인 것이다.[3]

한동안 나는 이 책, 이 도시에 관한 책에 '매인이 온다'라는 제목을 붙일까 생각했다. 오늘날 HCE라는 인칭 문자야말로 지구라는 행성 위의 삶이 실제로 어떤지를 포착하고 있다고 생각했기 때문이다. 도시 생활, 행성 도시 같은 것들 말이다. 그러나 2, 3년 전에 프리랜서 작가이자 뉴욕 대학에서 커뮤니케이션 과목을 가르치는 클레이 서키Clay Shirky가 선수를 쳤다. 그는 바로 저와 똑같은 인칭문자를 품고 있는 제목의 책 『매인이 온다Here Comes Everybody』■를 집필하고, "조직 없이 조직하는 힘"이라는 흥미진진한 부제를 달았다.[4] 질투심에서 나는 이 책을 구해 보았다. 조이스적인 성찰, 조이스적인 영향, 조이스적인 언어유희와 예술적 효과, 조이스적인 욕망으로 가득 찬 의기충천한 내용일 것이라는 기대에 가득 차서 말이다. 하지만 책을 열어보니 실제 내용은 전혀 딴판이었다. 마치 어위커가 한 번도 존재한 적이 없었고, 그 거대한 타락도 맛 본 적이 없는 것 같았다. 『매인이 온다』는 기교 없는, 여러 측면에서 피상적인 책이었으며, 인간의 삶에 관한 실존적 깊이가 결여된, 조이스와 닮은 구석 하나 없는 책이었다. 하지만 아이러니하게도, (사실은 별로 아이러니하지 않은지도 모르지만) 그것이 피상적이라는 사실 자체가 우리 디지털 시대가 낳은 새로운 사회성의 형식을 꽤 확실하게 보여주었다. 아마 내용이 부족하다는 것이 서키의 주요 요점이자 강점인 것 같다. 지금 우리에게 있는 것이란 아무런 내용도 없이 가상의 흐름과 형태만 있는 지극히 따분한 세계, 영토성이라는 것이 더 이상 문제되지 않으며 모두가 **실제로** 페이스북과 트위터에 모여드는 탈영토화된 세계라는 사실 말이다. 그리고 새로운 디지털 미디어를 통

■ 한국에는 『끌리고 쏠리고 들끓다: 새로운 사회와 대중의 탄생』(갤리온, 2008)이라는 제목으로 소개되었다.

해 우리의 집단적인 본능적 행동이 표현되고, 우리의 **진정한** 미래가 거주하게 되는 곳도 바로 그런 곳이다.

서키의 책은 순식간에 새로운 소셜 미디어 운동을 위한 사용자 입문서로 베스트셀러 자리에 올랐다. 그 책이 내건 논제는 혁명 조직이나 풀뿌리 조직만이 아니라 기업 조직에도 얼마든지 적용된다. 전자에 해당하는 것이 2002년에 울려 퍼진 존 홀러웨이John Hollo way▪의 자율적 마르크스주의 송가이다. **권력을 잡지 않고 세상을 바꾸기**, 조직 없이 조직하기. 서키가 호소력을 발휘할 수 있었던 것, 그리고 이 책이 성공을 거둘 수 있었던 이유 중 하나는 그의 낙관주의, 포괄적인 **매인**, 그가 내건 대중 영합주의와 다원주의 덕분이었다. 그는 소셜 미디어가 모두에게 권력을 부여할 잠재력을 갖고 있다고 말한다. 소셜 미디어는 저널리즘이나 사진 저널리즘 같은 창조적인 직업을 탈전문화할 수 있고, 수많은 '보통 사람들', 비전문가들에게 창조적이고 협동적인 작업을 맡길 수 있다. 그들은 협력하여 전례 없는 대중적 행동주의를 이끌어 내고 동원할 수 있다. 서키의 말대로 이제 "우리에게는 생일파티처럼 비공식적으로, 그러면서도 국제적인 범위에서 활동하는 집단"이 있다.(48)

서키의 생각은 유행을 탔고, 강한 전염성을 발휘했다. 특히 "기간산업으로서의 협동"이라거나 "평범한 도구, 특별한 효과", "전 지구적인 재능 풀", "신속하고도 단순하게 집단을 구성하는 방법", "집

▪ 아일랜드 태생으로, 열린 마르크스주의Open Marxism를 주창하는 사회학자이자 철학자. 신자유주의 반대 운동과 멕시코 사파티스타 혁명의 사상에 깊이 간여하며, 2002년에 『권력으로 세상을 바꿀 수 있는가Change the world without taking power』(갈무리, 2002)라는 책을 썼다.

단적 행동이 이룰 수 있는 장래", "혁명과 공동 진화" 같은 암시적이고 도발적인 수사법으로 포장되면 그 전염성은 더욱 커진다. 서키의 낙관주의는 사회적 저항의 세계로 쏠리었다. 그는 묻는다. "왜 집단적 행동의 그토록 많은 부분이 저항에 집중되며, 상대적으로 단기적이고 부정적인 목표가 강조되는가? 그냥 창조보다는 파괴가 더 쉽기 때문이라는 것이 이 질문에 대한 한 가지 대답일 수 있다. 집단이 되면 어떤 일에 착수하려고만 해도 그것을 중단시키는 것보다 훨씬 많은 에너지가 필요하다. 하지만 그 밖에 다른 종류의 소셜 미디어가 가진 생산력을 감안한다면 그 설명은 지지하기 힘들다. 찾아야 할 게 무엇인지를 알고 나면 집단이 창조력을 발휘한다는 증거는 온 사방에 널려 있다."[5] 서키의 말에 따르면, 집단적 행동은 어떤 명분을 긍정하기보다는 뭔가에 **맞서** 저항하는 쪽에 더 집중되는 것 같다. 긍정하기가 더 어렵다는 단순한 이유 때문이다. 공유와 협동에 근거한 정치를 구축하고 그것을 창조적인 일에 사용하는 건 쉽지 않은 일이다. 결과적으로 서키는 "집단 행동은 사진을 공유하거나 소프트웨어를 집합적으로 만들어 내는 일보다 집단과 집단이 공유하는 목표에 더 많은 헌신을 요구한다"(312)고 생각한다.

말콤 글래드웰Malcolm Gladwell은 『뉴요커』에서 서키의 중심 논제를 비판하면서도 그가 마지막에 보인 신념에는 지지를 보낸다. 오프라인에서 글래드웰은 급진적이고 대담한 성향을 보인다. 그는 용기 없는 사람들도 새로운 소셜 미디어 덕분에 아늑한 자기 방 안에서도 뭉칠 수 있다고 생각한다. 그러나 저항의 형태로서든, 각자 좋아하지 않는 일에 불평하고 항의하는 형태로서든 온라인 행동주의는 배짱도 없고, 오로지 '약한 연대'에 근거한 급진주의만 촉발한다는 것이 글래드웰의 주장이다. 그것은 사람들이 생사를 걸고 직접 뛰어드는 일처럼 사회변화에 정말로 필요한 것을 주지 못한다. 말하자면 1960년대에 미국에서 흑인 민권 운동을 출범시켰던 울워스 백화점 점심 판매대 앞에서 벌인 연좌농성 같은 것 말이다. 글래드웰에 따르면, 그런 운동에서 가장 중요한 것은 사람 신체의 물질성, 신체가 공간 속에 현전하는 일, 사람들을 대의에, 또 서로에게 구속시키는 '강한' 연결이다.

서키는 온라인 행동주의를 과거의 업그레이드 판이라고 여긴다. 글래드웰은 "하지만 그것은 약한 연결을 조직하는 형태일 뿐이다"라고 말하며 이어서 질문을 던진다. "그러한 연결이 과연 위험에 맞서 그것에 굴하지 않고 강한 연결을 유지하게 하는 정보를 우리에게 주는가? 그것은 전략적이고 훈련된 행동을 촉진하는 조직으로부터 회복력과 적응력을 증진시키는 조직으로 우리 에너지를 이동하게 한다. 온라인 행동주의 덕분에 활동가들은 그들 자신을 표현하기 더 쉬워졌지만, 그러한 표현이 효과를 발휘하도록 만드는 건 더 어려워졌다." 위험도가 높은 행동주의에서 핵심은, 운동에 대한 당신의 개인적인 헌신, 당신의 개인적인 관계들, 어딘가에 물리적인 형식으로 모이고 모습을 드러내는, 그리고 만약 당신이 잘못된(혹은 옳은!) 결정을 내렸을 때 당신을 두들겨 패서라도 바로 잡아 주는 당신의 "비판적 친구들"이다. "소셜 미디어와 결부된 종류의 행동주의는 그런 일을 절대 하지 못한다. 트위터는 당신이 결코 만날 리 없는 사람들을 추종하는follow 방식이다. 페이스북은 지인들을 효율적으로 관리하는 도구이다. (…) 여기에는 여러 모로 멋진 면이 있다. (…) 하지만 약한 연대가 고위험도 행동주의로 이어지는 일은 거의 없다. (…) 다른 말로 하면, 페이스북 행동주의의 성공 여부는 사람들에게 진정한 희생을 하도록 동기를 부여하는 데 있는 것이 아니라 사람들이 진정한 희생을 할 만큼 충분히 동기 부여되지 않았을 때 그들이 할 법한 일을 하는 정도로만 동기를 부여하는 데 있다. 이러한 행동주의와 그린스버러(울워스) 식당가 사이의 거리는 한참이나 멀다."[6] 그렇기 때문에 글래드웰은 트위터로는 혁명이 절대 일어나지 않을 것이라고 주장한다.

어떤 의미에서 서키와 글래드웰은 둘 다 옳다. 그런데 다른 의미에서 보면 그들은 둘 다 틀렸다. 어떤 논제도 다른 논제와 양립 불가능하지 않기 때문에, 또 각 논제가 그 자체로는 불충분하기 때문이다. 오늘날의 행동주의를 약한 연대인 동시에 고위험도인, 그리고 온라인인 동시에 오프라인이며, 언제나 항상 동시에 영토화되고 탈영토화된 것으로 인지하는 것이 가능하지 않겠는가? 다른 말로, 변증법적으로 말이다. 정말이지 조이스적인 꿈의 공간, HCE의 규범적 공간이라면, 그것은 사이의 어딘가, 둘 다인 곳과 둘 다 아닌 곳 사이의 어딘가에, 어떤 공간 안인 동시에 공간 바깥인 어딘가에, 일상의 밤인 동시에 일상의 낮인 어딘가에, 흐름인 동시에 물체인 것으로, 여기와 마찬가지로 저기에도 자리 잡지 않겠는가? (글래드웰은 이란과 중국 같은 많은 나라에서는 약한 연대 온라인 행동주의조차 매우 위험한 일임을 생각하지 않은 것 같다. 그런 곳에서는 약한 연대만으로도 당신은 얼마든지 당국에 체포되거나 고문당할 수 있다. 그런 일을 하는 데도 엄청난 용기가 필요하다.)

　온라인과 오프라인 행동주의를 구상하는 다른 길, 온라인과 오프라인에 대한 서키와 글래드웰 식의 사고방식에 대한 대안은 마르크스가 『정치경제학 비판 요강』 서문에서 구상했던 자본의 순환 방식에서 찾아볼 수 있을지 모른다. 상호 연결된 움직임들의 연속으로, 고정된 것과 유동적인 것, 생산과 분배, 소비와 교환의 변증법적 변이의 연속으로 구상하는 것이다. 다만 여기서 모의되고 있는 것은 운동 중에 있는 자본이 아니라 **혁명**의 순환이다. 그것은 반드시 전체 행성의 규모로 일어나는 혁명이어야 한다. 다르게 말한다면 행동이 어딘가에서 일어나고 있고, 어딘가에서 생산되고 있고, 그 자체로 오프라인 어딘가에서 구체화되고, 완성되고 있다는 것이다. 하지만 혁명의 순환은 다른 곳에서 이루어진다. 즉 가상적으로, 온라인에서 움직인다. 그리고 감정적emotionally으로 자체 변신하며 그 변증법적인 전체 리듬을 타면서 지속적으로 간단없이 변주한다. "우리가 도달한 결론은 생산, 분배, 교환 소비가 동일하다는 것이 아니라 그것들이 모두 하나의 전체를 이루는 구성원이며 하나의 통일체 안에서 구별된다는 것이다"라고 마르크스는 말한다.[7] 각각은 다른 것들에 목표를 제공한다고 마르크스는 주장한다. 각각은 다른 것들을 낳는다. 이런 관점에서 본다면 비물질적 혁명의 순환은 구체적 전복의 생산 요소이다.

　논의의 틀을 이렇게 짜면 도시 자체에 대한 물음도 같은 방식으로 제기된다. HCE를 다루는 책이 반드시 도시에 관한 책이 되어야 할까? 도시는 오프라인의 HCE들이 자신을 표상하는 '강한 연대'

의 공간이 될까? 만약 그렇다면 그 인칭 문자들은 RTTC로, **도시에 대한 권리** 운동에 체현되어 있는가? HCE가 정말 RTTC를 재편하는 또 다른 방식인가, 말하자면 그 동어반복적인 재구성인가? 아니면, 뒤집어서 우리가 서키의 테제를 비난하는 게 아니라 수용한다면, 그래서 그것에 동조한다면, 그래도 도시가 할 역할이라는 게 있을까? 중요한 변증법적 단층선은 가상세계의 행동주의와 지상 세계의 행동주의 사이에 놓이지 않는가? 당신이 정신적으로 온라인에 있으면서, 가끔, 아주 가끔, 거기 어딘가에 있다는 게 중요한 게 아닐까? 그렇지만 우리는 '그 **어딘가**라는 게 대체 어디에 있는가?' 라고 물어볼 수도 있을 것이다.

'도시에 대한 권리'(RTTC)가 1960년대 후반에 급진적인 "절규이자 요구"로 표출되었을 때, 그 주요 이론가는 물론 앙리 르페브르였다. 르페브르는 이 민주적 권리를 처음으로 개념화했을 뿐 아니라 그것을 마르크스주의 안에서 개념화하여 지구상의 대다수 인구가 농촌 거주자이던 당시에 도시에 대한 권리를 긍정한 최초의 학자였다. 하지만 그는 사태가 변하는 것을, 무언가 일이 벌어지고 있는 것을 보았다. 그 뒤 50년이 지나 르페브르가 말한 도시 혁명이 그 한계를 확장하여 농촌적 삶의 거의 모든 잔여물을 잠식해 들어간 지금 상황에서 RTTC는 어떻게 진행되고 있는가? 르페브르의 전설 같은 도시적 혁명은 대체로 완성되었지만, 또한 마찬가지로 도시 자체를 집어삼키고 잡아먹어, 도시에 대한 권리라는 질문 자체를 재고하게 만들었다. 디지털 미디어와 행성 도시화의 역설이라는 측면에서 재고해야 하는 문제가 된 것이다.

2. 당대의 RTTC: 그 개념의 짧은 역사

　1960년대 중반에 처음 발표된 르페브르의 테제는 다음의 명제 몇 가지로 요약될 수 있다. 중심이 없다면 그 어떤 도시성urbanity도 있을 수 없다. 박탈당한 것은 정치적으로 재천명되어야 한다. 도시에 대한 권리는 중심성centrality을 재요구할 권리, 사용가치로서의 도시에 대한 권리, 도시의 생활과 마르크스주의 정치학 양쪽 모두를 재활성화시킬 권리이다. (르페브르에게 이 두 가지는 공존한다.) 그런 생각들이 그가 총알을 뱉어내듯 빠른 속도로, 격동의 십 년 후반부에 서 있던 도시와 도시 정치를 주제로 하여 저술한 일련의 저서들에 반복적으로 나타나는 중심 사상이었다. 첫 번째 저서는 1965년에 나온 역사적인 『코뮌의 선언La proclamation de la Commune』이다. 이 책으로 인해 르페브르는 기 드보르 및 상황주의자들과 갈등을 빚었다. 상황주의자들이 르페브르를 표절로 비난했기 때문이다. 상황주의자들은 1962년 "코뮌에 관한 테제Theses on the Commune"에 총 열네 가지 테제를 개진했는데, 그것들은 르페브르의 것과 대동소이하다. 1871년 코뮌은 19세기 최대의 축제였다. 코뮌에는 본질적으로 지도자가 없었고, 코뮌이야말로 "지금까지 유일하게 진정한 혁명적 도시주의urbanism의 실현"이었다.[8]

　르페브르 역시 상황주의자들처럼 **스타일**이라는 발상, 즉 코뮌주의자들의 혁명적 스타일에 관심이 있었다. 이러한 관심에서 르페브르는 그가 "사건의 이론"이라고 부른 것을 스케치했다. 무엇이 혁명적 사건을 구성하는가? 무엇이 그 객관적, 주관적 순간들인가? 그 사건들의 고유한 점과 일반적인 점은 무엇인가? 그런 사건을 우리는 어떻게 역사적, 지리적, 정치적, 사회적으로 해석할 수 있는가? 이런 것들이 르페브르가 밀라노의 펠트리넬리 도서관에서 검토한 코뮌주의자들의 일기와 역사적 자료 들을 기초로 삼아 코뮌에 대해 설명하고자 했던 것들이다. 『코뮌의 선언』에서 르페브르는 마르크스의 혁명 전략은 공장이 아니라 도시를 기반으로 한다고 주장했다. 혁명에는 '전통적인' 노동계급뿐만 아니라 프티부르주아와 장인들까지 포함하는 도시 사회 운동의 형태를 띤, 자율적이고 아나키스트적인 순간이 있으리라는 주장이었다. 영역본이 아직 나오지 않은 이 책에서 르페브르가 과거를 발굴하고 있었던 것인지, 아니면 현재 속에 존재하는 미래(1968년 5월)를 예견하고 있었는지는 분명치 않다.

1968년으로 가는 길목에서 르페브르는 그의 도시에 관한 사유가 68세대의 집단의식에 들어갈 수 있으리라는 큰 기대 속에서 『도시에 대한 권리』를 썼다. 그 기대는 어느 정도 충족되었다. 학생들의 거리 시위에 대해 생각할 때 우리는 본능적으로 "도시에 대한 권리"라는 르페브르의 전투 구호를 떠올리게 된다. 르페브르가 1968년 5월에 낸 책의 제목은 실제로 『폭발The Explosion』〔원제:l' irruption〕이었다. 이 책은 학생들이 여전히 거리에 있을 때, 파리 중심부에서 불태워진 차가 여전히 연기를 피어올리고 있을 때 집필(혹은 구술)되었다.[9] 프랑스 공산당은 무시했지만, 이 대담집은 도시에 대한 권리와 관련된 테제의 많은 부분을 현실에서 극적으로 실천한다. 문제의 **폭발**은 사실 **분출The Eruption**이었다. 이 제목이 더 낫다. 폭탄처럼 터지는 게 아니라 화산처럼 분출하는 것에 가깝기 때문이다.

폭탄이 언제, 어디서 터지느냐 하는 것은 무작위적이고 순수하게 확률적인 문제이지만, 화산의 분출에는 일정한 결정력, 예견 가능성, 특정한 인과성이 있다. 1968년 5월에 일어난 도시 시위의 경우도 마찬가지였다. 르페브르는 파리 코뮌에 관해 쓴 자신의 저서에서 사건 이론을 가져와 그런 사건들에서 무엇이 고유하고 일반적인지, 무엇이 낡았고 무엇이 새로운지, 구조적인 부분과 초구조적인 부분은 무엇인지, 긴급하고 필요한 것들은 무엇인지를 다시 살펴본다.

이런 모든 책들에서, 그리고 '1968년 이후 십 년' 동안 쓴 『도시적 혁명』(1970)과 『마르크스주의적 사유와 도시La pensee marxiste et la ville』(1972)에서 르페브르는 교외화suburbanization와 '뉴타운'을 건설하는 식의 확장을 탈도시화된 도시화de-urbanized kind of urbanization에 비유했다. 르페브르는 이런 식의 확장은 대놓고 벌이는 계급 전쟁이며, 노동계급에게 도시를 주지 않겠다는 표현이라고 주장했다. 프랑스의 평범한 노동계급 구성원들은 도시에서 자리를 비우고 새로 건설되는 변두리의 교외로, 새로 지어진 고층아파트로 내몰렸다. 동시에 부유한 부르주아와 선별된 집단이 중심부를 정복했다. 중심부는 이제 그들의 놀이터가 되었고, 연금이나 금리로 살아가는 불로소득자와 금융자본, 또 부동산 투기의 선율에 맞춰, '역사적' 보존과 젠트리피케이션의 노래에 맞춰 춤을 추었다. 르페브르는 1960년대 후반을 다음과 같이 회고한다. "중심부가 박물관으로, 행정적인 공간으로 변하고 있는 것 같다. 정치적으로 관리되는 게 아니라 금융적으로 관리되는 공간 말이다. 도시와 도시적인 것의 변신은 계속된다."[10]

물론 위와 같은 상황은 북아메리카보다는 유럽 대륙에 더 잘 들어맞는 것처럼 보인다. 북아메리카에서는 부유층과 중산층, 특히 백인 중산층은 이와 정반대로, 중심부에서 주변부로 떠났다. 미국의 도시화에서는 대개 도시 거주자들이 도시에 대한 권리나 중심성에 대한 권리를 이미 갖고 있는 경우가 많다. 말할 필요도 없지만, 그것은 그다지 가치 없는 권리이다. 권력과 부를 가진 사람들은 오래전에 이미 근교로 빠져나갔고, 시내 중심의 잡동사니 파편들을 다시 주워 모으는 과제는 가진 것 없는 자들에게 떠맡겨졌다. 공정하게 말해 르페브르의 요점은 변하지 않았다. 유럽이든 북아메리카든, 모두 **반-도시**anti-urban라는 카드패가 던져졌다. 르페브르는 "분열된 형태학 안에서 교외는 곧 도시이다"라고 말한다. 교외는 "통합과 동시성으로 창조된 것의 요소들 사이에서 격리와 분할의 제국"을 이룬다. 한편 오래된 중심부는 "분산되고 소외된 현실성actuality의 상태로 남는다."[11]

르페브르에게 있어 도시는 "실천과 문명이 창조한 정교한 **작품**œuvre"이다.[12] 이 때문에 '도시'는 그 어떤 상품, 자동차 같은 것과도 다른 생산물이다. "이 작품은 사용가치이며, 다른 생산물은 교환가치다"라고 르페브르는 말한다. 하지만 도시, 즉 도시의 거리, 광장, 건물, 그리고 기념물 같은 것을 가장 훌륭하게 활용하는 방법은 **축제** la fete이다. 축제란 쾌락이나 위신 말고는 다른 어떤 이점도 없이 비생산적으로 소비만 한다.(66) 그리고 이 비생산적 쾌락은 최상류 특권층 사람을 위한 특별 기호품이 아니라 누구에게든 공짜로 제공되어야 한다. 분명히 말하자면 역사 이래 지금까지 도시는 상업이

행해지는 무대였고, 상품과 서비스가 거래되는 장소였고, 교역이 활기를 불어넣고 시장에 의해 코스모폴리탄을 만들어 내는 장소였다. 르페브르는 중세 상인들이 "교환을 진작시키고 일반화하기 위해, 교환가치의 영역을 확장하기 위해 활동했다. 하지만 그들에게 도시는 교환가치를 훨씬 뛰어넘는 어떤 것이었다"(101)라고 말한다. 사실 도시 그 자체가 교환가치, 즉 부동산ucre in situ이 되어 버린 것은 비교적 최근의 일이다. 이제 도시는 근처의 다른 교환가치(다른 도시들)와 씨름을 벌이고, 이웃들과 경쟁을 벌인다. 여기에는 새 사무실 빌딩이 서고, 저기에는 새 쇼핑몰이 서고, 시내에는 돈 많은 한량들이 거리를 거닐고, 시 외곽에는 부유한 사람들이 거주한다.

산업화는 도시를 상품화하여 도시의 탈중심화에 시동을 걸고, 노동과 일상생활 간의 균열을 만들어 냈다. 르페브르에 따르면 "도시에서 쫓겨난 프롤레타리아는 작업 감각sense of œuvre를 잃는다. 여기저기 분산된 기업 때문에 주변부에 위치하게 된 그들의 거주지에서 불필요한 존재가 되어 버린 프롤레타리아는 그 자신의 의식적인 창조적 능력을 둔하게 만든다. 도시적 의식은 사라진다."(77) 르페브르는 1960년대에 들어 "지금에 와서야 우리는 도시의 **구체성** specificity을 파악하기 시작했다"고 인정했다.(강조는 르페브르의 것이다.) 도시의 구체성이란 사회의 산물이자 사회관계의 산물이면서도 그 관계 속에 있는 특수한 성질을 가리킨다.(100) 도시화는 더 나쁜 쪽으로든 좋은 쪽으로든 사회에 반발하며, 산업화 그 자체를 넘어서 왔다. 르페브르는 지금에 와서야 "가장 중요한 이론적 문제를 입안할 수 있게 되었다"고 덧붙인다. "**노동계급**에게, 격리의 제물이 되고 전통적인 도시에서 추방된 존재들에게, 현재와 미래에 그들이 누릴 수 있었던 도시 생활을 박탈당한 존재들에게, 실질적인 문제가 스스로 제기된다. 그것은 정치적으로 제기된 적은 없지만, 그리고 지금까지도 주거 문제는 (⋯) 도시와 도시적인 것의 문제를 은폐하고 있지만, **정치적인** 문제이다."(강조는 다시금, 르페브르의 것이다. 100)

후반부의 언급은 프리드리히 엥겔스의 유명한 소책자인『주거 문제*The Housing Question*』(1872)를 가리킨 것이다. 마르크스의 충실한 협력자는 이 소책자에서 기저에 있는 비참한 사회관계의 문제는 해결하지 않은 채 노동자들의 비참한 주거 여건만 해결하고 싶어하던 프티부르주아 개혁주의자들을 비난한다. 르페브르는 엥겔스의 분석과 비판 및 정치적 추론에 동의하지만, 20세기 후반의 상황에서 엥겔스의 실질적 해결책을 그대로 고수할 수는 없었다.

거대한 메트로폴리스는 사라질 것이다. 그것은 사라져야 한다. 엥겔스는 청년 시절에 이 생각을 품었고, 평생 놓지 않았다.『주거 문제』에서 그는 이미 "자본주의 생산양식이 폐지되면" 전체 토지에 사람들이 최대한 균등하게 분포할 것이라 고대했다. 도시 문제에 대한 그의 해결책은 현대의 대도시를 미리 가정한다. 엥겔스는 도시가 작은 마을의 형태로, 그 주변의 시골에까지 확산됨으로써 '도시성' 그 자체가 용해되거나 도시 현실이 농촌화되지는 않을까 하는 의심은 하지 않은 것 같다.[13]

"전통적 도시로 복귀할 가능성은 전혀 없다"고 르페브르는 주장한다. 그는 중세적 분위기가 남아 있는 고향 나바르 지역을 사랑하며 엥겔스를 찬양하지만 그럼에도 "거대하고 형체도 없는 메갈로폴리스를 향한 저돌적인 돌진" 같은 것은 도저히 있을 수 없다고 생각한다.(148) 그의 말에 따르면, 우리가 해야 하는 일은 "새로운 휴머니즘을 향해, 새로운 실천praxis을 향해, 또 다른 인간 존재와 도시사회의 누군가를 향해 손을 내밀고 노 저어 가는 일"이다.(150) 이 새로운 휴머니즘은 새로운 권리, 작품에 대한 권리, 도시에 대한 권리라는 기초 위에 세워질 것이다. 그런 것은 "절규이자 요구"처럼, 군사적 전투 구호처럼 등장한다. 이것은 권리의 유사품도, 단순한 방문권도 아니라고 르페브르는 단언한다. 재개발된 구시가지를 보며 잠기는 추억 여행 따위도 아니다. 또한 자신들이 추방당했던 도시를 한 나절 구경하고 마는 그런 것도 아니다. 이 권리는 "도시적 생활에 대한 변형되고 새로워진 권리로서만", 새로워진 중심성에 대한 권리로서만 형성될 수 있다.(58) 중심성 없이는, 역동적인 핵심 없이는 도시도, 도시성도 있을 수 없다. 활기 넘치고 개방적인 공공 포럼, 생기 있는 순간과 마주침으로 가득한 곳, 교환가치와 무관한 그런 장소가 있어야 한다. "도시적인 짜임새가 시골을 잠식하든 말든, 농민 생활 가운데 무엇이 살아남든 말든, 도시가, 마주침의 장소가, 사용가치가 우선권을 가지는 그런 것이, 어떤 장소에 새겨진 시간이 다른 모든 자원들 가운데 최고의 지위로 승격된 것이 그 형태적 기초를, 그 실질적–물질적 현실화를 이루어내는 한, 다른 것은 상관없다"고 그는 말한다.(158)

3. RTTC 지금: 개념의 간략한 현실

르페브르의 명제는 40년이 지난 오늘날 대답 못지않게 많은 질문을 제기한다. 도시에 대한 권리는 강력하고 유혹적인 전투 구호다. 그것은 지구 전역의 수많은 집단을 동원했고, 연대를 결성하여 풍부한 수확을 거두게 했으며, 용감한 행동을 촉발했다. 하지만 지금에 와 생각해 보면 엉뚱한 싸움터에서 부르짖은 전투 구호는 아니었을까? 심지어는, 잘못된 후렴구를 되풀이하고, 잘못된 입장권을 내밀어 스스로를 한정 지은 그런 구호는 아니었을까? (또 한편으로, 르페브르가 쓰는 프롤레타리아, 혹은 노동계급이라는 용어도 좀 낡아 빠진 느낌이다.) 최근에 도시 이론가이자 계획자인 피터 마쿠스Peter Marcuse는 "도시에 대한 권리The Right to the City"라는 말에서 문제가 없어 보이는 유일한 단어는 "에 대한to" 뿐이라고 농담했다. 그가 볼 때 '**도시**'와 '**권리**' 모두 매우 문제가 많은 용어다. 좌파라면 재고하거나 완전히 개조하고 싶어할 만한 케케묵은 생각이라는 것이다.[14] 마쿠스는 "도시에 대한 진정한 권리는 경제에 대한, 그리고 전체로서의 세계경제에 대한 사적 금융과 사적 자본의 지배를 철폐할 것을 요구한다"고 말한다. 그리하여 우리는 곧바로 도시 그 자체보다 훨씬 더 넓은 정치적 지형으로 상승하게 된다. 마쿠스는 도시에 대한 권리란 "타임스 스퀘어에 드나들 권리보다 훨씬 더 많은 것을 요구할 권리"라고 본다.[15]

여기서 문제 삼는 권리는 모두를 위한 권리라기보다 사회의 두 부문, 주위의 풍요로움에서 배제된 부문과 차별받는 부문이라는 두 개의 축을 중심으로 돌아가야 하는 권리이다. 간단하게 말해 그것은 수탈된 사람들과 억압받는 사람들, 박탈된 자들과 불만 세력들에 해당한다. 그들이, 말하자면 전위부대이고, 현재 전 세계 인류의 큰 덩어리를 차지하는 사람들, 매인들the Here Comes Everybody이다. 실제로 사람들을 억압과 수탈의 일상적 순환에서 풀어주는 것은 도시가 아니라 민주주의 사회다. 그런 사회에서라면 어떤 위치에 있는 사람이든 누구나 자신의 삶을 창조할 권리를 가진다. 솔직히 말하자면, 민중의 권리를 표현하는 민주주의를 찾아내는 일은 도중에 사회적 갈등을 불러일으킨다. 도시에 대한 권리를 추구하는 일은 투쟁과 갈등을 요구하며 필연적으로 그것을 포함한다. 권리의 목표는 합의, 기술 관료의 결정, 혹은 이해관계를 둘러싼 타협이나 포섭cooptation, 재전유reappropriation 등에 의해 달성될 수 있는 것이 아니다. 마르크스는 『자본론』에 "권리가 동등할 때 대세를 결정하는 것은 힘이다"라는 유명한 말을 남겼다. 그 힘이란 정치적으로 유효한 정면 대결, 바로 그것일 수밖에 없다.[16]

오늘날 권리를 놓고 벌어지는 전투에서 한 가지 분명한 것은 권리가 좌파만이 아니라 우파에게도 동기 부여를 한다는 점이다. 어쨌든 우파는 그들 자신의 권리를 사법 권력으로 전환시키는 방법으로 그 싸움에서 이겼다. 이 전술적 권리는 보수파의 지배를 위한 좌우명이 되었다. 가령 영국에서 토리 정부는 사람들에게 각자가 자신을 관리하고 자신의 역량을 강화할 권리를 재빨리 돌려주었다. 그렇게 하면 국가는 사회 복지를 위한 비용을 억지로 토해낼 필요가 없기 때문이다. 결과적으로 자기 역량 강화self-empowerment는 '공동체/

사회적 기업'과 자발적인 '제3부문'이라는 미명 아래 완화된, 자가
보조self-subsidization나 자기 착취self-exploitation에 맞먹는 것이 되
었다. 데이비드 캐머런은 2011년 7월 「공공 서비스 백서Public Servi
ces White Paper」를 발표하면서 "선택할 일반적 권리"를 위해 공공
서비스 대부분을 경쟁에 붙일 것을 요청하면서 "국가 통제를 느슨
하게" 할 필요가 있다고 주장했다.[17] 백서에는 "정치인이나 관료가
아니라 인간적인 요소가 운전석에 앉아야 한다"고 써 있다. "공동체
의 권리"가 영국 전역의 도시 공동체에 부여되었다. 밥 코너트Bob
Colenutt가 주장하듯이 "그것들은 겉보기와는 다르"지만 말이다. 공
동체의 권리가 상징하는 것, 그것이 예고하는 것은 국가적이고 지구
적인 수준에서 진행되는 강력한 민영화와 더불어 지역에 긴축 정책
을 계속하게 하는 것이다. 간단하게 말해 그것은 눈물 없는 신자유
주의, 우파를 위한 정치적, 재정적 금맥이다.

따라서 권리는 당신이 그것을 어떻게 휘두르는지, 혹은 정치적으
로 그것을 어떻게 구성하는지에 따라 긍정적인 것일 수도 있고 부정
적인 것일 수도 있다. 권리들은 그 속에 내용을 채워 넣어야 하는
텅 빈 기표(記標, signifier)이다. 그리고 일단 그 내용을 채우면, 권리
의 함의는 가장 좋은 뜻을 가진 권리 요구자조차 수세에 몰리게 할
수 있다. 그러므로 권리에 내용을 채워 넣는다는 생각도 정치적으
로 실패할 수밖에 없는 책략일지 모른다. 마크 터시넷Mark Tushnet
은 그 이유를 이해할 수 있게 돕는다. "특정한 상황에서 무엇이 권
리로 간주되는지를 밝히고 나면 그것들은 어김없이 불안정한 권리
임이 밝혀진다. 그 상황에 사회적으로 중요하지만 비교적 작은 변

화만 생겨도 권리가 연루되어 있다는 주장을 유지하기가 힘들어지기 때문이다." 그러니 "권리 담론은 너무나 여지가 많고 불확정적이어서 반대하는 사람들도 이쪽과 똑같은 용어로 자기 입장을 드러낼 수 있다."[18]

터시넷이 말하는 내용의 주목할 만한 사례가 2010년 3월에 〈유엔〉이 주최하여 리우 데 자네이루에서 열린 〈세계 도시 포럼〉에서 발생했다. 그 포럼에서 〈유엔〉과 〈세계은행〉 양편이 모두 자신들의 헌장에다 전 지구적 도시 빈곤에 대해 발언하기 위해 "도시에 대한 권리" 내용을 집어넣었다. 같은 시간, 리우의 반대편 거리에서는 '좌파' 쪽에서 〈도시 사회 포럼Urban Social Forum〉이 열려 민중들의 대중적 대안을 무대 위에 올렸다. 〈도시 사회 포럼〉은 〈세계 도시 포럼〉을 도시 판 〈다보스 세계경제 포럼〉이라고 본 활동가들의 직설적인 응답이었다. 〈도시 사회 포럼〉의 활동가들은 지배계급이 풀뿌리라는 신성한 이상을, **지배계급**의 것이 아닌 **자신들 피지배계급**의 권리를 재전유하는 데 경악했다. 데이비드 하비는 양쪽 편에서 모두 강연을 했는데, 자신이 "도시에 대한 권리라는 개념은 자본주의 시스템 내에서 작동할 수 없다"고 주장하자 세계 도시 포럼에 나온 동료 연사들이 민망할 정도로 침묵하더라고 전했다.[19] 하비의 발언이 주류의 입을 다물게 했다고 해서 놀랄 일은 아니다. 그보다 더 흥미진진한 것은 이 현상이 좌파들에게 무슨 의미일까 하는 점이다. 도시에 대한 권리란 자본주의 이후 현실에서만 표출될 수 있는 권리라는 뜻일까? 도시는 혁명적 공격의 **매개**인가, **산물**인가? **수단**인가, 아니면 **결실**인가? 다시 말하지만 권리라는 용어는 불확실하고 불안정하다. 그것은 아마도 정치적 지렛대 역할을 거의 해 주지 않을 것이다.

'도시'의 문제도 권리 문제만큼 까다롭다. 이 난문제를 다음과 같이 표현해 볼 수도 있겠다. 금융자본이 에너지를 제공함에 따라 도시 과정은 이제 전 세계에서 진행되고 있다. 따라서 민주화는 전 세계적인 것이 되어야 한다. 그러나 그와 동시에 르페브르 같은, 또 어느 정도까지는 하비 같은 도시 이론가들의 말에 따르면, 우리는 도시를 분리시키고, 신자유주의에 맞서 싸우는 현재의 투쟁에서, 그리고 마르크스주의 정치학에서도 도시에 어느 정도의 정치적 구체성과 정치적 우선권을 부여해야 한다. 따라서 한편으로는 국가를 넘나드는 금융자본에 의해 좌지우지되는 도시화가 전 세계적이기 때문에 도시는 전 세계적인 것으로 간주되어야 한다. 다른 한편으로 비록 도시라는 단어가 가장 넓은 의미로, 가장 넓은 영토적 규모로 취급될 때뿐이기는 하지만, 도시는 이 지구 전역에서 벌어지는 투쟁에 열쇠를 쥐고 있다. 하비는 혁명은 "도시적이어야 한다. 그렇지 않으면 그것은 아무것도 아니다"라고 말한다.[20] 도시에 더 이상 아무런 구체성이 없다는 바로 그 점이 도시의 구체성인 것 같다. 도시에 대한 권리는 도시에 토대를 둘 필요가 있는 전 지구적 투쟁이다. 혹시 나만 그렇게 생각하는 건지도 모르지만, 그래도 이 논리는 어쩐지 동어반복적이지 않은가? 우리는 계속 원을 그리며 왼쪽으로 돌고 있지 않은가?

한 가지 문제는 분석적 혼란이다. 정치적인 의미 규명은 물론 개념적 구분도 없이 도시city와 도시적인 것urban을 한 묶음으로 뭉뚱 그리는 혼란 말이다. 정치적 규명에 관련된 문제는 우리가 전 지구적 신자유주의에서 수행하는 금융자본의 지배적 역할을 (정확하게) 정의할 때, 그와 동시에 '도시' (그리고 혼란스럽게도 '도시적인 것')가 이러한 권리를 이행하기 위해 주요 장소가 되어야 한다는 좀 더 느슨한 정치적 구호를 소리 높여 외칠 때 제기된다. 한쪽에서 다른 쪽으로의 이동은 분석적으로든 정치적으로든 깔끔하게 이어지지 않는다. 사실 그것은 이론적, 정치적으로 불합리한 추론으로 보인다.

『도시적 혁명』에서 르페브르는 일반화된 도시화generalized urbanization는 도시를 더 높은 차원에서 재구성한다고, '도시적인 것'이 '도시'를 대체하며, 도시는 도시적인 것을 꽃피울 수는 없어도 종자의 형태를 간직하고 있다고 말한다. 르페브르가 보는 도시적 혁명은, 적어도 밑바닥에서 올라오는 "선한 사람들"의 혁명은, 바로 그처럼 도시의 기초 위에서 도시적인 것이 번성하게 만드는 것이다. 르페브르는 여기에서도 예외 없이 혼란을 보탠다. 그는 도시적인 것의 평면에 놀이 무대를 열지만, '도시에 대한 권리'를 요구하여 무대를 다시 도시 수준으로 끌어내리면서 폐쇄한다. 그에 따르면 도시는 역사적 실체이고 유사 개념이고 망쳐진 개념이다. 하지만 그럼에도 불구하고 그는 여전히 이 **도시**를 제대로 붙들길 원한다. 『도시적 질문*The Urban Question*』(1977)에서 마누엘 카스텔은 『도시적 혁명』에서 르페브르가 "형태(도시)와 인간의 창조물(도시적인 것) 사이의 그 어떤 인과적 관계도 파괴한다"고 말한다. 내용(도시적인 것)의 우선순위를 결정한 뒤에 갑자기 형태(도시)의 안정성을 확인하는 곳으로 돌아가니 말이다.[21] 르페브르도 아인슈타인처럼 그 자신의 인식이 가진 함의와 자신의 탁월한 **올바름**을 감당할 수 없었던 것 같다. 카스텔은 그보다는 나았다. 카스텔이 과거 그의 선생에게 가졌던 불만은 1970년대 중반보다 현재에 더 주목할 만한 가치가 있는 것 같다. 그의 불만이 르페브르의 '권리'에서 잘못된 것이 무엇인지를 드러내고 있기 때문이다. 또한 카스텔이 어떻게 그의 옛 **스승**과 같은 노선을 기묘하게 승인하게 되고 마는지를 밝혀 주기도 한다.

카스텔은 르페브르가 **이데올로기적** 테제를 유포하고 있다고 본다. 카스텔은 도시의 물화도, 도시적 사회의 물화도 좋아하지 않는다. 카스텔은 균형추를 '도시적인 것'으로 옮기면 우리가 "사회관계가 생산되는 방식에 관한 루이스 워스의 테제와 매우 흡사한 어떤 것"을 가지게 될 거라고 말한다. "그것은 행동과 소통을 증대시킴으로써 자유로운 개화, 예상하지 못한 것, 쾌락, 사회성, 그리고 욕망을 동시에 북돋우는 집중의 열기, 즉 밀도이다. 르페브르가 이러한 사회성의 기제를 정당화할 수 있으려면 정당화하기 어려운 기계론적 가정을 진작시켜야 한다. '사회관계는 거리distance의 부정否定에서 드러난다'는 가정이 그것이다. 그리고 바로 이것이 도시적인 것의 본질이 마지막까지 의지하는 것이다."[22]

카스텔 본인은 도시와 도시적인 것을 한데 묶어, 후기 자본주의 현실에서 진행되는 마르크스주의의 정치적 투쟁을 골치 아프게 하는 이데올로기적 난제로 각각을 바라본다. 카스텔의 관점에서 본다면, '도시'와 '도시적인 것'이라는 관념은 정치적 요구로서는 물론 별도의 분석 대상으로서도 이론적 타당성이 없다. 이론적으로 타당했던 적이 한 번도 없었다고 주장할 수도 있다. 도시화의 효과를 고립된 것으로 다루는 것, 즉 지구적 자본주의의 역동성과 그것의 생산, 교환, 분배, 그리고 소비 체계에 긴밀하게 묶여 있는 과정과 산물에 상대적인 이론적인 우선성을 부여하는 것은 예나 지금이나 터무니없다는 말이다. 요즘 수많은 도시 지식인들은 시골풍의 사망에, 심지어는 자연 그 자체의 죽음에 환호를 보내며 기뻐한다. 모든 곳에서 도시화가 이루어졌으니, 도시적인 것이 농촌을 집어삼켰으니, 더 이상 진정으로 순수한 시골이라는 것은 존재하지 않는다는 것이다. 그들의 말은 물론 옳다. 나는 그들의 전망에 공감한다. 하지만 이것이 만약 사실이라면 그 논리는 특정한 함의를 갖는다. 도시 사회가 모든 곳에 존재한다면, 아마 그것은 동시에 어디에도 없을 것이다. 적어도 특정한 분석적인 정의를 내릴 만한 가치가 있는 도시는 어디에도 없다. 이것이 카스텔이 펴는 반론의 요점이다. 그렇다면 '도시적'이라는 단어를 포기하고 그냥 '사회'만 붙들면 되지 않을까? '도시적'이란 것은 혼란스럽고 부적절한 개념이 아닌가?(스피노자라면 그렇게 말했을 것이다.) 그게 아니라면 오늘날 도시적인 것을 추구한다는 것은 (특히 새로운 소셜 미디어를 통해 추구한다는 것은) **잃어버린 목표를 찾아** 나서는 것이나 마찬가지라는 의미일지도 모른다.

'잃어버린 목표를 찾아'라는 구절은 40년 전 카스텔이 쓴 말이었다. 카스텔에 따르면, 어떤 식으로든 "도시적인 것이라는 단어는 부적절하다."[23] 그는 다음과 같은 질문을 던진다. 우리가 '도시'라는 단어로, 그리고 '도시 과정'이라 부르는 과정으로 의미하려는 게 대체 무엇인가? 우리가 말하는 것이 도시 지역의 집적물인가? 그렇다면 '도시적urban'과 '지역적regional'이라는 단어는 어떻게 구별되는가? 그리고 그런 것들을 애당초 왜 구별하는가? 우리가 연구해야 하는 것은 어떤 측면들인가? "사회 계급들? 주거 만족도? 역사적 건물이 갖는 상징적 매력? 교통? 대기오염도? 이웃들의 사회 참여도? 지역 선거 투표 상황? 거주 이동 가능성? 산업적 위치? 이웃의 재개발?"(55~56) 카스텔의 말처럼 이런 목록은 이론적으로는 끝이 없고, 지극히 마구잡이식이며, 오로지 '도시적인 것'에만 해당되는 것은 하나도 없다.

그렇지만 어쨌든 문제되는 것은 공간적 설정이고, '공간'이라는 점을 지적한다면 조금 더 다르게 보자고 간청할 수는 있다. 옳은 말이다. 그렇기는 해도, 사회적, 정치적 생활의 공간적 설정이 이제 철저하게 '도시적'이라면, 그리고 이 '도시적인 것'이 똑같이 '전 지구적'이라면, 여기서 다루려던 주제는 그 특이성을 상실한다. 그것은 무한한 주제가 된다. 도시적인 어떤 것, 가령 '도시 사회', '도시 사회학'이던 것이 이제는 일반 '사회'와 일반 '사회학'이 되는 것이다. 달리 어쩔 수 있겠는가? 도시 사회의 근본적 특징이 자본주의적 생산양식의, 산업화 및 후기 산업화의 직접적인 결과가 아니라는 것을 어떻게 부정할 수 있을까? 도시적 모순이 이제는 전 지구적인 문제가 되어버린 사회적 모순이라는 점을 어찌 부정할까? 하지만 다시 한 번, 누군가는 '도시 문화'로 알아듣게 설명할 수 있는 무언가가 분명히 있다고 반박할지 모른다. 어쨌든 이 또한 그렇지만은 않다. 카스텔에 따르면, 도시 문화란 도시 사회처럼 똑같이 불필요한 어법이다. 게다가 이데올로기적이기도 하다. 알튀세르가 이데올로기를 이해한 방식 그대로 이데올로기적이다. 말하자면 "개별자의 존재를 지배하는 실제 관계들의 체계가 아니라" **상상적인 왜곡**이라는 것이다.[24]

『도시적 질문』에서 카스텔은 도시 문화가 하나의 개념이나 이론이 아니라 "엄밀하게 말해 하나의 신화"라고 단언한다.(83) 카스텔의 말에 따르면 "그것은 인간 종의 역사를 이데올로기적으로 재서술한다. 따라서 이 신화에 직접 근거한 '도시 사회'에 관한 글들은 자유주의적 자본주의의 사회 형식에 인종 중심적인 방식으로 동화된 근대성의 이데올로기에 키워드를 제공한다." 카스텔은 정의 가능한 '도시 문화'가 존재한다는 생각은 루이스 워스 및 로버트 파크와 그가 속한 시카고학파의 문화적·생태적 기능주의 접근법으로 되돌아간다고 생각한다. 이들은 모두 도시의 **차원**을 강조한다. 도시주의는 아주 고유한 '생활 방식'이다. 사회 모순은 명확히 도시 모순으로 탈바꿈한다. 외견상 엉망진창인 것은 자본주의적 사회구조가 아니라 공간적 구조이다. 하지만 카스텔에게 이것은 그 배후에 진짜 실제가 놓여 있는 도시 세계의 상상적 표상일 뿐이다.

애석하게도, 이데올로기로서의 도시 문화는 단지 학계 전통이나 '공식적 도시주의자들'(계획자, 건축가, 기술 관료 등등)에만 한정되어 있지 않다. "그것은 도시화라는 사회 형태에 대한 비판적 성찰에서 출발한 사람들의 사고를 관통한다."(86) 심지어 도시 사회라는 이 이데올로기의 마르크스주의적 버전도 있다. 그것을 지지한 사람이 바로 르페브르 본인이었다. 르페브르에게 도시 사회는 산업사회를 대체했다. 산업화가 도시화에 종속되며, 생산양식이 도시화 양식에 종속된다. 따라서 혁명은 이제 도시적 혁명이기도 하다. 하지만 카스텔은 의심한다. 도시의 순전한 밀도와 집중도가 무엇보다 중요하고, 그것이 사회관계를 생산하고 사회관계를 혁명화하는 수단인 상황에서 이는 워스가 말한 "생활 방식으로서의 도시성"의 좌파적 개작이 아닌가? 르페브르는 마르크스의 유물론적 문제의식을 뒤집어 놓지 않았던가? 이것은 "도시화 현상의 마르크스주의적 분석"이라 기보다는 "마르크스주의적 문제 제기의 도시적 이론화"가 아닌가? 이런 상황에서 도시는 그것이 자본주의 사회의 표현으로 기능하기보다는 자본주의 사회를 형성하는 정도로까지, 자본주의 사회의 전체 지형 위에 해롭게 투영된다. 우리에게는 마르크스주의의 공간적 물신 숭배라는 기묘한 형태만이 남는다. 도시와 도시적인 것 모두의 이론적 물신화만 남는 것이다. 그 대가로 도시는 이론적으로나 정치적으로나 이제 종속변수가 아니라 독립변수로서 작동하게 된다.

물론 우리가 '도시'를 정치적 투쟁을 위한 특정한 지형으로 받아들이고 사회관계에서 다른 무엇보다 최우선인 투쟁으로 우선 순위를 정한다고 해도 다음과 같은 물음을 던질 수 있다. 도시에 대한 권리와 비슷한 건 무엇일까? 논의의 여지는 있지만 파리 코뮌은 이제 이론적으로든 실용적으로든 교육적 역할을 별로 하지 못한다. 도시의 중심을 점령하고, 죽어버린 부르주아 세대의 조각상들을 끌어내리고, 지대와 자본 투기를 일시적으로 폐지하고, 프루동이 원했던 것처럼 장인들이 자기들의 노동 과정을 통제했던 거대한 민중의 축제는 더 이상 교훈적이지 않은 것이다. 그렇다면 자본과 상품의 흐름과 중앙은행들을 어떻게 상대해야 할까? (뉴욕 세계 무역 센터 건물의 붕괴처럼 도시를 뒤흔드는 아무리 거대한 행동도 세계 무역을 고작 하루 멈추게 했을 뿐이라는 사실을 기억하라.)

더욱이 20세기의 혁명사를 돌아보면 도시를 놓고 겨루는 씨름은 혁명이라는 케이크 위에 덮인 설탕 장식인 적이 많았다는 것을 알 수 있다. 도시를 둘러싼 투쟁이 벌어질 때쯤이면 사회운동은 이미 건설되었고, 연대는 이미 결성되었다. 도시의 통제권을 쥐는 것은 승리의 정점을 선언하는 단계, 겨울 궁전의 습격이나 베를린 장벽을 무너뜨리는 행동에 해당한다는 것이다. 그것은 지루한 진지전에서의 마지막 전투, 사회운동의 마지막 단계, 기쁨에 차서 던지는 돌덩이 같은 것이다. 이는 현대의 혁명적 생명력이 도시에 그 원천이 있는 것이 아니라 시골에서 흘러나와 도시의 거리로 흘러드는 것이라는 점을 강조한다.[25]

레지스 드브레Regis Debray도 『혁명 안의 혁명Revolution in the Revolution』에서 똑같은 말을 했다. 도시는 텅 빈 머리통이었다는 것이다. 도시는 수탈에 의한 축적이 가져오는 고통을 가장 크게 느끼는 사람들의 곤경에 귀를 막는, 대체로 무능한 곳이었다. 반란을 일으킬 주먹을 무장해 공급하는 것은 배후지인 농촌, 울창한 산악지대, 버려진 교외였다. 드브레는 이렇게 썼다. "게릴라 운동에 있어서 도시는 하나의 상징, **수도에서의 쿠데타를 일으킬 여건을 만들어 내려는 목표를 가진** 상징이었다."[26] 마오, 체, 카스트로, 니카라과의 오르테가는 모두 이 점을 알고 있었고, 마르코스 부사령관만 봐도 다들 동의할 것이다. 도시는 대중적 요소를 급진화하기보다는 그것을 중화한다. 이렇게 이해할 때 도시는 르페브르적인 변증법적 작품이라기보다는 사르트르적인 **"실천적 타성태practico-inert"**
이다. 과거 행동의 감옥, 수동적 전체성이라는 형태 없는 형태라는
감옥, 활동적인 실천을 조금씩 좀먹거나 억제하는 무기력한 건물과
도 같다. 사르트르가 『변증법적 이성 비판Critique of Dialectical Reas
on』에서 말하는 실천적 타성태는 능동적 행동의 반대이다. 실천적
타성태의 반변증법은 죽은 노동이 살아 있는 노동을 지배하며, 실천
이 객관적인 소외의 형태로, 도시 그 자체로 흡수되어 왔다고 선언
하기 때문이다.[27] 르페브르는 『메타 철학La métaphilosophie』(1965)에
서 도시적인 것을 실천적 타성태로 보는 사르트르의 공식을 비판했
지만, 나중에는 그것이 오늘날 도시 주민들의 상대적 순응성을 설명
해 준다고 봤다. 과거에 농민이거나 농촌에 연원이 있는 사람들, 과
거에는 존재하지 않았다가 도시에 모여든 수백만 명이 도시 주민의
대다수를 이룬다. 이들은 얼마 안 가서 유랑민이 되거나 실직자, 반
실직자, 또는 여러 일자리를 한꺼번에 전전하게 되고, 판자촌을 벗
어나지 못하며, 과거에서 단절되었지만 미래로부터도 배제된 사람
들이기도 하다.

변증법주의자인 르페브르는 시골의 도시화는 도시의 농촌화이기
도 하다고 자주 말했다. 따라서 행성 도시화는 도시와 농촌 세계의
기묘한 충돌과 융화, 복잡하게 뒤얽힌 충성도의 기묘한 혼합, 그리
고 도시에 갇힌 이들에게는 기묘한 실존적 정신분열증을 뜻한다. 어
떤 의미에서 바로 이런 변증법적 관계와 이분법이 존 버거John
Berger의 소설 『라일락과 깃발Lilac and Flag』(1990)의 토대를 이룬다.
존 버거는 이를 "늙은 아낙네들의 도시 이야기"라 부르는데, 픽션이

지만 도시-시골의 문제에 관한 실화를 몇 가지 담고 있다고 충분히 말할 수 있다. 버거 소설의 화자는 다들 떠난 마을에 남아 있는 늙은 농촌 여성으로, 도시에 경계심을 품고 있다. 그녀는 결정적인 순간이 오면 세상에는 오직 두 부류의 사람만 남을 거라고 한다. 농민과 농민에게서 받아먹고 사는 사람이다. 그녀가 풀어내는 이야기는 주자Zsuzsa와 수쿠스Sucus, 즉 라일락과 깃발이라는 별명을 가진 두 사람에 관한 이야기, 유령 같은 대도시인 트로이에서 위태롭게 살아가려고 애쓰는 두 연인의 이야기이다. 트로이는 고속도로와 콘크리트 블록, 화폐 가치와 기만, 엄청난 자유와 잔혹한 감옥이 있는 거대 도시의 전형이라 할 만한 곳이다.

수쿠스는 변두리에 있는 익명적 공간인 고층 아파트 14층에서 어머니, 아버지와 함께 산다. 수쿠스의 아버지인 클레망은 십 대 때 이 도시에 와서 평생 굴 껍질을 까며 살았다. 어느 날 클레망은 티브이에 불이 나는 바람에 예기치 않은 사고를 당한다. 그는 심한 화상을 입고 병원에서 죽어간다. 클레망은 아들이 취직을 할 수 있을지 항상 걱정했다. 죽어가는 아버지에게 수쿠스는 말한다. "우리가 일자리를 만든다면 몰라도 직업은 없어요. 일자리가 없다고요." "고향 마을로 돌아가거라, 나라면 그렇게 하겠다." 클레망은 아들에게 말한다. "마지막으로 산이 보고 싶구나."[28] 그 병동에 있는 사람들 절반은 자기들이 살던 마을이나 산을 기억하고 있다. 그들에게는 오로지 그 생각밖에는 없다. 하지만 수쿠스의 세대는 마을을 모른다. 그러니 그들에게는 돌아갈 곳도 없다. 하지만 이 세대는 도시에서, 자기들이 태어난 도시에서도 별로 편안하지 않다. 수쿠스의 세대는 앞으로 나갈 수도 없고 뒤로 돌아갈 수도 없다. 그들은 과거도, 미래도 그리워하지 않는다. 한편 그들은 그들의 부모들이 겪었던 것 같은 부당함을 받아들일 마음이 없다. 그들의 기대치는 다르다. 하지만 그들이 기대하는 전망은 존재하지 않는다.

수쿠스는 트로이의 감옥 밖에서 커피 장사를 한 적이 있었다. 하지만 조직폭력배들이 그의 커피통을 훔쳐갔다. 그 다음에는 건설 현장에서 인부로 일했다. 하지만 깐깐한 십장을 폭행하는 바람에 해고되었다. 사실 수쿠스에게 있는 것은 두 가지뿐이다. 재치, 그리고 애인인 주자. 그런데 주자의 형편은 수쿠스보다 더 나쁘다. 주자는 트로이에 있는 여러 판자촌 중의 하나인 랫힐에서, 엉성하게 만든 파란색 움막에서 살아간다. 주자의 오빠인 나이시는 기관총을 갖고 있고 부드러운 가죽 부츠를 신고 멋을 부리지만, 마약을 파는 그 지역 건달과 함께 돌아다니다가 나중에 경찰의 총을 맞고 쓰러진다. (나이시는 말한다. "우리는 법 밖에서 태어났어. 뭘 하든 우리는 법을 어기게 되지.") 주자는 될 대로 되라는 식의 떠돌이이고, 하루 벌어 하루 먹고 사는 섹시하고 바람기 많은 여자이다. 주자는 글은 못 읽지만 간판 기호는 읽을 줄 알고, 사람들의 표정도 읽을 줄 안다. 주자는 애인인 수쿠스를 깃발이라 부르고, 그에게 자신을 라일락이라 불러달라고 한다. 어떤 노래에서 따온 별명이었다.

라일락과 깃발은 부다페스트 정거장이라 불리는 곳에 멈춰 서 있던 어느 야간열차의 일등 침대칸에서 여권을 훔친다. 온갖 어려움을 무릅쓰고 결합한 그들은 그 전리품을 팔아 백 년쯤 전에는 전성기를 누렸을 것 같은 낡은 여관에서 열정적인 하룻밤을 보낸다. 온갖 극적인 상황이 펼쳐지지만, 우리는 적어도 둘 중의 한 명에게 위험이 닥치리라는 것을 안다. 거대한 하얀 죽음의 배가 트로이의 부두 근처에 정박한 채로 새 승객을 기다리고 있다는 것을, 그리고 천상을 떠도는 이 궁궐 같은 배에는 구명보트가 없다는 것을 안다. 이제 모두가 위험에서 벗어났기 때문이다.

라일락과 깃발은 우리의 메트로폴리스가 부패한 정치가와 타락한 경찰에 의해, 그리고 야바위꾼 같은 부동산 회사와 금융기관에 의해 운영되고 있다는 것을 몸으로 안다. 그들은 이 도시의 게임 규칙이 자기들에게 불리하게 설정되어 있다는 것도 안다. 이 도시에 너무 늦게(아니면 너무 이르게?) 왔다는 게 그들의 비극이다. 그들의 부모가 도시에 왔을 때는 그래도 공장 일 같은 안정된 직업을 구할 수 있었다. 하지만 그런 산업체는 오래전에 파산했거나 다른 곳으로 옮겼다. 버거는 매년 지구 전역의 농민과 소규모 자작농 수백만 명이 거대 농업 회사와 기업적인 수출 영농에 의해 자기들 땅에서 쫓겨난다는 사실을 누구보다 잘 알고 있다. 그래서 "제7의" 남녀**로서, 그들은 일자리를 찾아 도시로 옮겨가지만, 그 일자리라는 것은 갈수록 더 찾기 힘들어진다. 그들은 자기들이 살기엔 너무 빠듯하고 이해할 수도 없는 낯선 장소로 이주한 것이다.

하지만 그들의 아들딸은 이 서식지를 더 잘 이해한다. 그럴 듯한 일자리는 이제 남아 있지 않으며, 도시의 비공식적인 층위에 지나치게 저임금인 일자리, 혹사당하는 노동자들만 흘러넘친다는 것을 잘

■ 유럽에 온 이민자들의 삶을 다룬 존 버거의 에세이 『제7의 인간 *A Seven Man*』에서 가져온 말.

알고 있다. 버스 차장, 주차요원, 웨이터, 술집 점원, 청소부, 안전요원, 건축 인부, 거리 음악가, 싸움패들 등등. 버거 소설의 수쿠스는 전 세계 곳곳에 있는 수백만 명의 그와 같은 인물들처럼 세계시장 거리를 배회하며, 절망 속에서도 헛된 기대를 품고 기회를 기다리는 잠재적인 정치적 피지배자이다. 그런데도 그는 뭔가 더 친근한 것, 더 사소한 것, 자신이 만지고 냄새 맡고 느낄 수 있는 어떤 것, 그리고 현실보다는 더 나은 어떤 것, 세계-역사적이기도 한 어떤 것을 기다리고 있다. 말하자면 그는 두 영역을 어떤 식으로든 동시에 엮을 수 있는 실천을 기다리고 있다. 살아진 것the lived을 역사적인 것에 일치시키고, 르페브르가 자주 말한 바 "도무지 어울리지 않는 것들", 실천의 두 측면을 결합시킬 수 있는 어떤 것을 기다린다.[29]

4. RTTC에서 마주침의 정치로?

만약 도시에 대한 권리가 실효성이 없다면 다른 어떤 것이 있을까? 논의를 구성할 다른 방식이 있는가? 오늘날의 급진적 정치에 더 큰 권한을 부여하고, 정치적으로 더 유익한 다른 대안이 있는가? 르페브르는 적당하지 않거나 효과가 없는 개념은 내버리거나 포기하거나, 아니면 적에게 던져 주어야 한다고 말한다. 르페브르에게 있어서 어떤 개념의 정치적 효용성은 그것이 현실에 상응하는지 여부가 아니라 그것으로 **현실을 실험할 수 있는가**에 달려 있다. 또다른 현실, 즉 우리 안에서, 우리들 사이에서 태어나기를 저기 어딘가에서 기다리고 있는 가상현실을 엿보게 도와주는가하는 점이 중요하다는 말이다. 마주침encounter이라는 발상은 세계의 도시화를 상상하고, 살아진 것과 세계-역사적인 것 사이의 변증법을 가로지르는 다른 방식을 낳을 수 있을지도 모른다. 마주침이라는 개념은 사람들이 인간 존재로 어떻게 한데 어울리느냐 하는 이야기, 집단이 왜 형성되고, 연대가 어떻게 이루어지고 유지되며, 여러 영역을 교차하는 정치가 **도시적으로** 어떻게 형성되는가 하는 것에 관한 이야기이다. 마주침은 눈을 깜빡거리는 것과 같고, 빛나는 우주적 성좌와도 같다. 마주침은 개방적인 형태(와 포럼)에, 역동적으로 구조화된 일관성에, 수동적인 상태로 미리 존재해 그냥 거기 놓여 있다기보다는 스스로를 만들어 내는 배열에 결합하는, 다수성을 띤 참여자들의 표현과도 같다.

여기서는 최근에 튀니지, 이집트, 그리스, 스페인에서 일어난 격동이나 점령하라 운동이 마주침의 정치의 극적인 자기 표현이라는 말만으로도 충분하다. 튀니지든, 카이로든, 마드리드든, 아테네든, 뉴욕이든, 런던이든, 각각의 경우 마주침은 수도의 거리에서 전개되었지만, 그것이 제기하는 문제는 도시에 관한 것이 아니었다. 그것은 **민주주의**에 관한 것, 자본주의가 위기에 처한 시기의 민주주의에 관한 것, 우리가 알고 있던 도시 정치보다 더 단순하고 더 광대한 어떤 것에 관한 일이었다. 또 나중에 설명하겠지만, 단순한 계급 투쟁만이 아닌 어떤 것이기도 했다. 많은 양의 행동과 조직이 영토와 무관하게 페이스북과 트위터를 통해 행해졌고, 본질적으로 지도자가 없었으며, 급진적인 일련의 순간들, 서로 중첩되고 끼어드는 르페브르적인 순간들에 구두점을 찍었다. 사람들은 서키가 『메인이 온다』에서 예상했던 것처럼 친밀감을 가지고 있다는 이유로 단순히 서로 마주친다. 물론 사회의 내장 속에서는 뭔가가 이미 부글거리고 있었다. 불온한 흐름, 은밀한 조직, 정치 공작, 전복, 커지는 불만 등등. 하지만 뭔가가 폭발할 때, 그것들이 정말 분출할 때는, 또 실제로 분출했을 때는 "망했다shit hits the fan"는 말처럼 언제나 예상치 못한 순간이다.

경기후퇴에 시달리는 나라를 가로질러 모인 스페인 청년들이 내건 구호 가운데 가장 눈길을 끈 것은 "직장도 없고, 집도 없고, 연금도 없고, 겁도 없다"는 구호였다. 〈월스트리트〉 2편에서 마이클 더글러스는 바로 이런 감성을 자신이 맡은 배역인 고든 게코의 음성으로 젊은 아이비리그 졸업생들에게 전달한다. "당신들은 닌자NINJA 세대입니다." 그는 야단치듯 말한다. "수입도 없고, 직장도 없고, 자산도 없고No Income, No Jobs, No Assets……. 그러니 이 상황을 어찌할 셈입니까?" 스페인 청년들 대다수는 무서운 게 없는 길거리 아이들, 새로운 항의자들, 잃을 게 없고 얻을 것만 있는 사람들이다. 하지만 그들이 그들의 도시만 원하는 건 아니다. 그들은 정치적으로 순진하지만 빠른 속도로 현명해졌고, 함께 성인이 되었다. 그들은 노조를 혐오한다. 노조는 청년들의 이익을 전혀 대변하지 않기 때문이다. 또 부패하고 무책임한 스페인의 대표 정당 두 곳 모두에 환멸을 느끼고 있다. 그리하여 그들은 집단적으로 행동했다. 정부 관료들의 솔직하지 못한 행동을 폭로한 위키리크스 자료가 도화선이 되어 트위터와 페이스북에서 저항이 만발했다. 그동안 정부 관료가 과거에 합법적이던 웹사이트를 "불법복제금지법"이라는 명목으로 폐쇄하려 하자 이 새로운 소셜 미디어 세대는 격분했다.

사람들은 특정한 상황 때문에, 시공간 안에서의 특정한 충돌 때문에, 특정한 요인 때문에 서로를 만난다. 사람들이 '호명되는' 집단의 공통성을 발견하는 것은 그들의 심신이 영토적인 동시에 탈영토적인 공간에, 그리고 시계나 달력에 따른 시간이 아니라 영원한 시간인 그런 시간 속에 자리 잡기 때문이다. 심신의 융화, 이 공통 행동은 주관성을 포함하지만 **그 자체로는 어떤 주관도 없는 과정**이라고 말할 수도 있다. 하지만 그 과정은 **어딘가에서**, 가장 넓은 의미에서 도시적인 어딘가에서 전개되고 유지될 것이며 그렇게 되어야 한다. 그러므로, 우리는 르페브르와 하비가 요구하는 바 그대로, 가장 광범위하고 깊이 있는 사회 공간적 표현 형태인 '도시적인 것'을 재고해야 한다. 말하자면 당연히 추상적인 범주이지만 정의와 내용도 담고 있는 범주로서, 구체적이고 사회적이고 지리적으로 포괄적인 어떤 것으로, **중심성과 시민권의 새로운 형태로** 재고해야 한다는 것이다. 이렇게 우리는 바로 앞 장의 끝부분으로 돌아왔다. 하지만 우리가 원을 그리며 빙빙 돌고 있는 것은 아니다. 이 중심성과 시민권을 어떻게 구성하느냐에 관한 우리의 이해에 진전이 있었기 때문이다. 우리는 르페브르의 통찰력과 결함 위에 집을 지어야 한다. 카스텔의 비판을 수용해야 한다. 우리는 마천루뿐만 아니라 세계시장에 대한 분노가 느껴지는 포장되지 않은 길, 고속도로와 뒷골목, 주변부와 낙후 지역까지 만들어 내는 과정으로서 행성 도시화에 집중해야 한다. 세계시장의 현전presence만이 아니라 그것의 부재absence에 대해서도 집중해야 하는 것이다. 최근의 도시적인 것은 부富뿐만 아니라 잡초도 짊어지고 있으며, 과잉 성장만이 아니라 저상장의 문제도 안고 있다. 도시적인 것은 이제 곧 세계의 변형을 향한 투쟁이 벌어질 광대한 공간이다. 하지만 도시적인 것은 어떤 절대적인 공간 속에 고정된 지점이 아니다. 도시적인 것은 더 이상 중심에 고정되어 있지 않으며, 더 이상 그 어떤 지점도 아니다. 그것은 마주침의 공간, 그리고 마주침을 위한 공간이다. 다분히 의심스러운 현 신자유주의 헤게모니에 개입할 수 있는 시민권의 공간, 그리고 시민권을 위한 공간인 것이다.

The Politics of the

Encounter

Urban Theory and Protest Under Planetary Urbanization

3장

도시적인 것은 통합한다: 중심성과 시민권

유명한 장소들이 대개 그렇듯이 (…) 그것은 식별
가능한 어느 도시라기보다는 개념들의 분류와 더
비슷했다. (…) 그녀는 햇볕 때문에 저절로 눈을 찡
그리면서 넓게 펼쳐진 비탈을 내려다보았다. (…)
높은 각도에서 바라보니 질서 정연한 주택과 도로
의 배열이 컴퓨터 회로만큼이나 놀랄 정도로 명료
하게, 또 예상치 않게 그녀의 눈에 뛰어 들어왔다.
그녀가 남부 캘리포니아인에 대해 아는 것은 라디
오에 대해 아는 것보다 조금 많은 정도지만, 둘 다
외형적 패턴에 있어서는 소통하려는 의사와 숨겨진
의미를 판독해 내기 어려웠다.

_토머스 핀천

사회관계는 거리의 부정에서 드러난다.

_앙리 르페브르

1. 추상-표현주의적 도시화

역사상 도시는 절대적 공간의 요람에서 스스로를 형성했고, 그 힘을 늘리기 위해 확장하고 바깥으로 밀고 나가야 하는 내적 힘으로 성장했다. 역사상 도시는 일련의 생산양식과 생산에 따른 사회적 · 기술적 관계의 발전을 변모시켜 왔고, 또 그것들에 의해 변모해 왔다. 자본주의 하에서 도시는 중력의 중심이 되었다. 생산이라는 산업 양식 전체가 도시를 축으로 하여 돌아간다. 르페브르를 믿는다는 전제하에 말하자면, 도시가 이러한 산업적 생산양식 아래에서 발전함에 따라 도시는 실제로 저 산업적 생산양식을 변화시켰고, 심지어 그 자신의 생산양식이 되었다. 하지만 아무리 그렇다고 해도 자본주의 하의 도시는 절대 그 자본주의적 기초를 바꾸지 못했다. 어떻게 그럴 수 있었겠는가? 바꿀 수 있다고 믿는 것은 어리석기 짝이 없는 물신 숭배에 기대는 것이다. '혁명'이 아니라 '도시'를 독립변수로 삼는 카스텔의 '도시 혁명'에 대한 반대는 굳건히 유지될 것이다. 그처럼 변형 없는 수정이 도시에 뜻하는 바는 **내파-분출**implosion-eruption이라는 단 하나의 변증법적 결과뿐이었다. 그 결과란 시간의 흐름에 따라 내적으로 흩어지기, 부서지고 무너지기, 점진적인 지진처럼 공간을 개조하기, 전통적인 도시 형태를 뜯어내기와 같은 것들을 말한다. 그와 동시에, 갑작스러운 분출이 발생했고, 뜨겁게 이글거리는 마그마가 엄청난 면적에 토해졌고, 그 뒤 용암이 우리 눈에 낯선 형태로, 만화경처럼 다채로운 모습으로 응고되었다.

이런 내파-분출은 도시-도시적인 것의 변증법을 만들어 냈다. 그것은 식별 가능한 것으로부터 숨겨진 의미를 판독하기 어려운 회로판과 같은 패턴으로의 변화였다. 핀천이 쓴 소설 『49번 품목의 경매 *The Crying of Lot 49*』의 여자 주인공인 외디파 마스는 이 변화를 완벽하게 구현하는 인물이다. 우리는 여전히 신이 주사위를 돌린다는 것을, 부동산 시장이 우리의 새로운 카지노라는 것을, 우리의 미래는 금융적 미래와 그 선택들에 달려 있다는 것을 완전히 믿지 않은 채로, 명확성을 추구하며 상대성 속을 뒹굴고 있다. 역설적이게도 이제는 자본이 평범한 사람들보다 더 고정성을 필요로 한다고 말하고픈 유혹이 생긴다. 자본은 도시적인 것을 인지된 공간으로 만들어 내고, 우리는 살아진 공간▪인 그곳에 살 수밖에 없다. 물론 우리도 도시적인 것을 생산한다. 우리는 허버트 머스챔프가 주장하기 좋아하듯, 모두 노동자이고, 거리를 걸어가는 행동만으로도 우리 자신의 공장을 만들어 낸다. 머스챔프가 르페브르의 『공간의 생산』을 요약하며 한 말이 바로 이것이다. 인간 존재는 그저 다른 인간 존재와 마주치는 것만으로도 집단적으로 공간을 창조한다고.

하지만 자본의 딜레마는 마르크스가 규명한 M–C–M′ ($M' = M + \Delta M$) 회로의 문제다. 자본이 어떤 과정의 한쪽 입구로 들어가서 다른 쪽 출구로 나올 때, 그것은 이전보다 더 커져서, 화폐에 증가분이 추가된 형태로 나오기를 갈망한다. 하지만 그러려면 매개하는 것이

▪ lived space는 통상 "체험된 공간", "실제 삶이 영위된 공간" 등으로 번역되어 왔다. "살아진" 이라는 말은 저자가 쓴 lived라는 단어에 엄밀하게는 그런 의미를 다 담으면서도 머릿속에서 구상되는 곳이 아니라 실제 삶이 이루어지는 상황, 그리고 단지 능동적으로 살아가는 것만이 아닌 개인의 의지를 넘어서는 어떤 요인들이 개입하는 삶이라는 의미가 들어있다고 생각하여, 좀 생경하더라도 이 책에서는 살아진 공간이라고 써보기로 했다.

필요하다. 돈과 자본은 무無로부터 축적될 수 없다. 아무래도 그럴 수는 없다. 돈은 어딘가에서든 땅에 닿아야 하고, 현존하는 상품 형식을 폐기하기 위해서라도 상품 형식으로 변환되어야 한다. 더 큰 규모로 자본을 축적하고, 그 과정을 새로 재개하기 위해서도 그렇게 할 필요가 있다. 마르크스는 『정치경제학 비판 요강』(548)에서 이렇게 말한다. 자본이 "순환의 상이한 단계를 거쳐 가는 방식은 하나의 개념이 생각의 속도로 시간차도 없이 다른 개념으로 전환되는 마음속 동작 방식과는 달리 시간차가 있는 각각의 상황에 따라 움직인다. 그것은 나비가 되어 날아가기 전에 고치 형태로 한동안 시간을 보내야 한다."

여기서 도시(혹은 대문자로 쓰는 도시City)는 그렇게 순환하는 순간의 필수적 '담지자', 안전 구역, 자본이 전 세계적 순환을 출범시킬 수 있는 고치가 된다. 자본은 무형성을 창조하지만 무형성은 사회적 힘으로서, 사업에 열중하는 지배계급으로서 자본을 불안하게 한다. 자본이 움직이려면 어떤 의미로서든 절대성이 재보장되어야 한다. 신이 주사위놀이를 한다면 그것은 시장의 자신감에 명백히 나쁜 영향을 미친다. 따라서 자본은 가령 세계시장의 혼란스러운 공간 같은 상대성의 공간을 창출하려는 자신의 가차 없는 충동에 대해서는 그다지 신경 쓰지 않으면서도 자기들의 성채 안에서 그런 충동을 지닌 채, 그들 자신의 경쟁적 상대성과 불안정성까지 지닌 채 살아가느라 힘든 시절을 보내고 있다. 행성 도시화 시대에 도시City에 걸린 지분이 변한 것은 그 때문이다. 사람들을 자본의 성채 안에 가둬 두기보다 이제는 바깥에서 들어오지 못하게 해야 하는 것이다.

그래서 성벽을 높이 쌓고, 바리케이드가 쳐지고, 철조망을 두른다. 전 지구적인 화폐 시스템, 절대적 안전 구역은 전쟁 때의 벙커를 닮은 컨트롤타워로 번창한다. 시장이라는 우주는 어떤 면에서는 외계적이고 하이테크 세상일 수 있다. 하지만 그 시스템을 넘어지지 않게 받쳐 주는 것은 중세적인 농노제인 것 같다. 이제 우리보다, 민중보다 자본이 더 확고함과 안정성을 필요로 한다. 자본은 수세를 취하고 있으며, 공포를 통해 그들 스스로를 내면화한다. 그들이 우리보다는 잃을 것이 훨씬 더 많다는 점을 생각하면 이는 납득할 수 있는 일이다. 이는 중심성centrality에 대한 욕망보다는 **집중화centralization**를 향한 냉혹한 추구의 문제이다.

따라서 오늘날 실제 사람들 앞에 놓인 변증법적 가능성이란 다음과 같다. 자본은 공간을 장악하는 반면 사람들은 오직 전쟁터로서의 공간만을 가질 수 있다는, 좀 더 넓은 행성적 차원보다는 종속적인 지역만을 차지할 뿐이라는 수사와는 반대로, 실상은 정반대일 수 있다. 집단으로서 우리는 '도시the city'에 산다기보다 종종 싫든 좋든, 도시적 공간urban space에 거주하도록 강요당한다. 좋든, 싫든 우리는 상대적이다. 우리가 텔레비전을 켤 때마다, 라디오를 들을 때마다, 인터넷을 할 때마다, 트위터에 접속할 때마다, 누군가에게 문자를 보낼 때마다, 행성적 도시 사회는 우리 안에 들어온다. 우리의 지평선은 개방되었다. 한편 하나의 계급으로서 자본의 지평선은 방화벽을 필요로 하며, 폐쇄되어야 한다.[1]

혁명은 틀림없이 도시적인 것이겠지만, 지금 문제되는 '도시적인 것'과 '혁명'은 아주 특별한 개념이다. 이 개념은 실제로 카스텔의 주장에 조응한다. 도시적인 것은 그 자체로는 아무것도 아니다. 역동적인 사회관계, 사람들의 한데 어울림을 벗어난 곳에선 아무것도 아니다. 도시적인 것은 사람들이 그 위에서 다른 사람들을 만나는 수동적인 표면이 아니고, 그 위에서 자본이 그냥 순환하기만 하는 표면도 아니다. 사람들이 서로 얼마나 가까이 있는가, 행동과 사건과 우연한 마주침들이 얼마나 동시적으로 행해지는가 하는 것들이 **도시 사회의 정의 바로 그 자체**이다. 사람들은 서로 마주치는 가운데 공간을, 상대적인 도시 공간을 생산한다. 그들은 도시의 사람들이 된다. 르페브르의 말에 따르자면 "다기능적polyvalent이고, 다중 감각적poly-sensorial이고, 세계와 복합적이고도 투명한 관계를 맺을 수 있는" 사람들이 된다.[2] 그들은 "이 세계의 사람", 보들레르식으로 말하자면 "온 세계whole world"의 사람이 된다.[3]

『도시적 혁명』에서 르페브르는 문장을 절묘하게 바꾸어 "도시적인 것은 한데 모인다"라고 말한다.[4] 도시적인 것은 어쨌든 잘 화합하는 복잡한 사회관계 망으로 그 자신을 규정하고 있기 때문에, 그리고 특수한 사회성을 만들어 내고 표현하기 때문에 도시적인 것이 된다. 도시적인 것은 한데 어울림으로써 모든 것을, 자본과 상품을, 사람과 정보를, 활동과 갈등을, 대면과 협동을 한데 모으고 변형시키는 존재다. 도시적인 것은 사물을 집중시키고, 강화하고, 동시성과 차이를 창조하고, 차이가 존재하지 않는다고 생각했던 곳에서도 차이를 창조한다. 또 되풀이해 말하지만, 한때 구별되고 고립되었던 것이 그 특이성 속에 있는 자신만의 보편성을 의식하게 된다. 마르크스가 도시화의 도래를 승인한 것은 이 때문이다. **도시적인 것은**

한데 모인다. 도시는/도시적인 것은 입자인 동시에 파동이고, 흐름이며 사물이다. 일상생활을 지배하는 그 자체의 자의적 불확정성의 원리이다.

그곳에서 르페브르의 또 다른 위대한 표현이자, 카스텔이 혐오했던 표현이 목청을 높인다. "사회관계는 거리의 부정에서 드러난다."[5] 이 표현은 오늘날 도시 사회가 무엇이고, 혁명이 어떻게 발생하는지를 훌륭하게 규정해 줄 뿐 아니라 후기 자본주의가 압도적으로 '흐름의 공간'으로, '네트워크 사회'로 작동한다는 T. 마누엘 카스텔의 유명한 테제를 흉내 내고 있기도 하다. 카스텔이『도시적 질문』에서 선배의 부정적인 요소로 돌렸던 모든 것을 이제 카스텔 본인이 실천하는 셈이다. 비록 결정권을 쥔 것은 '도시적'인 것이 아니라 '네트워크'지만 말이다. 공간을 유사 독립변수로 삼는 대신(한때 카스텔은 이를 이유로 르페브르를 비난했었다), 카스텔에겐 이제 테크놀로지가 유사 독립변수, 즉 추진되지 않는 동인動因이 된다. 한 사람에게 한때는 도시적 공간이던 것이 이제 다른 사람에게는 테크놀로지의 공간이 되었다. 그럼에도 두 사람이 미처 알아차리지 못하는 사이, 서로 보완적으로 밀고 당기는 과정에서 함께 공간의 초끈 이론을 세웠다는 점에 두 사람의 탁월성이 있다. 두 사람의 이론을 서로 묶기만 한다면, 디지털 미디어의 시대, 행성 도시 공간의 역동성에 관한 전체론적 이론을 만들어 낼 수 있을 것이다.

도시 사회는 다른 무엇보다 네트워크 사회로, 추상-표현주의적 **흐름의 공간**으로 규정된다. 카스텔은 지난 몇 년간 그의 전매특허였던 이 개념을 설명하면서 우리가 르페브르의 '도시 사회 되기'를 재구성할 때 따라야 할 방식을 정확하게 서술한다.

흐름의 공간은 가까이 있지 않고도 동시에 실천할 수 있는 기술적, 조직적 가능성을 언급한다. 그것은 또한 어떤 주어진 시간에 서로 거리를 두고 비동시적인 상호작용을 할 가능성에 대해서도 언급한다. (…) 흐름의 공간에 장소가 없는 것은 아니다. 그것은 결절과 네트워크로 이루어진다. 말하자면 그것은 전자적으로 작동하는 소통 네트워크에 의해 연결되는 그런 장소들이다. 그와 같은 공간에서, 동시적인 실천을 보장하는 정보의 흐름이 순환하고 상호작용한다. 실천의 근접성에 기초한 장소의 공간에서는 의미, 기능, 그리고 지역성이 밀접하게 상호 연관되어 있지만 흐름의 공간에서 장소는 그 장소가 속한 특수한 네트워크상에서 그것이 맡은 결절점으로서의 역할에 따라 의미와 기능을 얻는다. 따라서 흐름의 공간이 과학에서 갖는 의미는 금융에서와 같지 않고, 정치적 권력 네트워크에서도, 또 미디어 네트워크에서도 저마다 의미가 다르다. (…) 네트워크 사회의 공간은 세 가지 상이한 요소들의 접합으로 만들어진다. 활동이 (그리고 그 활동을 수행하는 사람들이) 자리 잡는 장소, 이런 활동을 이어주는 물질적 소통 네트워크, 의미와 기능이라는 면에서 이러한 활동들을 펼치는 정보 흐름의 내용과 기하학적 구조가 그것이다. 이것이 흐름의 공간이다.[6]

이것은 똑같이 도시 사회의 공간이기도 하다. 흐름의 공간은 구조fabric와 조직tissue이라는 관념을 통해 자신을 **도시적으로** 표현한다. 흐름은 생명에 필수적인 도시적 조직에 영양과 혈액을 공급하는, 조직을 살아 있게 하고, 일부는 죽어 가도록 내버려 두는 모세혈관과 동맥이다. 영양 과다와 영양실조를 동시에 가져다주고, 우리가 말하고 있는 조직이 어느 부분이냐에 따라, 그 조직이 나머지 도시의 무기적 신체와 관련해 상대적으로 어디에 위치하느냐에 따라, 세포들이 진동하거나 꿈틀대게 하고, 깜빡거리게 하기도, 타오르게 하기도 하는 그런 혈관들이다. 그런 이해 덕분에 우리는 도시적인 것의 복잡한 회로를, 네트워크로 짜인 조직들을, 섬세한 천조각을 한데 모아 꿰맨 듯한 도시의 모자이크와 프랙탈 형태를 볼 수 있게 되었다. 인간들의 날실과 씨실 바깥에 나가면 도시적인 것은 그 어떤 것도 창조하지 않고, 아무것도 아니다. 도시적인 것은 인간의 현실 바깥에 나가면, 어떤 목적에도 종사하지 않고 어떤 실재도 갖지 않는다. 교환의 바깥, 조합의 바깥, 인간들의 인접성과 집중성 바깥, 인간들의 마주침 바깥에는 아무 것도 없다. 『도시적 혁명』에서 르페브르는 이렇게 말한다. "도시적인 것의 징후는 모임assembly의 징후다. 모임을 고취하는 것들(도로, 그 도로의 표면, 돌, 아스팔트, 보도), 모임에 필요한 것들(좌석, 조명)이다."(118)

> (도시적인 것은) 순수한 형태다. 마주침과 모임과 동시성의 장소이다. 이 형태는 특정한 내용은 없지만 인력과 삶의 중심이다. 도시적인 것은 추상이지만, 형이상학적 실체와는 달리 실천과 결부된 구체적인 추상이다. 살아있는 생물들, 산업의 산물, 테크놀로지와 부, 문화 작업, 생활방식, 상황, 일상의 조정과 균열들, 도시적인 것은 모든 내용을 축적한다. 하지만 그것은 축적 이상의 것이고 그와 다른 것이다.

그 내용(사물, 대상, 사람들, 상황)은 다양하기 때문에 상호배타적이고, 한데 모여 상호적 존재를 서로 함축하기 때문에 내포적이다. 도시적인 것은 형태이면서 용기容器이고, 텅 비어있는 동시에 충만하며, 초대상superobject이면서도 비대상nonobject이고, 초의식이면서도 의식의 전체성이다.(118~119)

이처럼 규정 불가능한 것을 이처럼 아름답게 규정한 사람은 아마 거의 없을 것이다.

2. 도시적 불확정성 원리: 중심성의 변증법

이런 상황을 모두 감안하면, 르페브르가 『도시에 대한 권리』에서 중심성을 인지한 태도는 이제 분석적으로나 정치적으로나 부적절한 동시에 틀린 것이라 여겨진다. 그 자신도 1970년대에 이 점을 지각했던 것 같다. 『도시적 혁명』에서 그는 중심성에 대한 논의를 건드리기 시작했고, 그 4년 뒤에 출간된 『공간의 생산』에서는 이 문제를 조금 더 밀고 나갔다. 르페브르는 앞의 책을 쓰는 동안 머릿속에서 이미 뒤의 책을 구상하기 시작했다. 그는 이미 공간에 관한 이 두 번째 책의 필요성을 내다보았다. 하지만 어떤 종류의 책이어야 할까? 『도시적 혁명』의 중요한 장인 "도시적 형태Urban Form"에 붙은 기묘한 각주(르페브르는 절대로 각주를 많이 다는 편이 아니었다)에 힌트가 있다.[7] 거기서 르페브르는 이렇게 말한다. "형태는 도시의 세

특징을 통합한다. '도시에 대한 권리'는 중심성에 대한 권리, 즉 권력의 결정과 행동에 관련된 영역에서만이라도 도시적 형태에서 배제되지 않을 권리가 되었다."

그 암시는 성급하고 경솔하게 제시되었다. 하지만 르페브르는 비판을 면해 보려 애쓴다. 그는 "이런 주제들은 내 저서『도시적 희망의 이론*Théorie de l'espace urbain*』에서 더 자세히 논의될 것이다." 이 도시적 공간의 이론은 물론 나중에『공간의 생산』으로 구체화된다. 수수께끼 같지만, "도시적인 것"은 이제 등식에서 사라졌다. 왜 그럴까? 아마『도시적 공간의 생산*The Production of Urban Space*』따위의 제목이라면 동어반복이 되기 때문이다. 그런 제목은 공간space에다 '도시적'이라는 여분의 단어 하나를 더 보탠다. 그것이 여분인 이유는 공간이라는 단어의 정의 속에, 문자적으로만이 아니라 세계 속에서도 이미 도시적이라는 의미가 함축되어 있기 때문이다. 실제로 1970년대에 이미, 1973년 석유위기가 일어났을 무렵, 국가의 재정 적자가 발생하기 직전에, 공간의 생산이란 사실상 도시적 공간의 생산이었고, 공간 생산의 이론은 어떤 것이든, 앞으로 언제까지나 오로지 전 지구적-도시적 공간 생산의 이론일 수만 있게 되었다. 그럼에도 르페브르의 각주를 보면 언제나 궁금증이 생기고 그 의도를 추리해야 한다는 기분이 든다. "도시에 대한 권리는 중심성에 대한 권리가 되었다"고 그는 말한다. 그런데 이 도시에 대한 권리란 게 무엇인가? "도시적 형태에서 배제되지 않을 권리"라고 르페브르는 대답한다. 여기서 문제는 도시에 대한 권리와 도시적 형태에서 배제되지 않을 권리가 단일한 정치적 이미지로 합쳐지지 않는 이론적 게

슈탈트라는 것이다. 그것들은 조화 불가능하다. 『도시에 대한 권리』와 『도시적 혁명』 사이에서 '도시city'는 '도시적인 것the urban'으로 변형되었다. 게다가 도시의 절대적 형태도 상대적으로 무형적인 것이 되었다. 그 이후 무형적으로 도시적인 것은 단순한 '공간'으로 변형되었다. 한때 절대적이던 것이 이제는 상대적인 것이 되었다. 한때는 규정 가능한 형태이던 것이 이제는 상대적으로 무형적인 것이 되었고, 행성적인 것, 어디에나 있는 것, **한낱** 공간space *tout court* 이 되었다. 분석적으로, 절대성과 형태 모두 사라져 버렸다. 정치에서도 똑같은 상황인 것 같다. 르페브르는 자기 나름의 도시 개념에서 중심을 박탈했다가 다시 중심을 부여하여 '도시적인 것'으로 만들었다. 도시적인 것은 중심성과 중심을 다르게 이해한다. 르페브르가 무슨 말을 하든, 도시적인 것에서 배제되지 않으려는 권리는 도시에 대한 권리와 동일하지 **않다.** 급진적인 분석과 정치는 두 가지 이상理想을 동시에 붙들 수 없고 붙들어서도 안 된다. 도시적 사회의 가능성을 끌어안으려면 앞으로 전진해야 한다. 도시에 대한 권리를 상실하거나 이 권리를 자발적으로 포기한다면, 하나의 절대로서 견고한 '도시'라는 기준에서 생각하기를 포기한다면 뭔가 다른 것에 기초한 정치를 주조할 새로운 능력을 얻을 것이다. 그것은 결말이 더 열려 있고 더 역동적이고, 명료한 기초와 규정적 공간을 결여하기 때문에 아마 더 위험할 것이다. 하지만 이 위험한, 결말이 열려 있는 정치는 우리의 무형적 도시화에 더 잘 적응하며, 새로운 종류의 중심성과 **수평적** 집중을 조직하기 위한 전복적 도구로서 인접성이 떨어지는 소통 양식이 대두되는 정치 지형에 더 잘 어울린다.

『공간의 생산』에서 르페브르는 마르크스의 『자본론』1권과 『정치경제학 비판 요강』 수고를 흥미롭게 비교하면서 후자의 분석적인 개방성과 무형성, 그리고 미래의 정치를 더 선호한다. 르페브르는 마르크스가 『자본론』에서 내용보다는 설명에 더 집중했다고 말한다. 마르크스는 엄격한 형식적 구조화에, 주장의 논리적 정합성에 집착하는데, 그러다 보니 그 환원주의와 엄격하고 폐쇄적인 본성 때문에 빈곤해진다고 르페브르는 말한다. "『자본론』은 거의 '순수한' 형태, 즉 〔교환〕 가치의 형태에서 출발한, 동질화시키는 합리성을 강조하는 (…) 반면 (…) 『정치경제학 비판 요강』은 모든 층위에서의 차이를 강조한다." 르페브르는 『정치경제학 비판 요강』이 덜 엄격하고 "논리적 일관성을 덜 강조하며, 형식이나 공리에 있어 덜 정교하다"는 것을 인정한다. 하지만 이것은 "특히 변증법적 관계와의 연결 면에서 더 구체적인 주제에 문을 열어 준다."[8] 『자본론』은 유한한 틀 안에서 안쪽을 향해 움직인다. 『정치경제학 비판 요강』은 바깥으로 밀고 나가 주변부를 향해 나가며, 시간에 의해 공간을, 공간에 의해 시간을 소멸시킨다. 이는 도시화 과정 그 자체, 새로운 중심성 개념과도 비슷하다.

그렇다면 네트워크로 짜인 이 광대한 도시 사회에서, 이 추상표현주의적 흐름의 공간에서 중심성은 무엇에 해당하는가? 우선 중심성은 이제 '사물의 중심에 있음'이라는 개념일 수 없다. 이런 노선의 사고방식을 우리는 포기해야 한다. 지구 중심부로 향하는 여정 같은 것으로 중심성을 찾는 것은 헛수고이고, 존재하지도 않는 성배를 찾는 임무다. 우리는 새로운 공간, 절대적 중심이 없는 곳, 유한한 공간에 지리적으로 위치하지 않은 곳으로 자리를 옮겨야 한다. 중심성은 그런 장소가 아니다. 그것은 끌어당기고 밀어내는, 사회적 공간을 구축하고 조직하는, 도시적인 것을 규정하는 행동의 장소로 생각되어야 한다. 중심성은 르페브르가 1960년대에 생각했던 방식, 즉 코뮌주의자들이 파리 중심부를 장악했던 것처럼 되찾아야 할 도시의 절대적 중심으로 규정될 수 없다. 도시적인 것의 정치urban politics는 그런 모델을 더 이상 불러올 수 없다. 르페브르도 직설적으로 말하지는 않았지만『공간의 생산』에서 이를 상당 정도 암시한다. 중심성이란 그런 것이 아니라 도시적인 것의 세포 형태, 그 분자적 구조, 그것의 필수 조건인 어떤 것이다. 중심성은 내용을, 사람과 행동을, 상황과 실천적 관계를 주문한다. 도시적인 것은 동시성, 어떤 시간과 어떤 지점에서의, 혹은 그 지점을 둘러싸는 장소에서의 사회적 행동을 통해 한데 모이는 모든 것의 동시성을 함축한다. 그런 만큼 중심성은 이동 가능하고 절대 고정되지 않으며 언제나 상대적이고, 끊임없는 동원과 협상의 상태에 있는 어떤 것이다. 때로 그것은 그 자체의 중심을 없앤다.

'도시적 공간'이라고 말하는 것은 따라서 반직관적인 음성으로 중심과 중심성을 말하는 것이며, "중심성이 실제로 있든 아니면 그냥 가능성으로만 있든, 포화 상태든, 부서졌든, 불에 탔든 상관하지 않는다. 여기서 우리는 **변증법적 중심성**에 대해 말하고 있기 때문"이라 말하는 것이다.[9] 중심성의 생산은 거미들의 그물망과 비슷하다. 거미 집단, 그들의 신체와 공간 들의 총합, 그들이 어떻게 그들의 그물망을 만드는지, 그 그물망에 어떻게 들러붙으며 그것에 어떻게 의지하는지의 총합과 비슷하다. 중심성의 생산은 거미가 자기 신체의 연장으로 그물의 실, 즉 대칭적이거나 비대칭적인 구조로 분비되고 직조되는 비단결 같은 실을 자아내는 방식과 유사하다. 그 그물은 거미의 영토인 동시에 그들의 행동의 도구이며, 그 자체의 사회적 네트워크이다.

르페브르의 말에 따르면, 중심성은 "어떤 주어진 공간 안에 공존하는 모든 것들의 회합이고 함께 만나는 것이다. 이런 식으로 공존하는 것이 무엇인가? 이름이 주어지고 숫자가 붙여질 수 있는 모든 것이다. 따라서 중심성은 그 자체로는 비어 있지만 내용을 요구하는 형태이다. 사물들, 자연물, 인공물, 물건, 생산물, 작업, 신호와 상징, 인간, 행동, 상황, 실천적 관계, 모든 것을 요구한다."[10] 하나의 형태로서 중심성은 동시성의 형태, 응집하고 한데 달라붙어 있는 네트워크, 어딘가에 부착되는 그물 같은 형태를 갖는다. "어느 한 지점에서, 또는 그 주위에서," 축적된 에너지가 결국은 분출되어야 하는 그 지점에서, "이루어지는 사회적 행동 속에서 한데 어울리기 쉬운, 그래서 축적되기 쉬운 '모든 것'의 동시성"이다.

중심성centrality은 **집중화**centralization를 분쇄해야 한다. 중심성은 집중화와 합체되어서는 안 된다. 집중화는 부와 지식, 정보와 권력을 집중시켜 통제와 지배라는, '전체화하는totalizing' 임무를 완수한다. 반면 중심성은 새로운 민주주의의 논리와 전략을 탄생시켜야 한다. 그리고 정보와 소통에 의해 매개되면서 거리에 대한 부정과 먼 곳으로 손을 내미는 행위를 통해 가깝고도 먼, 인접하면서도 가상적으로 이루어지는 집중을 위한 새로운 역량을 낳아야 한다. 중심성은 도시적 공간의 구멍들을 메워야 한다. 사람들로, 집회에 모인 사람들로, 서로를 만나고 서로와 소통하고 함께 행동하는 사람들로 그 구멍을 메우는 것이다. 그것은 곧 인간들의 흐름이다.

중심성은 집중화의 인과적 응보로, 사람들이 서로를 마주치는 곳이다. 그렇지만 어떤 중심성이든 일단 자리를 잡고 나면, 포화, 소모, 그리고 외부로부터 공격(좀 더 정곡을 찌르는 표현으로는 **퇴거**)으로 인해 해산을 겪고, 사라지거나 혹은 무너질 운명에 처한다. 이는 수많은 점령occupation이나 사람들의 집회에서도 마찬가지로 사실이다. 중심성의 기반은 고정될 수 없고 고정되어서도 안 된다. 그것은 끊임없는 동원의 상태, 재집단화와 재집중화의 상태, 자체를 중심화하고 재중심화하는 상태, 여기에서 응집하고 저기에서 그 자체를 병치하는 상태이다. 즉 반복과 차이의 공간적 연극이라 할 수 있다. 그 지점에서, 그 지점 부근에서 중심성은 그 자신을 **시민들** 간의 마주침으로 표현한다. 시민권citizenship은 중심성과 다분히 비슷하게 **거리의 부정 및 먼 곳으로 손을 내미는 행동을 통해 자신을 드러낸다.** 시민권은 **지각**과 **지평**이 융합하는 지점, 양자의 변증법적 지점이며, 보기의 방식(자신을 보고 행성을 보는 방식)일 뿐 아니라 감정을 구조화하는 지점이기도 하다. 만약 시민권이 발생한다면, 그것이 발생하는 지점 주변에서 시민권의 고유성은 워낙 강력하고 명료해서 자족적이 될 것이다. 어떤 국경 수비대도 시민권의 통행을 막지 못한다.

3. 우주의 정신적 시민권

1장에서 언급했듯, 도시에 대한 권리는 시민권에 관한 새로운 혁명적 개념일 뿐이라는 르페브르의 선언은, 따라서 이치에 맞지 않는다. 혁명적 시민권은 도시에 대한 권리 외에 다른 어떤 것을 함축해야 한다. 도시에 대한 권리는 정치적 표현력 면에서 너무 내향적이다. 시민권은 **도시적인 것**, 영토적인 것이면서도 그 안에서 영토성이 '도시'와 '국적' 두 가지보다 좁으면서 더 넓은 어떤 것으로 구상되어야 한다. 그 구역, 그 동네의 시민은 세계 시민, 장소에 뿌리내린 우주적인 시민이 되어, 앞집에, 또 행성 반대편에 살고 있던 동료 시민들을 만난다.[11] 아이러니하게도 도시화는 이런 소속감을 가능하게 해 주며, 그것을 넓혀 주기도 하고 좁혀 주기도 한다. 설사 그것이 때로는 우리 자신의 거주 공간, 좁은 의미의 주거의 기초를 찢어발긴다고 해도 말이다. (어떤 의미에서는 이것이 마르크스가 『공산당 선언』에서 코스모폴리탄의 "세계 문학"을 소개하면서 전하려 했던 의미이다. 그가 알리려 했던 것은 "개별 국가(민족)의 지적 창조물이 공동의 자산이 되는" 그런 순간이었다.) 이런 종류의 시민권은 **지각**perception이 여권을 대신하며 **지평선**이 주거만큼이나 중요해지는 그런 시민권이다. 어딘가의 지역적인 오프라인과, 어딘가의 행성적인 온라인에, 가상적인 어딘가에 동시적으로 존재한다. 이러한 지각을 우리 머릿속에 새롭게 형성된 인지 지도라고 부르길 원한다면 그렇게 해도 좋다. 이러한 지도 그리기에서 중요한 것은 그것이 전체성을 지도로 그려 줘야 한다는 점이다. 그러한 지도는 사람들이 두 영역이 한데 모이는 것을 볼 때, (감정의 구조로서) 지각과 (보기의 방식으로서의) 지평선이 결합되고 어떤 방식으로든 서로를 만날 때, 서로 마주칠 때, 단일한 정치적 의식을 불러일으키고, 잠재적인 정치적 행동을 불러일으킬 때, 작동할 수 있어야 한다. 갑자기 물감이 뿌려지고, 화폭이 모습을 나타낸다. 불현듯 우리는 자신들이 그림의 틀 속에 들어가 있음을 깨닫고, 우리가 화가라는 것을, 현대 생활의 화가임을, 우주의 정신적 시민임을 깨닫는다.

　도시적 우주의 정신적 시민에게 지급되는 여권은 없다. 자기들이 어딘가에 산다는 것을 **알면서도** 모든 장소에 속한다고 **느끼는**, 혹은 그렇게 느끼고 싶어하는 사람들에게 발급되는 여권은 없다. 알기와 느끼기를 결합하는 것은 공감의 정서를 낳는 것이다. 이러한 공감의 정서는 실제로 시민권 그 자체의 다른 이름일 수 있다. 오늘날 도시적 영역에서 이 시민권은 계급 개념보다는 **친화성**affinity을 토대로 할 가능성이 많다. 『공산당 선언』에서 마르크스는 생산양식의 발전적 힘과 그 역사적·지리적 팽창, 또 자신을 도시화할 필요성을, 산업 도시를 창조해 내고, 산을 옮기고, 운하를 파내고, 온 사방을 연결하고, 어디에나 둥지를 틀 수 있는 그러한 필요성을 탁월하게 기술했다. 그런 모든 일을 해내는 것은 가차 없는 요구 때문이고, 하나의 생산양식으로서 그렇게 하지 않을 수 없었기 때문이다. 이 모든 것들은 세계시장을 구축하려는, 즉 제조업이 구식이 되고, 그에 대한 지원을 중단하고, 그 자신의 꼬리를 잘라내고, 황금 알을 낳는 거위를 죽이는 세계를 생산하려는 충동의 의도하지 않은 결과 때문에 통합하는 효과를 갖는다. 이러한 설명 안에서, 마르크스는 도시화를 환영했다. 도시화가 차곡차곡 포개져 있고 나란히 서 있는 노동자들의 신체적·감정적인 인접성을 창출해 낼 것이라 믿었기 때문이다. 그렇게 하여 세계주의는 일종의 공유하기, 공동으로 살아진 경험의 인식과 대등해진다. 세계주의는 집단의식이라는 형태를 만들어 낼 것이라고, 즉 사람들을 봉기하게 하는 계급의식을 만들어 낼 것이라고 마르크스는 말한다. 사람들은 "생생한 감각으로", "그들의 실제 삶의 조건"을 각성하게 될 것이다.[12]

분석적으로, 자본주의에 대한 마르크스의 설명은 단 하나를 제외하고는 전적으로 옳다. 틀린 것은 그가 제안한 결말이다. 노동계급이 부르주아 사회 최후의 천적이라는 생각은 마르크스의 이야기에서 더 이상 정치적 수행력이 없으며, 일종의 혁명적 시민권 안에서 사람들을 통합하는 주요한 요소도 되지 않을 것이다. 노동계급이 문화적 호기심의 대상으로 남아 있는 한, 그들은 또한 동시에 정치적 주체로 간주될 수 없다. 오늘날 사람들을 통합시키는 것은 계급 이상의, 그리고 그 이하의 어떤 것, 더 복잡한 동시에 더 단순한 어떤 것, 작업장에서만 출현하는 것이 아니라 주거 공간에서도 출현하는 어떤 것이다. 여기서 '주거dwelling'란 가장 광범위한 의미에서 쓰였다. 그것은 생활공간만을 의미하는 것이 아니라 **우리가 지금 속해 있는 정치적이고 경제적인 공간 전체**에 관한 이야기이다. 예전에는 사람들이 세계, 흔히들 노동의 세계로 나아가 주거 공간을 발견했지만 지금은 좋건 싫건 세계가 사람들에게 와서 우리를 발견한다. 오늘날 사람들이 타인과 자신을 동일시한다면 그것은 뭔가 공유된 어떤 것 때문에, 국경과 장벽을 넘어 우리를 한데 결합하게 하고 묶어 주는 어떤 것 때문이다. 이처럼 많은 사람들을 묶는 것이 노동의 세계에서 벌어지는 일이라고 생각하진 않는다. 그렇다면 그 것은 계급의식이라기보다는 도시적 의식의 결과인가? 그렇기도 하 고 그렇지 않기도 하다. 묶어 주는 기능은 친화성에 있으며, 이 친 화성이 생기는 장소는 바로 도시적인 것이다. 도시적인 것이란 확실 히 친밀성이 상연되는 곳이지만, 일단 막이 오르고 연극이 실제로 시작되면 수동적으로 상연되지 않는다. 도시적인 것은 어떤 식으로 든 친화성이 자라나도록, 그래서 그것이 그 자신을 인식하도록 돕는 다. 다른 친화성이 세상에 존재한다는 것을, 그 친화성들이 서로를 만날 수 있다는 것을 인식하도록 돕는다. 그리고 특정한 조직화에 의해, 거미의 그물망, 행성적 그물망에 의해 연결되는 사회 네트워 크 안에서 서로를 인식하도록 돕는다.

1970년대에, 르페브르의 『공간의 생산』이 집필될 무렵, 머레이 북친Murray Bookchin은 『희소성 시대 이후의 아나키즘Post-Scarcity Anarchism』에서 다음과 같이 주장했다. "유연 집단類緣集團▪은 쉽게 말해 새로운 형태의 확대 가족으로 간주될 수 있다. 혈족 간의 연대 는 깊이 공감하는 인간관계에 의해 대체되며, 그 관계는 공통의 혁 명적 아이디어와 실천에서 영양분을 공급받는다." 북친의 말에 따 르면, 이런 집단은 "분자 단위로 증식하며 그 자체의 '브라운 운동' 을 한다."[13] 유연 집단은 대중 운동 안에서 전위부대가 아니라 **촉매**

▪ affinity group, 공통의 취미, 공통 관심사 등 친화성을 계기로 하여 모이는 집단. 동호인 단체 같은 종류.

제의 역할을 한다고 북친은 인정한다. 그들은 리더십이나 독재가 아니라 동기와 의식을 제공한다. 그들은 일상적인 행동으로 연대에 대한 섬세한 이해를 제공한다. 멀리 있는 당 위원회에서 관료적으로 재가 받는 것이 아니라 더 느슨하고 자율적인 참여의 모임이, 변화무쌍한 정치적·사회적 주변 여건에 적응할 수 있는 모임이 있다. 유연 집단의 마주침에서 '계급'은 아마도 **계급의식을 가진** 지배 엘리트라는 맥락에서만 의미가 있을 것이다. 지배하지 않는 자들, 우리 대다수는 계급을 의식하지도 않고, 계급의 이름으로 행동할 동기도 없는 이질적인 사람들의 분화되고 파편화된 층이다. 그럼에도 이런 사람들, 즉 우리는 흔히 지배계급에 대항하여 행동하고 싶은 욕구, 이 계급이 너무나 분명하게 등장시키는 비민주적 시스템에 대항하여 행동하고 싶은 욕구에서 움직이곤 한다. 서로를 만나고, 서로에게 친화성을 느끼는 우리는 어떤 적을 집단적으로 의식할 때, 그 적에 대항하여 뭔가를 하고 싶은 욕구를 집단적으로 의식할 때, 그리고 그 적이 주도하는 게임에 참여하고 싶지 않다는 것을 집단적으로 의식할 때 외에는 그다지 계급의식을 느끼지 않는 사람들이다.

이것은 마르크스가 『공산당 선언』에서 제시한 방침과는 다르다. 그 선언에서 마르크스는 '현대 노동계급'에 대해 이야기한다. 마샬 버먼이 "늘 잘못된 정체성의 문제로 고통 받아 왔다"고 말한 바로 그 집단이다. 버먼은 다음과 같이 말한다. "마르크스를 읽은 많은 사람들은 '노동계급'이 작업화를 신은 사람들만을 의미한다고 항상 생각해 왔다. 공장에서, 산업체에서, 작업복 입은 사람들, 손이 거친, 여위고 굶주린 사람들을 말한다고 보아 온 것이다. 그러다가 독자들은 노동 인구의 본성이 바뀌고 있다는 것을 알아차렸다. 인적 서비스를 담당하는 화이트칼라가 증가한 것이다. (…) 그들은 주체의 죽음을 선언하면서 노동계급이 사라지고 있으며, 노동계급에 걸었던 모든 희망도 사라지고 있다고 결론짓는다. 마르크스는 노동계급이 줄어들고 있다고는 생각하지 않았다. 산업국가에서 노동계급은 이미 '엄청난 다수'가 되어 있거나 되어가고 있었다."[14] 마르크스의 정치적 산술은 좀 더 단순한 논리에 기초해 있다. 즉 "현대의 노동계급은 일을 찾는 한에서만 살 수 있고, 그 일은 또한 노동이 자본을 증가시키는 한에서만 찾을 수 있는 노동자들의 계급이다. 스스로를 조각조각 팔아야 하는 이들 노동자들은 다른 상업 품목과 마찬가지로 상품이며, 끊임없는 경쟁과 시장의 기복에 지속적으로 노출되어 있다." 결정적인 요인은 공장에서의 노동이나 손으로 하는 노동이 아니다. 또 반드시 빈곤한 사람들에게만 해당되는 것도 아니다. 그보다 결정적인 요소는 버먼의 말처럼(11) "살기 위해 자신의 노동을 팔아야 하고, 자신의 인격을 분할해 판매해야 하고, 거울에 비친 자신을 보면서 '이제 내게 팔 수 있는 게 뭐가 더 남았나?'라고 질문하는 그런 노동자"이다.

노동계급을 이렇게 규정함으로써 얻는 큰 장점 중 하나는 **포괄적**이고 융통성이 있다는 데 있다. 이렇게 해석할 때 우리가 덧셈을 해보고 상황을 종합해 본다면, 이 노동계급은 그저 여러분과 나만이 아니라 사실상 다른 모든 사람도 포함하며, 사실상 '매인HCE'인 것처럼 보인다. 그것은 생산수단과 우리와의 관계, 그리고 자본 축적이라는 전 지구적 시스템과 우리의 관계에 걸려 있는 규정이다.

우리 거의 모두는 버먼의 말처럼 자신을 조각내고, 거울에 비친 자신을 바라보며, 자신의 가치가 어느 정도인지 자문해야 한다. 하지만 개념적 장점으로 보이는 것은 그 개념의 주요한 약점이자 잠재적인 결함이기도 하다. 노동계급이 이제 매인이나 마찬가지고 어디에나 있다면, 그것은 도시 자체처럼 동시에 아무 데도 없는 것이며, 무형적인 어떤 것처럼 이음매가 터진 것이기도 하다. 또 만약 노동계급이 매인이라면 그에 대한 정의는 더 이상 분석적 기능이나 정치적 기능을 하지 못한다. 더 이상 그 자체 내에 식별 가능한 특이성이나 주체가 되고자 갈망하는 객체가 없다. 다른 말로 하면 그 개념은 어떤 전략적 목표에도 봉사하지 않고, 그 어떤 조직적인 인력(引力)도 갖고 있지 않다. 왜냐하면 노동계급이 어떤 기초 위에서 그 자체를 조직할지 더 이상 확신하지 못하기 때문이다. 따라서 노동계급이란 일종의 〔어디에도 매인 데 없는 개념인〕 **룸펜**, 마르크스의 산업예비군처럼 그 자신의 목표에서 스스로를 해방시키는 그런 개념이다. 그것은(노동계급은) 너무 느슨한 개념, 너무 엉성한 이해이기 때문에 우리에게 뭔가 의미 있는 사실을 밝혀 주지 못한다. 그저 살기 위해 일을 해야 한다는 의미만 있을 뿐이다. 이는 새로운 소식도 아니다.

오히려 전 세계 인구 가운데 수백만 명에게 똑같이 자명한 것은, 다시는 일자리를 구할 수 없으며, 첫 직장조차 구할 수 없으리라는 사실을 그들이 알고 있다는 것이다. 버거 소설의 수쿠스는 "일자리가 없어. 일이 없어. 일자리가 없다고"라고 말한다. 일자리가 없기 때문에 그들은 스스로 일자리를 만들어 내고, 규칙을 악용할 수단을 찾아야 하고, 시스템을 이용해 자기 이익을 챙겨야 한다.[15] 다른 사람들은 우리가 한때 알던 모든 종류의 노동 대중에서 능동적으로 자신들을 제명시킨다. 그렇게 함으로써 그들은 자신들에게, 자기 가족들에게 또 다른 생활 형태를 만들어 내고 앙드레 고르Andre Gorz가 도발적으로 "비계급non-class"이라 이름 붙인, 계속해서 불어나는 유권자 대열에 들어간다.[16) 마르크스가 노동계급에게 부여한 잠재적인 정치적 근육은 아직 사라지지 않았다고 고르는 말한다.

> 그것은 사라진 것이 아니라 새로운 사회적 격투장 내에서 더 급진적인 형태를 얻었다. (…) 그들은 마르크스의 노동계급에 비해 자신을 즉각 의식한다는 장점을 갖고 있다. 그 대열의 존재는 서로 갈라놓을 수 없는 수준으로 주관적임과 동시에 객관적이고, 집단적임과 동시에 개별적이다. 이 비계급은 일자리가 사라짐으로써 생산에서 추방된 모든 사람을, 지적 작업이 산업화된(이 경우에는 자동화와 컴퓨터화한) 결과로 반실직 상태에 있게 된 모든 사람을 포괄한다. 그 범주에는 오늘날 사회적 생산의 모든 과잉 노동력이, 잠재적으로든 실제로든, 영구적으로든 일시적으로든, 부분적으로든 전체적으로든 실직 상태에 있는 모든 사람들이 포함된다. 그것은 품위, 가치, 사회적 효용, 바람직한 일거리를 기초로 하여 세워져 있던 옛날 사회가 해체된 결과이다.[17)

버먼은 고르의 말을 반박한다. 그는 "마르크스는 이 노동계급에 속한 많은 사람들이 그들의 주소지를 알지 못한다고 말한다. (…) 그들은 영구적으로든 일시적으로든 해고될 때까지는, 아니면 외주로 일자리를 빼앗기거나 기계에 일거리를 빼앗기거나 구조조정이 될 때까지는 자기들이 누구인지, 자기들이 어디에 속하는지 알아내지 못할지도 모른다. 자격이 부족하거나 옷을 제대로 차려입지 못한 또 다른 노동자들은 자기들을 밀어내는 사람들이 실제로는 자기들 계급의 일원이며 안 그런 척 해도 그들과 똑같이 취약한 존재임을 깨닫지 못할지도 모른다. 이런 현실을 이해하지 못하거나 감당하지 못하는 사람들에게 어떻게 납득시킬 수 있을까? 이처럼 복잡한 생각이 현대 사회의 중심에 새로운 직업을 만들어 내는 데 기여했다. 조직책the organizer이라는 직업 말이다."[18]

하지만 버먼의 생각 또한 과거 시대의 산물로, 노동조직의 황금시대에 형성된 것으로 보인다. 조직 업무가 사진기자나 신문 서평가처럼 **전문적** 직업이던 시대가 내뿜는 탄식으로 들리는 것이다. 오늘도 그러한가? 조직은 어떤 식으로든, 특히 정말 중요한 상황에서는 그 자신을 조직하지 않았던가? 서키의 『매인이 온다』가 갖는 주요한 힘은 바로 이것, "다른 사람들과 함께 네가 직접 해"라는 정신이며, 풀뿌리 조직은 더 이상 어떤 조정자도, "명징한 정신으로 각자의 진짜 생존 조건"을, 각자의 **진짜** 계급 위치를 알려줄 그 어떤 레닌주의적 지식인도 필요로 하지 않는다는 생각에 있다. 많은 사람들이 이미 이 사실을 안다. 그리고 설사 모른다 해도 자신들을 조직할 수 있다. 혹은 의식적으로 알지 못하더라도 이미 조직되어 있다. 사람들은 신체와 정신으로 공간을 장악함으로써, 오프라인 행동주의의 '강한 연대' 뿐 아니라 온라인의 '약한 연대' 연합을 통해 면대 면 관계를 만들어 냄으로써 집단의 공통성을 창조한다. 양 측면은 서로를 보강하고 유연성類緣性이라는 관념을 부착하며 집단 장악, 집단 성취라는 생각에 **속도**라는 새로운 차원을 부여한다. 군중이 모이는 속도, 시위가 벌어지는 속도, 상이한 그룹과 연령대의 사람들이 서로를 만나고 조직하는 속도 말이다.

우리가 점령하라 운동에서 스치듯 목격한 적이 있는 매인(이 온다)의 등장은 일상생활에 잠복한 연합적 연대의 표현, 유연 정치 affinity politics의 표현이다. 많은 경우에 유연 집단은 권력 장악보다는 생활에 대한 통제권을 회복하는 것에 더 관심이 많다. 이는 다시 시민이 되고 싶다는 욕망의 핵심이다. 즉, 생활의 통제력을 되찾고, 일종의 참여 민주주의적 형태로 그것을 회복하길 바라는 욕망, 집단적으로 지배할 수 있고, 어떤 방식으로든 우리 자신을 표현할 수 있기를 바라는 욕망 말이다. 하나의 유연 집단을 다른 집단과 연대하게 하고, 유연 집단으로 하여금 '자리 잡기'와 마주침으로 몰아붙이는 것은 무엇인가? 스피노자식으로 말한다면 **공통 통념**common notions이라 할 수 있을지도 모르겠다. 유연 집단의 통합성은 단순한 계급의식이나 어떤 특정한 장소 의식(도시에 대한 권리 같은)을 기초로 하여 세워지지 않는다. 그보다는 스피노자가 말한 바, 우리가 다른 사람들의 삶을 바라보면서 우리 자신의 삶을 보는 특정한 방식을 종합할 때, 혹은 같은 지평선 위에 있는 다른 사람들과의 관계 안에서 우리 자신을 바라볼 때 우리에게 **공통**되는 통념의 기초 위에 세워질 것이다. 우리의 상황은 사실 곧 그들의 상황이다. 우리는 이런 상황을 공유한다. 그것은 지구상에서 영위하는 **우리의** 공통된 삶의 상황이다. 우리의 '나'는 마찬가지로 '내가 아닌 것non-I'이며, 모든 사람의 '나'가 되고 모든 **신체**eveybody가 된다.

4. 전 지구상의 '눈의 가족Family of Eyes'

친화성에 관한 머레이 북친의 생각은 여전히 상당 정도의 분석적 위력을 갖지만, 시민권에 대한 그의 전망과 모든 곳에 만연한 도시화urbanization가 소중한 도심화citification▪를 망치고 있다는 생각은 후진적이고 정치적으로 뒤떨어진 것으로 보인다. 북친 본인이 화석화된 고전적 마르크스주의가 과거에서 그 영감을 끌어오고 있다고 비판했건만, 이러한 비판은 자신에게 되돌아와 그를 괴롭힌다. 북친은 유연 집단은 항상 대중운동에 뿌리내리고 있다며 정곡을 찌르는 말을 한다. 하지만 그는 **지역주의localism**가 유연 집단의 바탕이며, 그로부터 나오는 친화성(유연성)이란 직접 만나 얼굴을 보며 대응하는 상호 행동에 의해, 지역화된 자율성에 의해 구체화된다고 말한다. 이 말은 인터넷이 나오기 이전, 디지털 미디어가 나오기 이전에 한 말이었다. 따라서 북친이 말하는 친화성이라는 공통 통념은 향수에 젖어 보인다. 또 그가 추구하는 공통적 시민권은 다분히 사라진 시공간을 추구하는, **진정한** 마주침을 그리워하는 낭만주의처럼 들린다. 이때 진정성이란 중개자 없는 직접 마주침, 중개자 없는 사회적 관계, 그 자리에 현전하며 현전해야 하는, 부재 없는 현전을 뜻한다. 북친은 언젠가 부재와 현전이 한데 합쳐지고, 표현의 강력한 통일체를 형성하며, 여기뿐 아니라 저기에서도, 파동인 동시에 입

▪ '도시적인 것urban'이 펼쳐짐을, '도시city'가 집중적인 조밀함을 특징으로 한다는 북친의 생각을 바탕으로 urbanization은 도시화로 citification은 도심화로 각각 번역했다..

자인 형태로 자신의 프로그램을 발언하는 날이 올 것이라고는 예상할 수 없었다. 바로 지금 이 시대가 그러한 날이다. 역설적으로 향수 그 자체가 바로 현재에 존재하지 않는 현전의 방식이다. 부재하는 미래를 갈망하거나 현재 속에 내재하는 미래를 갈망하는 것이 아니라 사라진 지 오래인 부재하는 과거를 갈망하기 때문이다.

북친은 『도시화에서 도시로From Urbanization to Cities』에서 우리는 진정한 정치의 역사적 출처이자 주요 경기장인 도시에 대한 통찰을 잃었다고 말한다. 도시는 현재의 인간 조건과 그것이 만들어 내는 공공 통치 시스템을 설명하는 방식이다. 그러나 우리는 이러한 양쪽 측면에서 모두 도시화와 도심화를 혼동할 뿐 아니라 관념의 역사에서도 도시를 고스란히 누락시켰다."[19] 병든 도시화라는 현실 앞에서, 북친은 도시로, 도심화로 돌아가려고 한다. 그는 도시화 urbanization는 어쨌든 도시city에 **반대된다고** 말한다. 도시화 과정은 그것의 산물을 잡아먹었다. 그리고 북친은 옛날의 산물을 돌려받고 싶어한다. 뿐만 아니라 되찾을 수 있다면, 다시 획득할 수 있다면 이 산물은 도시화 과정에 대항하는 요새 역할을 할 수도 있고, 그것을 물리치고 그 무자비한 물결을 가로막을 수 있다. 성채의 성벽이 충분히 높고 두텁기만 하다면, 성벽이 더 크고 더 지역적인 규모로 재건축될 수만 있다면 말이다. 북친의 성향은 그리스적이다. 아리스토텔레스의 폴리스는 자유도시였다. 여러 마을들이 모여 연맹을 이룬 파리 코뮌은 약동하는 시市의 중심인 아고라를 둘러싸고 지역적으로 확장되었다. 그곳에서 매주 열리는 참여적 모임은 오만한 관료 없이 "의도적으로 아마추어적인 통치 시스템 안에서" 계획과 행정적인 문제를 토론한다. 그런 것들은 모두 "직접 민주주의 중에서도 가장 급진적인 종류"일 것이다.[20]

"의도적으로 아마추어적인 통치 시스템"이라면 흥미가 간다. 하지만 그 얼개를 '도시'라는 실체를 중심으로 짠다면 전체적으로 잘못일 것 같다. 미래의 생활양식이 오직 직접 대면[면 대 면] 방식으로만 이루어진다고 기대하는 것은 극도로 우습고, 그 어떤 아시모프식의 공상과학소설보다도 더 유토피아적이다. 1980년대 중반으로 돌아가 보면, 오늘날의 특정한 도시적 계획과 건축계에서 쓰는 용어인 '회복력'이라는 말을 북친이 쓰지는 않았지만 그의 프로그램은 그런 것처럼 보인다. 토론토 출신의 지리학자이자 도시학자인 로저 케일Roger Keil은 최근에 회복력 개념을 비판했는데, 거기서 케일이 한 말을 그대로 가지고 와서 북친을 비판하는 데도 쓸 수 있다. "회복력에 대한 이러한 용법은 거대한 규모로 벌어지는 재구조화와 변화의 과정에서 뿌리가 뽑혀 나가고 탈중심화되는 효과에 맞서서 회복력의 기초로서 지역적으로 규정된 사회-공간적 관계를 강조하는 것이다. 하지만 회복력은 지구화 및 지구화에 뒤따르는 소란에 저항하는 요새를 건설하는 것이 아니라 인간들이 서로에게 개방적이고 창조적인 관계를 유지하는 것과 관련된 것이어야 한다."[21] 북친의 바람은 중심성을 절대적인 중심에 놓아두고자 하는 것, 폴리스를 마을 같은 환경에 **한정하고**, 폐쇄와 울타리치기를 긍정하고자 하는 것이었다. 하지만 이는 행성 도시화가 가져올 갖가지 시련들을 피하는 행위일 뿐이다. 그것은 그 어떤 실질적인 정치적 야심 없이 정치적 야심을 발언하려는 것이다. 우리 앞에 펼쳐지는 새로운 현실에 전혀 참여하지 않고, 우리 주변에 개방되는 새로운 정치적 풍경, 말 그대로 우리의 지평선을 확장하고 세계적으로 성장시킬 그러한 정치적 풍경에도 참여하지 않은 채, 그저 정치적 야심만을 발언하는 행위이다. 왜 폐쇄하는가? 왜 뒤를 돌아보는가? 왜 큰 것을 잘게 쪼개는가?

북친은 폴리스의 조밀함compactness을 도시화의 펼쳐짐sprawl과 대비시킨다. 하지만 케일이 지적하듯이, "오늘날 도시적인 세계의 현실은 전형적이고 단순한 데다 널리 쓰이는, 펼쳐짐과 조밀함(도시화 대 도심화)이라는 이분법이 제안하는 것보다 더 분화된 풍경을 갖는다."

우리가 살아가는 이 복잡한 풍경 속에서의 일상생활은 언제나 지속 가능성과 지속 불가능성 사이에 양다리를 걸치고 있다. 내가 속하는 공동체의 본성과 정체성, 그것들이 유지되어야 하는 방식은 하루 동안에도 쉬지 않고 변한다. 관계들의 미로를 헤치고 내 길을 찾기 위해 나는 내가 있는 자리에서 시작할 필요가 있다. (펼쳐진 도시처럼) 욕을 먹거나 (조밀한 도시처럼) 찬양되는 상상 속의 어떤 자리에서가 아니다. (⋯) 결국, 확장되는 도시 변두리에서의 삶은 이제 지속 가능성 전략이 협상되고 있는 바로 그 현실이다. 펼쳐짐의 저주에서 멀어져 그 현실을 우리의 미래에 대한 협상이 벌어질 담론 무대로 받아들인다면 우리는 다르게 〔생각하고〕 행동하지 않을 수 없다.[22]

북친에게 도시적 메갈로폴리스는 인간적 규모가 아니고, 통제 가능하거나 생육 가능한 도시 생활 형태도 아니다. 아마 여기서 함정을 숨기고 있는 단어는 '통제 가능하다controllable'나 '생육 가능하다viable'가 아니라 '도시 생활city life'이 아닐까? 재구성될 필요가 있는 것은 생활은 도시를 기초로 한 것이고 그 도시는 직접적인 생활 형태, 장소에 구속된 것이어야 한다는 개념이다. **오로지** 지역성만을 기준으로 개인 생활을 도시 생활과 조화시키는 것은 개별성을 축소하는 일이고, 비장소적 기술 및 사회생활의 복잡성과 가능성을 포기하는 일이며, 사람들 각자가 매일 가질 수 있고, 그리고 실제로 가지고 있는 폭넓고 광범위한 사회적 네트워크를 한정해 버리는 일이다. 마누엘 카스텔은 북친의 전망을 수정하고 재구성하여 놀랄 정도로 무정부주의적인 네트워크 사회의 전망을 제안했다. "기술은 마르크스주의보다 아나키즘에 더 가까운 것으로 판명이 났다. 경제는 (사회주의의 물질적 기초인) 대규모 공장과 거대한 관료제도 대신 (조직적 자율성의 물질적 기초인) 네트워크에 점점 더 많이 의존한 채로 작동한다. 그리고 영토를 통솔하는 국민국가nation-state 대신에 우리에게는 영토들 사이의 상호 교류를 관리하는 도시국가city-state가 있다. 이 모든 것은 행성 전역을 포괄하는 규모로 지역과 전 세계 사이의 소통과 운송을 가능케 하는 인터넷, 휴대 전화, 위성통신, 정보 네트워크를 기초로 한다."[23] 지구 전체인가, 도시적이고 지역적인 일부분인가? 이제는 전자가 후자의 개별적 연장이고, 그 대체물이 아닌가?

19세기 파리의 오스만화에 권한 부여의 역설empowering irony이 있었던 것처럼 우리 시대의 지구적 신오스만화에도 같은 역설이 존재한다. 오스만이 실행한 도시화는 오래된 중세적 파리의 심장부를 뜯어내고 중심부라는 개념을, 밝은 빛과 과시적 소비의 중심down-town이라는 개념을 재발명했다. 중심부와 주변부는 영원히 바뀌게 된다. 성가신 존재이던 왕년의 프롤레타리아는 삽을 들고 건설 현장에 인부로 투입되었고 말썽부리기를 그만두었다. 얼마 안 가서 그들은 급속히 확대되는 교외로, 멀찌감치에서 우후죽순처럼 솟아나는 새 교외로 이송되어, 그들이 직접 노동하여 만들어 낸 중심부에서 모습을 감추었다. 어떤 의미에서 파리는 독립된 예술 작품, 모든 관광객과 방문자들이 감탄해 마지않는 미적 경험이 되었다. 하지만 다른 의미에서 파리는 살아 있는 민주적 유기체로서의 어떤 것, 보편화된 해방의 장소로서의 어떤 것을 잃었다. 그리하여 오스만은 공간을 상품화함으로써 지금 우리가 젠트리피케이션이라 부르는 것의 특허를 낸 데 그치지 않았다. 그는 국가로부터 자금 지원을 받고 금융 엘리트 및 임대 수익을 챙기는 특권층과 한통속이 되어 진행되는 도시적 실천을 개척하기도 했다. 이러한 도시적 실천이란 도시화 그 자체를 통해 분리와 지배라는 게리맨더링을 관철하는 것이며, 합리적인 경제·정치적 계획에 따라 도시를 집어삼키는 것이다. 도시의 논리는 절대 다시는 예전 같아질 수가 없다.

그리하여 모순이 크게 부각되었다. 이런 모순은 도시적인 것의 모순이 된다. 이런 19세기식 모순은 그 이후 강화되고 다양해져 21세기의 전 지구적인 도시적 모순으로 발전한다. 『현대성의 경험*All That is Solid Melts into Air*』에서 마샬 버먼은 보들레르의 입장을 받아들여 오스만의 악명 높은 대로boulevards가 어떻게 도시적 대중성의 현대적 형태를 열어젖혔는지를 집중 조명한다. "새로운 파리 식 대로는 19세기의 가장 거창한 혁신이었다. 그리고 전통적인 도시 근대화의 결정적인 돌파구이기도 했다."[24] 물론 대로는 참혹한 파괴를 자행하여, 여러 세기 동안 긴밀하게 얽혀 살아왔고 그 스스로 발전해 나온 마을 전체를 휩쓸어 버렸다. 하지만 이제 역사상 처음으로 이런 넓고 긴 대로가 도시 전체를 그 거주민에게 개방했다. 버먼에 따르면 "고립된 세포로 몇 백 년을 살아온 뒤, 파리는 이제 하나의 통합된 물리적, 인간적 공간이 되어가고 있다."(151)

버먼에게 보들레르의 시 『파리의 우울*Paris Spleen*』에 나오는 "빈민의 눈"은 이런 새로운 종류의 외향적 도시화가 공적 공간 속에 들어 있는 사적 신체에게(또는 사적 공간 속에 있는 공적 신체에게) 어떤 일을 행할 수 있는지를 생생하게 보여 준다. 오스만이 새로 만들어 낸 대로변의 화려한 카페 창문가에 두 연인이 앉아 있다. 그들은 꿈꾸는 듯 서로를 바라본다. 그들은 실내에서 서로의 곁에서 서로에게 찬사를 보내면서도 창문을 통해 바깥의 즐거운 분위기, 거리의 활동, 파리의 새로운 삶이 자아내는 흥겨운 소란을 지켜볼 수 있다. 조금 뒤, 남루한 노숙자 가족이 지나간다. 카페의 요란한 사치스러움에 매혹된 그들은 걸음을 멈춘다. 안쪽을 들여다본다. 아이들은 반짝이는 창문 유리에 코를 들이대며 내부의 장식과 사람들을 보고 감탄한다. "정말 예뻐!" 보들레르는 이 남루한 거지들에게 상황을 묘사하게 한다. "정말 예쁘군!" 하지만 그들은 그 예쁜 광경이 자신들의 몫이 아님을, 자기들 같은 부류의 몫이 아님을 안다. 하지만 버먼은 말한다. 그들의 매혹에는 "적대적인 저음이 깔려 있지 않다.

두 세계 사이에 놓인 간극을 보는 그들의 시선은 전투적인 것이 아니라 서글픈 것이고, 원한에 차 있는 것이 아니라 체념한 시선이다."(149) (집단적 원한은 십 년이 훨씬 지난 뒤에야 최고조에 달한다.) 남자 연인은 카페 바깥에 있는 "이 눈의 가족들"에게 마음이 흔들린다. 그는 그들 사이의 사회적인 거리에도 불구하고 기묘한 친근감을, 기묘한 동류의식을 느낀다. 하지만 그의 연인은 그렇지 않다. 그녀는 남자 보호자가 그들을 쫓아내 다른 곳으로 보내기를, 어디든 자기 눈에 띄지 않는 곳으로 보내기를 바란다. "눈이 무슨 접시만큼 크다니까. 이 사람들을 견딜 수가 없어요!" 보들레르는 그녀가 이렇게 소리치게 한다. 그 순간 두 연인의 사랑은 조금 줄어든다.

오스만의 도시적 현실은 낭만화되었고 마술적이다. 사적인 즐거움이 넓게 열린 공적 공간에서 발생한다. 그럼으로써 군중 속에서도 사적으로 존재할 수 있고, 혼자 있으면서도 사람들 속에 있을 수 있다. 외부에 있으면서도 안에 있을 수 있고, 안에 있으면서도 외부에 있을 수 있다. 벽이 있고 투명함도 있다. 사회적인 울타리**와 함께** 물리적인 개방성이 있다. 공적인 불가시성**과 함께** 사적인 가시성이 있다. 버먼은 보들레르의 시 "빈민의 눈"이 "원초적 장면", 즉 현대 자본주의적 도시화의 "가장 깊은 역설과 모순을 드러내는" 원초적 장면을 환기한다고 말한다.(149~150) "~와/과 함께and"는 이중성을 표현한다. 외견상 모순적인 현실의 공존은 "~이지만but"이 아니라 "~와/과 함께and"이다. 그것들은 함께, 분리되지 않게 조화한다. 버먼의 입장에서 보면, 이제 "모든 도시적 인간들을 엄청나게 확대된 '눈의 가족'으로 만드는" 상황은 "그 가족의 버림받은 의붓

자식들도 함께 등장시킨다. 빈민을 시야에서 몰아낸 물리적, 사회적 변형은 이제 그들을 모두의 시선 속으로 곧바로 데려온다. 옛날의 중세적 슬럼을 허물어뜨린 오스만은 부지불식간에 자폐적이고 은둔적으로 봉인되어 있던 전통적 도시 빈민의 세계까지도 허물어 버렸다. 가장 가난한 마을을 폭파시켜 만들어진 거대한 구멍인 대로는 빈민들이 그 구멍을 지나 걸어 나가서 약탈당한 동네 밖으로 나갈 수 있게 해 주었고, 도시의 다른 구역들과 다른 사람들의 삶이 어떤 모습인지를 생애 최초로 발견할 수 있게 해주었다."[25] 그들은 이제 스스로를 시민으로 단언하는 지점, 더 넓은 우주의 시민으로, 이제는 발전시킬 수 있는 온갖 공통 통념에 대해 적절한 생각을 표현할 수 있는 시민으로 단언하는 지점에서 그리 멀지 않은 곳에 있다.

오스만화 및 그 현대적 상응물인 신오스만화는 역사적, 지리적 노선을 공유한다. 하지만 그것이 발생하는 원초적 장면은 업데이트하고 업그레이드시킬 필요가 있다. 이제 오스만화에는 하부구조인 하드웨어만이 아니라 상부구조인 소프트웨어도 포함된다. 그런 대로는 여전히 사람과 교통량으로 넘쳐난다. 비록 대로가 이제는 고속도로라는 형태로 재현되고, 그 고속도로는 하루 종일 정체와 교착 상태로 막혀 있을 때가 더 많지만 말이다. 중요한 변화는 오늘날의 거대한 대로Grands Boulevards가 얼마나 많은 에너지와 돈, 정보와 커뮤니케이션으로 흘러넘치는가 하는 점이다. 그곳에는 광통신이 놓이고 디지털화되어, 물리적 공간만이 아니라 사이버공간도 관통한다. 신오스만화는 이제 온 사방의 수백만 인구를 변방인으로 만드는 전 지구적-도시적 전략이다. 그것에 견주면 오스만 남작이 삽으로 이룩한 작업은 무색해진다. 사실 신오스만화가 변방인으로 만든 사람의 수는 너무 많아, 이들이 변방인이 되었다고 말하는 게 별 의미가 없을 정도이다. 도시가 거대 도시로 폭발적으로 팽창하고, (최빈국에서조차) 도시의 중심이 탈중심화되고, 국제화되고, 현란해짐에 따라 '보나파르트주의'는 그 도시 전통을 21세기 행성 공간에 투사한다. "눈의 가족"은 전 지구적인 것이 되었다. 저 "접시만큼 크게 뜬 눈"은 미디어의 눈이다. 모든 것을 보며, 인터넷과 위키리크스를 통해 흔히 모든 것을 알기도 한다. 이제 사람들은 이 행성 전역의 정보와 소통의 대로를 따라 전 지구적 엘리트를 볼 수 있다. 포스트모던식 전 지구적-도시적 생활의 유리창 너머로 그들을 본다. 그들은 마치 거대한 전기에너지의 저장고에 들어 있는 것처럼, 그들과 거기 비친 자기들 모습을 볼 수 있다. 이제 전 지구적인 눈의 가족은 하나의 가족으로, 신흥 시민으로, 박탈당한 것을 되찾기를 갈망하는 유연 집단으로, 진정으로 그 자신과 **마주친다**고도 말할 수 있다. 접시만큼 크게 뜬 그들의 눈은 이제 두려움뿐 아니라 적대감을 품은 채, 분노에 차 공적 영역을 바라본다. 이제는 획득하여 점령할 세계랄 것이 별로 없다. 전 세계라는 것이 실제로는 그들 자신의 뒷마당이니 말이다.

The Politics of the
Encounter
Urban Theory and Protest Under Planetary Urbanization

4장
마주침의 정치

모든 것은 연결과 밀도, 충격, 마주침, 동시 발생, 운동으로부터 형성되었다.

_루크레티우스

이 개념에서 중요한 것은 법칙을, 따라서 어떤 본질을 정교하게 다듬는 문제라기보다는 마주침의 '자리 잡기'가 가진 우발적 성격이다. 그 마주침은 기성사실을 발생시켜 그 사실의 법칙을 발언할 수 있게 한다.

_루이 알튀세르

꽃을 꺾는다고 봄이 오는 것을 막지는 못한다.

_레베카 솔닛

1. 기습적으로 자리 잡다

루이 알튀세르가 험난했던 생애 마지막 십 년인 1980년대에 쓴 글들은 '마주침'에 대해 지금껏 쓰인 문장들 가운데 최고의 것이다. 처음에 이런 '후기 작품들'은 그의 전기에 속하는 유명한(그리고 악명 높은) 구조적 마르크스주의를 정면에서 반박하는 것처럼 보인다. 이는 『마르크스를 위하여*For Marx*』나 『자본론을 읽는다*Reading Capital*』 같은 책에서 탁월하게 표명된 바 있다. 후기의 책들은 알튀세르 자신의 인식론적 균열뿐 아니라 초변증법적인hyperdialectical 마르크스주의가 형이상학적이고 비변증법적인 마르크스주의로 대체되는 과정을 표현하는 것처럼 보인다. 이제 '중층 결정overdeter-mination'은 삶과 정치의 의식적 과정과 무의식적인 과정 모두를 사로잡고 있는 기묘하고 불확실하고 거의 신성하기까지 한 저류로 번역된다. 그러나 알튀세르는 아마 십중팔구 그와 다르다고 호소할 것이다. 그는 자신의 위대한 초기 저작들에서 비목적론적 마르크스주의를 꾸준히 긍정하면서 마르크스의 진정한 선임자는 헤겔이라기보다는 스피노자라고 보는 사회 이론과 사회 철학을 주장했다. 즉 초기에도 이미 고정된 법칙보다는 **경향**tendencies의 법칙을 다루는 마르크스주의가 있었다. 그것은 본질에 관한 것이 아니라 가능성에 관한 마르크스주의이다. 어딘가에 **의존하는**, 확정적인 결말도 시초도 없는, 사건들이 우연적으로 발생하며 사물들은 서로 뒤엉킬 태세가 되어 있는, 그러한 가능성에 관한 마르크스주의인 것이다.

알튀세르라면 마르크스가 "말하지 않은 구절"에서 '마주침'이 얼마나 특징적으로 드러나는지를 금방 인정할 것이다. 이는 마르크스의 성숙기 저작들, 예를 들어 『자본론』 1권의 "노동일"에 해당하는 장과 봉건주의에서 자본주의로 넘어가는 '이행기 이론'에서 발견할 수 있으며, 특히 "원시적 축적의 비밀"에 가장 명료하게 나타난다. 알튀세르의 말에 따르면 마르크스는 "자본주의적 생산양식은 '화폐 소유자들'과 '노동력 이외에 모든 것을 박탈당한 프롤레타리아' 사이의 마주침에서 발생한다고 설명한다." "이 마주침은 발생했고, '자리 잡았다.' 이는 그것이 발생하자마자 사라진 것이 아니라 **지속되었다**는 뜻이다."[1] 역사는 내재하는 객관적 힘들(어떻게든 지속된 과거의 우연적인 마주침의 결실인)과, 그보다 더 불확실하고 예측 불가능한 주관적 실재 사이의 마주침을 통해 확립된다. 행동은 보장 없이 발생한다. 잠재적 결과는 절대로 미리 예견될 수 없다. 힘들이 연결되는 시간과 장소, 힘들이 서로 충돌하고 융합하는 시간과 장소, 모습을 갖추고, 자리 잡고, 도약하고, 역사적이고 지리적으로 **새로운** 것으로 모습을 바꾸는 시간과 장소는 특정한 순간과 접점들이다. 이와 같은 것이 과정의 비목적론non-teleology of the process, 다시 말해 알튀세르의 '우발적 유물론'의 탁월하고도 쉽게 포착되지 않는 논리의 표식이다. 우발적 유물론은 이론적 철학이 아니다. 그것은 "해방의 이상주의"와는 아무 상관이 없다. 왜냐하면 그것은 깊이, 존재론적으로 유물론적이기 때문이다. 우발적 유물론은 유물론의 억압된 전통이다. 필요의 세계에 인간의 자유가 존재한다는 암시, 내재성의 평면 안에 가능성이 숨겨져 있다는 암시이기도 하다.

만약 1960년대 이후 뭔가가 변했다면 그것은 아마 이런 "후기 저술"이 훨씬 더 서정적이고 시적으로 우세해졌기 때문일 것이다. 알튀세르는 과거 그 어느 때보다 훨씬 더 비유적이고 우의적이 되어 갔다. 그는 명시적으로 말하기보다는 보여 주고, 내용 없이 형태를, 맥락 없이 우연성을 건넨다. 알튀세르의 시적 표현을 예로 들기에 "마주침의 유물론적 저류"라는 글의 아름다운 첫 구절만 한 것이 없다. 그것은 책으로 만들어질 예정이었지만 펜으로 19쪽 정도 쓴 원고만이 실제로 집필되었다. 알튀세르는 우중충한 파리의 일상을 또하루 열며 다음과 같이 말한다. "비가 온다. 그러니 우선 이 책이 그저 비에 관한 책이 되기를."[2] 하지만 이 일상적 비는 그와 똑같은 정도로 심오한 비, 루크레티우스의 원자가 서로서로 나란히 떨어지는 그런 비이고, 스피노자가 말하는 무한한 속성들의 병행이라는 비이며, 철학, 우주, 지구상의 모든 생명들의 전체 역사를 드러내는 비이다. 일상적인 비, 멋진 비, 쏟아지는 비, 섭리와 반섭리의 비가 내린다. 생명의 비가 시간과 공간이 시작되기 전, 선사시대의 허공 속으로 투덕투덕 떨어진다. 비처럼 낙하하는 원자가 꾸준히 땅으로 떨어져 내려온다. 루크레티우스는 『사물의 본성 *The Nature of Things*』에서 그것을 "원자들의 춤"이라 부른다.

모든 것은 낙하한다. 원자는 서로 평행하여 낙하한다. 그들은 각기 따로 따로, 서로를 모르는 채, 각자에게 국한된 상태로 낙하한다. 그것들은 뭔가가 갑자기 **빗겨 나는** 일이 없으면 계속 추락한다. 방해하는 무언가가, 우연한 무언가가, 알튀세르의 표현에 따르자면 "미세한 빗겨남"이, 너무 작아서 알아차리지도 못할 정도의 "원자들의 일탈 clinamen"이 평행 상태를 깨뜨릴 때까지 낙하한다.[3]

그런데도 그 빗겨남이 역사의 전 과정을 바꾸고, 시간과 공간을 창조한다. 그 빗겨남이 거의 무시해도 좋을 방식으로 마주침을 이끌어 내기 때문이다. 빗겨남 때문에 비의 원자 하나가 다른 원자를 만난다. 수직적으로 떨어지던 비가 다른 빗방울들과 이리저리 엇갈린다. 그것들은 연결되고 서로에게 떨어지고, 서로를 두드리고 서로를 만나며, 서로에게 쌓인다. 갑자기 빗방울이, 원자가 어떤 방식으로든 뭉쳐져 연쇄 반응을 불러일으킨다. 바로 그 빗겨남으로 인해 무언가 새로운 것, 새로운 상호 연결, 새로운 실재가 탄생한다. 루크레티우스는 말한다. "텅 빈 공간" 속에 내리는 신체들로서의 원자는 "그 자체의 무게 때문에, 무작위적인 시간과 공간 안에서 똑바로 아래쪽으로, 내린다. / **그것들은 조금만 빗겨 난다** / 궤도 이탈이라고/ 부르기에 꼭 필요한 정도로만."[4] 이로부터 알튀세르가 확인하는 것은 다음과 같다. "마주침이 세계의 실재에 뭉쳐진 원자 이외의 그 어떤 것도 창조해 내지 못한다는 것은 분명하다. 하지만 분명 **마주침은 원자들 그 자체에 실재감을 부여한다.** 빗겨남과 마주침이 없었다면 원자들은 그저 **추상적인** 원소들의 집적물에 불과할 것이고, 거기엔 어떤 일관성이나 존재감도 없었을 것이기 때문이다. 바로 그렇기 때문에 우리는 **마주침과 빗겨남 덕분에 원자의 존재 자체가 가능하다고** 말할 수 있다. 그런 마주침이 일어나기 전에 원자들은 유령처럼 존재할 뿐이었다."[5]

따라서 마주침은 '기성사실旣成事實', 우발성의 순수한 효과이다. 알튀세르는 이 기성사실 이전에는 "오직 **비기성사실, 비실재적** 존재의 비세계만 있다"고 말한다. 한편 이 테제는 부정성에 대한 긍정성의 우위, 헤겔에 대한 스피노자의 우위를, 각종 변증법적 이성의 우위를 나타낸다. 한편으로 마주침은 그 자체를 부정하는, 종착점을 상정하는 모든 목적론을 부정하는 테제이다. 마주침은 어떤 신성한 마스터플랜도, 그 어떤 신성한 주체도 없는 과정이다. 오직 한데 모이는 집단성, 그들 자체의 단일한 목표와 이 세계에 적절한 목표, 그리고 객관성 그 자체의 창출을 규정해 주는 순전한 **공현존 co-presences**▪의 집단성만 있을 뿐이다. 그러므로 알튀세르가 말하는 파리의 비는 마주침의 결과와 마주침의 구조를 쌓아올리는 가운데 세계를 적시고, 역사의 입술을 적신다. 알튀세르 역시 여기서 내가 하는 말처럼 추상적이고 개념 면에서 형이상학적인 단어를 쓴다. 하지만 자연적 질서에서 일어나는 마주침이 어떤 식으로 정치적·도시적 질서의 마주침을 성숙하게 하는 씨앗을 품고 있는지를 눈치 채기란 어렵지 않을 것이다. 그리고 우리는 곧 그것을 눈치 채게 될 것이다.

마주쳐지는 것들은 **친화성**과 **보완성**을 가진 요소들이다. 서로 마주치게 되는 그 요소들은 얼음이 되려는 물, 유화되는 마요네즈, 응고되는 우유처럼 자리를 잡아 서로 충돌하고 뒤엉킬 준비가 되어 있다. 사물들은 자리를 잡고, **불시에by surprise** 붙잡힌다.(프랑스어로는 sur-prise) 알튀세르는 "모든 마주침은 우발적이다"라고 말한다. "그 원인의 측면에서가 아니라(어떤 것도 절대 마주침을 보장하지 않는

▪ 캐나다 출신의 사회학자인 어빙 고프먼Erving Goffman이 쓴 용어로, 의식이 융합되는 수중에 이를 정도의 상호 인식을 공유하는 연대 모델을 가리킨다.

다), 결과 측면에서 우발적이다. 다르게 말하자면, 어떤 마주침도 일어나지 않을 수 있었다. 실제로 일어난 것들의 경우도 그렇다."[6] 역사의 세계는 절묘한 특정 순간들에서 엉긴다. 흔하게 내리는 비가 초자연적인 비, 일상을 축축하게 적시는 비, 햇살과 만나는 비, 찬란하게 자리 잡는 비, 우리를 무지개 위로 데려가기도 하는 비가 된다. "개인사든, 세계사든 역사가 바뀌는 동안, 위대한 사건이 벌어지는 동안, 주사위가 예기치 않게 테이블 위에 던져질 때, 아니면 역시 예고 없이 카드 패가 분배될 때, 혹은 광기가 발작할 때, 자연의 힘이 풀려나서 새롭고 놀라운 방식으로 자리 잡을 때, 모든 사람에게 이토록 강한 충격을 가하는 것은 바로 이런 흔한 비다."[7]

2. 도시적인 것과의 마주침, 도시적 마주침

원자들은 평범한 도시의 비가 되어 내린다. 빗겨남 때문에, 또 그보다 먼저 일어났던 빗겨남이 만들어 낸 마주침이 다시금 만들어 낸 빗겨남 때문에 서로 마주치게 되는 요소들을 비로 뿌린다. 이 빗겨남은 새로운 연결의 밀도와 "조합combination"(마르크스의 용어)을 만들어 냈고, 계속해서 만들어 낸다. 원자들의 일탈은 낡은 질서와 오래된 도시 위를 강하게 두드리며 세차게 비를 내려, 그 빗겨남이 새로운 세계의 도시 질서, 새로운 마주침, 공개적으로 다른 신체들과 마주치는 신체들의 더 새로운 우발적 유물론을 위한 내재성의 평면을 창조하게 한다. 여기서 사물들은 서로를 **도시적 공간 안에서,**

그리고 그 공간을 통해 만난다. 도시적인 것은 마주침에, 정치적 마주침에, 그리고 더 많은 마주침들의 가능성에 실재를 부여한다.

『도시적 혁명』의 첫머리에서 르페브르는 마주침에 의한 이행 이론의 얼개를 짠다. 봉건제도에서 자본주의로의 이행이나, 자본주의에서 사회주의로의 이행이 아니라, 도시에서 도시적 사회로의 이행 말이다. (사실 르페브르에게 자본주의에서 사회주의로의 이행은 도시에서 도시적인 것으로의 이동 속에 **함축되어 있고** 그 속에서 **배양되고 있다**.) 그는 도시에서 도시적인 것으로의 이동city-urban shift을 작은 도표로 그려 보여 준다.(15) 물론 실제로 도시 형태city form에서 도시적 사회urban society로의 이행은 절대 단선적이지 않았고, 어느 한 통치 형태에서 다른 통치 형태로 넘어가는 단순한 균열도 아니었다. 그것은 시간과 공간에 걸쳐 서로를 만날 준비와 태세가 되어 있는 요소들의 복합, 시장의 팽창과 침투, 시장 위기, 기술적 변화, 인구 증가, 정치적이고 사회적인 투쟁, 폭력과 무질서 같은 요소들이 모두 어느 특정한 지점에서 절정에 달해 양적으로, 또 질적으로 무언가 새롭고 판이한 것을 창조하게 되는 것이었다. 그것들은 도시 속에서 합쳐지고 자리 잡아 도시적 사회를 탄생시킨 빗겨남을 만들어 냈는데, 이는 알튀세르와 발리바르가 봉건제도에서 자본주의로의 이행을 기록한 글에서 보여 준 것과 대체로 같은 방식이었다. 다양하고 흔히 별개인 요소들이 서로를 우발적으로 마주치는 것이다. 도시적인 것은 농업사회에서 산업사회로, 하나의 마주침에서 다른 마주침으로, 산업사회로의 변동이 도시적 사회로 이어지는 가운데 태어났다. 르페브르는 "현대의 인식론이 이해하는 방식에 따른 그 어떤 '균열'도 없었다"고 설명한다. 거기에는 "이런 순간들(이런 '우연 성들')이 그것을 통해 공존할 수 있는 동시성, 상호작용, 발전의 불 평등성"이 있을 뿐이다.[8]

그러므로 도시적인 것 안에서, 그 자본주의적 내재성의 평면 안 에서 우리는 사물들의 집회를, 사람과 활동 들의 집회를 마주친다. 또한 오래되었으면서도 새롭고 중첩된 마주침들을 위한, 새로운 조 합과 집회를 위한, 사회적 실천에 필요한 본질적인 요소들을 모으기 위한 실제적이면서도 가능성 있는 장소를 만들어 내는 가상적인 목 표와 마주친다. 도시적인 것은 이 마주침의 인과적 응보일 뿐만 아 니라 그것이 이루어지는 장소가 되기도 한다. 도시적인 것은 가득 모인 군중보다는 뿔뿔이 흩어져 고독한 군중을 분리하고 해산시키 려는 악마적인 힘과 같은 부정적인 면도 있지만, 긍정적이고 통합하 는 능력도 가지고 있다. 도시적인 것의 한 부분은 인력과 협동이라 는 창조적인 생명혈과 더불어, 긍정적이고 역동적인 에너지와 더불 어 사회적 통합social unification과 사회적 융합social intergration이 서로를 마주치는 장소이다. 빗겨남으로 인해 원자들이 우리가 그것 을 집단적으로 보고 행동할 수 있을 정도의 형태로 모이고, 또 다시 모일 때까지, 비는 계속해서 내린다. 하지만 도시적인 것의 또 다른 부분은 반발이라는 형태의 부정적 에너지를, 변증법적 힘의 장場을 만들어 내는 음陰의 전하電荷를 담고 있다. 그 힘의 장에서는 중심 이 영원히 주변과 대립하며, 수직의 비는 영원히 수직으로 내리고, 빗겨남은 절대 일어나지 않고, 영원한 허공을 깨뜨리는 일도 절대로 없다.

르페브르가 분리separation와 격리segregation라는 사회적 현실을 혐오한 데에는 충분한 이유가 있다. 르페브르에 따르면 그것들은 도시화의 적이며, "집회와 마주침의 적"이고, 뼛속 깊이 반도시적인 충동이며, 그 자신이 간추려 정의한 '도시적인 것'의 적이다. 도시적인 것이란 밀집되어 있고 분화되어 있는 사회적 공간 안에서의 집회와 마주침이다. 분리는 "도시적 형태가 가진 통합하는 힘을 파괴한다."[9] 하지만 도시적인 것의 모순적인 형태는 그것이 본질적으로 무형적이라는 데 있다. 도시화는 그 자신의 형태를 둘러싸려 하는 그 어떤 한계도 부수려는 성향을 띠기 때문이다. 그것은 마치 원자보다 작은 입자들의 운동과 위치 모두를, 그것의 파동과 입자의 성질 모두를, 과정과 생산, 운동과 결과, 도시화와 도시적인 것 사이의 역설을, 어떻게 비가 내리고 언제 빗겨남이 발생하는지를 확신을 가지고 알려고 애쓰는 것처럼 보인다. 그러나 우리는 여전히 도시적인 것에 일종의 형태가 있다는 것을 안다. 설사 그 형태가 그 자체로는 비어 있고 공허하다 해도 말이다. 그것은 언제나 **상대적인** 형태, 유동하는 형태이고, 우발적이고 불확실한 형태이다. 그 형태는 도시적인 것이 특정한 근접성의 관념에 의해, 사람과 활동에 의해, 근접성 안에서 모여드는 사건들에 의해, 빗겨남을 통해, 집중과 동시성, 밀도와 강도의 창조를 통해 채워질 때라야 비로소 그 자체를 존재론적으로 정의할 수 있으며 실재가 될 수 있다. 도시적인 것은 마주침의 결과로 생긴 드라마의 장소이자 마주침의 드라마 그 자체를 마주치는 장소라고 말할 수 있을 것이다. 도시적인 것에서는 질서와 무질서가 서로를 만난다. 도시적인 것은 마주침을 가능케 하면서도 좌절시키며, 촉진하면서도 폐지한다. 오늘날의 도시적인 것은 온라인과 오프라인 마주침의 산물이자 장소이며, 이 두 현실이 서로에게 빗겨드는 사회적 네트워크이다. 마주침의 적인 격리가 민주주의를 향한 움직임을 저지할 수 있을까? "혁명적 소동이 도시적 현실의 경계를 부술 수 있을까?" 르페브르는 스스로 묻고 답한다. "때때로 그럴 수 있다."[10]

3. 마주침으로서의 점령하기

최근 우리는 경계들이 비록 부수어지지는 않았지만 적어도 도전을 받는 광경을 보았다. 마주침은 오늘날 우리가 살고 있는 행성 도시의 질서로부터 수혜를 받음과 동시에 그 질서를 확대하면서 그 질서가 녹아든 길거리를 드라마의 무대로 만들었다. 수십 년 간 닫혀 있던 우리의 시각과 전망은 확장되고 개방되었다. 우리는 그 원자들의 일탈을, 그 빗겨남을, 그것이 우리의 시가지에 미치는 영향을 조금이나마 엿보았다. 우리는 마주침이 '도시'의 '심장부'에서 전개되는 것을 보았다. 하지만 조직과 저항이 내건 이해는 도시 자체에 관한 것이 아니다. 그보다는 민주주의에 관한 것, 우리가 예전에 알던 도시보다 더 광대하고 더 단순한 어떤 것, 디지털 미디어로 촉진된 신체들의 앙상블에 관한 것들이었다. 급진적 마주침의 정치의 한 사례는 2011년 9월 17일에 시작되었다. 그날, 열정적인 행동주의자 몇 명이 미국 금융 세계의 중심지로 몰려가서, 미국 민주주의를 지배하는 큰손과 대기업, 그리고 계속 확대되는 소득 불평등에 대해 정당한 분노를 터뜨렸다. 그 사건은 크게 다루어지지 않았고, 성과 또한 처음에는 실망스러웠다. 하지만 한 달이 못 되어 놀랍게도 사회운동이 자리를 잡았고, 위력과 참여하는 사람들의 수도 늘어나기 시작했다. 그 뒤로 두 달 동안 수천 명의 지지자가 그 운동에 합류했으며, 텐트를 세우고 도서관, 야전병원, 야외 식당, 위생 시설을 급조했다. 이 저항은 갑자기 대중의 상상력을 사로잡았다. 일반 미국인들만이 아니라 전 세계의 평범하지만 불만 가득한 사람들의 상상력까지 모두 사로잡았다. "월스트리트를 점령하라" 운동은 이렇게 태어났다.

로어 맨해튼의 주코티 공원에 진을 친 시위자 수천 명은 어떤 기구나 지도자도 없이 자신들의 자발성을 조직하기 시작했다. 우호적인 대중 여론을 형성하면서 곧이어 온라인상의 전 지구적 '대화'가 무르익었다. 이는 튀니지와 이집트의 "아랍의 봄" 봉기에 영향을 받아 행성 전역에서 오프라인 거리 시위가 일어나던 때와 거의 동시에 벌어진 일이었다. 이런 사건들은 뉴욕에서만이 아니라 로스앤젤레스, 오클랜드, 보스턴, 피닉스, 마드리드, 로마, 스톡홀름, 리스본, 사라예보, 텔아비브, 홍콩, 베를린, 아테네, 밴쿠버, 시드니에서도 (이 외에도 한참 더 있다) 일어났다. 런던에서는 2011년 10월 중순경, 세인트폴 성당 앞에 2천 명이 모여, 위키리크스의 설립자인 줄리언 어샌지Julian Assange의 연설을 들었다. 시위자들은 텐트를 치고 그 자리에서 노숙을 하기로 결정했다. 텐트는 백 개가 넘었고, 그들 스스로 대안적 급진적 생활세계(#점령하라 LSX)를 구축하기 시작했다. 거기에는 정보 센터, 도서실, 회의실, 야외 식당이 마련되었고, 텐트를 여러 개 이어 사람들이 만나고 발언하고 전략과 생각을 토론하는 장소로 삼았다. 그곳이 소위 텐트 시티 대학Tent City University이었다. 런던 시와 성공회는 당연히 점거자들을 위협했다. 세인트 폴 성당의 참사관인 자일스 프레이저Giles Fraser는 이들의 행동주의에 동조하는 입장이었는데, 교회 윗선에서 점령자들을 "건강하고 안전한" 장소로 쫓아내겠다고 발표하자 교회를 떠났다. 점령하라 LSX의 초기 선언문은 다음과 같이 말한다. "현재의 시스템은 지속 가능하지 않다." "그것은 비민주적이고 불공정하다. 우리는 대안이 필요하다. 우리는 여기에서 대안을 찾으려 한다." 데이비드 하비와 마누엘 카스텔 같은 저명한 지식인들이 그곳을 방문해 발언함으로써 격려와 연대감을 제공하고, 거대한 군중에게 영감을 주었다. 또 거꾸로 그들도 군중들의 발언에서 영감을 얻었다. 이것은 열정적인 대중 연설의 최고 형태, 불평과 불만족 사이에서 이루어지는 진정한 대화였다.

곳곳의 시위자들은 남녀노소를 막론하고 수많은 사람들이 동일한 좌절감과 분노를 공유한다는 것을 세계에 보여 주었다. 참여자들은 동시에 행동하고 반응하고, 감동을 주고받았다. 기쁨과 축하, 친절과 자유분방함, 온라인과 오프라인 행동주의까지, 이 모든 게 구조화되고 정의되었다. "월스트리트를 점령하라"의 어떤 선언문은 이렇게 말한다. "실용성과 단순성이야말로 이러한 공식을 아름답게 하고 새로운 전술을 신나게 만드는 것이다. 우리는 물리적으로 이루어지는 다양한 모임에서, 그리고 가상의 집회에서 서로에게 이야기한다. (…) 무엇이 우리의 상상력을 일깨우는지, 그리고 그 뒤에는 무엇이 우리를 미래의 급진적 민주주의를 향해 나아가게 하는지에 대해 의견이 일치했다."

이러한 전 지구적 운동의 등장으로 좌파에게도 내세울 만한 어떤 것, 축하하고, 반갑게 인사하고, 지원할 어떤 것이 마침내 생겼다. 따라서 이제 누구나 '점령자의 가면'을 쓰고 참여할 수 있다. 가이 포크스처럼 불온하면서도 악마 같은 미소를 띠운 채, 큰손과 거대 기업에 맞서는 우리의 도전을 긍정할 수 있는 것이다. 이제 참을 만큼 참았다. "브이V"는 보복을 위한 것이다. 그리고 이 노선에서 "인디그나도스"■는 자신들만의 노래를 발견했다.[20] "우리는 99퍼센트다!" 시위자들은 가이 포크스 가면으로 얼굴을 가리고, 길거리에서, 경찰 앞에서 익명으로 존재했다. 하지만 가면 뒤에서, 위장 뒤에서, 그 익명성 뒤에서, 시위자들은 자신들의 참된 정체성을 발견하고 표현했다.

가면이라는 아이디어는 데이비드 로이드David Lloyd와 앨런 무어 Alan Moore가 미래의 디스토피아적 영국을 가상 무대로 설정하여 만든 그래픽 노블인 〈브이 포 벤데타V for Vendetta〉의 화려한 혁명적 영웅에서 따왔다. 중세시대 기사 같은 스타일의 복수자, 가면을 쓴 모험가인 만화 속 영웅은 『몽테크리스토 백작』의 주인공인 에드몽 당테스에게서 영감을 얻은 캐릭터로, 2006년 할리우드에서 제임

■ Indignados, '분노한 사람들'이라는 의미의 스페인어로 지칭되는 분노의 청년 세대. 청년 실업에 항의하던 포루투갈 청년들의 시위에서 시작되어 스페인을 거쳐 재정 위기에 처한 유럽 전역으로 확산되었다. 금융자본의 탐욕과 신자유주의의 폐해에 대한 반대를 기치로 내걸었다.

스 맥타이그 감독, 나탈리 포트먼, 휴고 위빙 주연의 영화로 만들어 졌다. 그 이후 〈워너브라더스〉가 가면에 대한 특허를 냈고, 그 가면은 어느 만화 물품 상점에서든 10달러만 주면 쉽게 구할 수 있는 물건이 됐다. "가면, 가면무도회 (…) 거의 흰색으로만 된 이 가면은 어딘지 사근사근한 어릿광대 같은 분위기로, 뺨에는 붉은 빛이 살짝 돌고, 아랫입술은 엷은 분홍색, 가늘게 찢어진 틈 정도로 그려진 눈은 어떤 때는 웃는 것 같고 어떤 때는 찡그리는 것 같지만 항상 교활한 여우같은 분위기를 띠고 있다. 새까맣게 그려진 염소 수염, 끝없이 위쪽으로 말려 올라갈 듯한 칠흑 같은 콧수염. 그 미소는 영원히 고정되어 있다."[11) 브이V는 미래주의적인 런던의 모든 티브이 시청자들에게 말한다. "이 나라에서 말하는 진실이란 아주 글러먹었다. 공정성, 정의, 자유는 단순한 말에 그치지 않는다. 그것들은 시각perspective이다." "사람들은 그들 정부를 두려워하면 안 된다. 정부가 그 국민을 두려워해야 한다."[12)

밴쿠버에서 발행되는 아나키스트 계열 잡지인 『애드버스터스 Adbusters』는 2011년 7월호 판에 돌진하는 월스트리트 황소 위에 작은 발레리나가 올라 서 있는 포스터를 실었다. 포스터 아래에는 가스 마스크를 쓴 시위자들이 자욱한 최루탄 연기를 뚫고 달려오는 모습을 배경으로 트위터의 해시태크(#) 옆에 다음의 설명이 붙어 있다. "우리의 요구가 무엇인가? #월스트리트를 점령하라, 9월 17일, 텐트를 갖고 오시오." 9월 17일은 당시 69살이던 『애드버스터』 편집장 칼레 라슨Kalle Lasn의 어머니 생신이었고, 축하할 만한 날이었다. "좌파는 오랫동안 혁명을 놓고 이야기해 왔다. 하지만 기본적으로는 달을 보고 짖는 것이나 마찬가지였다. 그러다가 갑자기, 이집트에서 한 무리의 젊은이들이 소셜 미디어를 사용하여, 5백 명, 5천 명 따위가 아니라 5만 명을 동원해 냈다. 그들은 용기와 기술로 우리를 고쳐시켰다.” “미국도 그 나름의 타흐리르 광장이 필요하다”고 라슨은 생각했다.[13] 트위터를 하면 그들이 올 것이라고, 아랍의 봄에서 얻은 경험은 말하고 있었다. 그리고 실제로 그들이 왔다. 세계 곳곳에서 모여들어 거리를 뒤덮었다. 라슨의 발언은 브이V가 11월 5일 국회의사당을 무너뜨리자고 호소하기 위해 공중파 방송을 장악했을 때와 똑같은 위협, 똑같은 중력, 그리고 똑같은 불길한 보복감으로 가득했다. 그것은 수세기 전에 다른 가이 포크스들이 남긴 파편들을 집어 들었다.

　마주침을 끌어들이고, 자리를 잡고, **기습적으로**, 아주 살짝 빗겨나는 원자들의 일탈은 대략 2010년 12월에 시작되었다. 수직으로 낙하하는 독재 정치의 빗줄기는 여러 해 동안 튀니지를 흠뻑 적시고 있었다. 독재 권력은 튀니지에서 남쪽으로 200킬로미터 떨어진 곳에 있는 별 특징 없는 마을인 시디 부지드 출신의 스물여섯 살 난 노점상 모하메드 부아지치Mohamed Bouazizi라는 평범한 시민을 잡아가서 혹독하게 다루었다. 경찰은 여러 해 동안 그를 괴롭혀 꼬박꼬박 벌금을 매기고 수레에서 파는 물건을 압수하고, 관료제도가 시키는 대로 따르라고 했다. 12월 17일에 한 여자 경찰이 저울을 압수하고 그를 구타했다. 그는 시청에 가서 항의했지만 언제나처럼 무시당했다. 건물 문 밖에 나선 부아지치는 자기 몸에 불을 붙였다. 시너를 들이붓고 성냥을 켜는 것으로 끝이었다. 불타는 그의 몸뚱이는 대중 동원에 방아쇠를 당겨 수도인 튀니지에 봉기를 일으켰다. 2011년 1월경에는 곧 대규모 시위가 열릴 참이었다. 인터넷과 페이스북과 유튜브를 통해 소식이 빠른 속도로 퍼졌다. 얼마 안 가서 무바라크의 부정하고 부패한 정부가 통치하던 이집트로도 저항이 확산되었다. 그곳에서 스물여덟 살 난 칼리드 사이드Khaled Said가 마약 거래 경찰관의 휴대전화를 해킹한 죄목으로 고발당해 체포되었다가 감방에서 맞아 죽었다. 또 하나의 빗겨남이 발생한 것이다. 페이스북에는 "우리 모두가 칼리드 사이드다"라는 외침이 흘러넘쳤다. 2011년 1월 25일에 타흐리르 광장에서 "분노의 날"이 열렸다. 그 행사는 마침내 모두가 그 규모와 범위에 놀랄 정도로 확대됐다. 무슬림 형제단, 기독교도, 페미니스트가 모두 손을 맞잡았다. 타흐리르 광장은 비공식적으로 민중들에게 점령되었다. 무바라크는 하야하지 않을 수 없었다.

늦은 봄이 되자 이런 공세는 기묘하고 우발적이고 관련이 있기도 하고 없기도 한 연쇄 작용을 통해 유럽 전역으로 퍼지면서, 정치적 독재 권력에서 경제적 독재 권력에까지 관련 범위를 넓혔다. 비는 여전히 수직으로 내리고 있었지만 이제는 빗겨들기도 한다. 2011년 5월 15일, 마드리드에서는 수십만 명이 중앙 광장인 솔 광장을 가득 메웠다. 그들 가운데는 실업자, 불완전 고용자, 학력은 높아도 취직할 가망이 거의 없는 젊은이들이 섞여 있었다. 주저앉는 경제 상황 속에서 기회의 결핍, 긴축의 공포, 정치가들이 하는 (혹은 하지 않는) 일에 대한 좌절감이 사람들을 불같이 화나게 만들었다. 그들은 진심으로 분노했다. 그들이 바로 '인디그나도스들'이었다. 마주침은 전염성을 띠기 시작했다. 다시 열흘이 지나자 그 전염력은 유로화 위기와 유럽 중앙은행들의 비위를 맞추기 위한 참혹한 구조조정 계획에 시달리고 있던 그리스로 퍼졌다. 국회의사당의 그림자가 드리워진 신타그마 광장에 계속해서 텐트촌이 형성됐다. 항의는 폭력 시위로 변했다. 시위가 시작되고 두 주가 지나서는 그리스인 50만 명이 그 나라의 주요 도시에 떼 지어 몰려갔다. "그래, 우린 할 수 있다!"는 외침이 그들의 노래가 되었다.

마침내 2011년 9월 17일이 되자, 시위자들은 월스트리트에서 남쪽으로 두어 블록 떨어진 볼링그린의 돌진하는 황소상 옆에 모였다. 원래 계획에 따르면 체이스 맨해튼 플라자에서 "총회"가 열리기로 되어 있었다. 하지만 그 전날 밤 경찰 병력이 플라자를 에워쌌다. 순발력을 발휘하여 전술을 바꾸어야 했다. 제2의 선택지가 있었다. 브로드웨이를 따라 북쪽으로 두어 블록 떨어진 곳에 있는 주코티 공원Zuccotti Park으로 갈 것. 눈에 띄지 않는 그 작은 공원은 2, 3에이커에 불과했지만 예전에는 "리버티 플라자Liberty Plaza"라 알려져 있었다. 점령자들은 그 명칭, 그리고 그곳을 실제로 재점거한다는 아이디어에 담긴 의미를 간과하지 않았다. 2006년 이후 주코티 공원은 〈브룩필드 오피스 자산〉의 개인 소유지였고, 존 주코티John Zuccotti라는 사람이 대리인으로 있었다. 법률적 잔꾀가 개입할 여지가 있었다. 즉, 그 공원은 개인 소유지였으니 확실한 폐장 시간(센트럴 파크나 유니언 스퀘어 같은)이 없다는 뜻이기도 했다. 그래서 항의자들을 내쫓을 법적 근거가 없었다. 어쨌든 금방 쫓겨나갈 일은 없었다. 뉴욕의 공무원들이 점령자들에게 할 수 있는 조처라고 해

봐야 소음 위협, 특히 허가 없이 큰소리를 낼 때 고발하는 일뿐이었다. 이를 피하기 위해 '인간 마이크로폰'이 사용되었다. 즉 확성기를 쓰지 않고 직접 입으로 전달하는, 말 그대로 생목소리를 써서 메시지를 전하는 방법이었다. 육성으로 말을 들을 수 있는 거리에 있는 사람이 소식을 옆으로 전달해서, 공원 어디에서 무슨 일이 언제 벌어지는지를 계속해서 알렸다.

이 사건으로 주코티 공원은 맨해튼이라는 개념, 그리고 세계적인 급진 정치학이라는 개념, 그 궤적과 그 빗겨남을 통해 도시적 중심성이라는 그 자신의 개념을 정의하기 시작했다. 그 중심성은 르페브르가 예전에 『도시에 대한 권리』에서 규정했던 중심성, 즉 코뮌 참여자들이 파리 중심부를 재점거했던 것처럼 수복 가능한 도시의 절대적 중심으로서의 중심성, 특정한 장소를 망치로 깨부수고 그곳을 방어적으로 되찾기 위해 바리케이드를 쌓는 그런 의미의 중심성은 아니었다. 그것은 중심지를 점령하는 문제라기보다는 결절점을 만드는 일이었다. 사람들이 뒤섞이고 마주침이 중첩되는 결절점, 바깥으로 확산되고 발산되는 내부의 비판적 힘, 그 자신의 해일을 만들어 내는 비였다. 그러므로 주코티 공원에서의 중심성은 마주침의 완성, 집중을 위한 새 능력, 티핑포인트였다. 소셜 미디어의 도움을 받아 주변성은 그 자신을 중심으로 삼았으며, 이 모든 일들이 **수평적으로** 이루어졌다. 얼마 지나지 않아 그 자매품이라 할 점령 행위들이 미국 전역과 세계 전역에서 등장했다. 크고 작은 도시적 지역에서, 그리고 모든 도시적 공간의 안과 그 공간을 관통하여 군중을 모으고 총회를 소집하고, 행동과 생각을 한데 섞고, 더 나아가 행동을 생각 이상의 것, 즉 전망과 섞였다. 그런 행동의 밈meme은 **#모든 곳을 점령하라**가 되었다. 그 마주침은 움직임을 촉발했고, 이 움직임은 지금까지도 계속 움직이고 있다. 빗겨드는 비. 다음번 우기를 기다리고 있는 비이다.

4. 매인이 온다HCE

마주침으로서의 점령. 점령으로서의 마주침은 히피들의 전유물이 아니다. 그것은 1968년과는 같지 않다. 두 운동 모두 북을 두드리며 흥겨운 노래를 불렀지만, 그 이상의 닮은 점을 너무 많이 끌어오는 건 잘못일 것이다. 1968년은 잊어버려라. 2011년 9월 이후 우리에게 일어났던 일은 근본적으로 새롭고 다른 일이며, 더 참신하고 더 미래주의적이고, 단순히 어쿠스틱한 것이 아니라 복잡한 일렉트릭 장치이다. 40년 동안 일어난 가장 큰 차이는 소셜 미디어이다. 그것이 모든 것을 바꾼다. 이제 모든 일이 백지화되었는데, 사실 모든 일이 한창 진행 중이기도 하다. 어떤 행동주의에서든 소셜 미디어는 **전술tactics**을, **속도tempo**를, 그리고 **지형terrain**을 바꾼다. 이것이 3T이다. 1960년대의 학생운동이나 반전운동과 닮은 점은 거의 없다. 주인공들이 하나같이 젊고 교육을 받았다는 건 사실이다. 가끔은 지나치게 고학력이기도 하다. 중동 지역에서 중서부에 이르기까지 시위자들 상당수는 그 사회의 특권 계층 출신인 젊은이들이었다. 그런데 1960년대와는 달리 지금의 전복된 경제는 특권 집단인 대학 교육을 받은 아이들에게조차 자본주의의 장밋빛 미래가 그들에게 혜택을 가져다주리라는 신호를 보내지 않는다. 이들은 삼십 대가 되더라도 전리품을 기대할 수 없을 것이다. 최상위층 1퍼센트를 제외하면 특권은 고갈되었다. 1960년대에는 반전운동의 열기가 끓어올랐지만 그 젊은이들 누구도 자기들에게 전체적인 소비 풍조에 마음껏 탐닉할 권리가 있다는 사실을 조금도 의심한 적이 없었다. 학위만 있으면 미래의 직장과 더 좋은 직장이 보장되었다. 그런데 이제는 그렇지 않다. 오늘날의 젊은 행동주의자들은 "저지당한 청년층youth-interrupted"라는 느슨한 범주를 형성한다. 경력이 없고, 전망이 없고, 자산이 없는 세대, 다시 말해 닌자(NINJA, No Income, No, Job, No Assets) 세대를 형성하는 것이다.

텐트를 친 트위터 가입자들은 주로 이십 대이고, 여전히 학자금 대출을 갚고 있으며, 배신감을 느끼며 행동에 뛰어든다. 그들은 더 이상 어떤 기대도 할 수 없다는 사실을 직시하며, **지금**이라는 현실에 그 어떤 기대의 여지도 없다는 사실을 빠르게 깨닫고 있다. 『뉴욕타임스』의 칼럼니스트인 제임스 캐럴James Carroll의 설명에 따르면, 위와 같은 현상은 전 지구적으로 나타나고 있으며, 여러 나라 언어별로 일련의 신조어가 만들어져 이러한 사회적 위치성과 하향 이동성을 설명하고 있다. 캐럴은 일본에는 여전히 부모들에게 얹혀 사는 프리터족이 있다면, 영국에는 니트족neets이 있다고 한다. 니트족이란 교육도 못 받고, 직장도 없고, 훈련도 받지 못한 부류(not in education, employment, or training)를 가리키는 말이다. 스페인에서는 이런 부류를 니니족ni-ni이라 부른다. 노동자도 학생도 아니라는 뜻이다. 독일에는 네스트호커nesthockers▪, 혹은 네스트 스케터 스nest-squatters라는 명칭이 있다. 이탈리아어로 이들은 밤보키온 bamboccionn, 즉 다 큰 아기라 불린다. 모두들 학교를 졸업한 뒤에 학생도 아니고 성인도 아닌, 무언가 유보된 '대기 상태'에 머물러 있다.[14] 그들은 계속 대기 상태에 있고 싶지 않다는 의미에서 항의 를 한다. 그들은 낭떠러지로 내몰렸다. 그들이 무엇을 기다려왔든 그것은 이제 더 이상 기다려 줄 가치가 없는 일들이다.

그들의 발언은 광범위하게 반자본주의적인 의제, 그 시스템에 대 한 분노를 표현한다. 그들은 무모한 금융 투기를, 해명 능력도 없는 은행가를, 기업체의 탈세, 기업 복지를 고발한다. 전통적인 정당 정 치 기구에서도 그들은 어느 하나 가치 있는 요소를 찾아내지 못하 고, 패거리 조합주의를 보듯 똑같은 조소를 날린다. 낡은 이데올로 기 전선이나 '수직적인' 태도로 외쳐대는 똑같이 구태의연한 요구 에 대해서는 거의 관심이 없다. 점령하라 운동에서 사람들은 친화성 때문에, 공통의 정체성 때문에, 그들 자신과 세상에 대한 상식을 공 유하며 그것을 표현하고 싶기 때문에 뭉쳤다. 그 과정은 무정부주의 와 비슷했다. 총회를 열고, 합의에 따라 결정이 내려지고, 지배가 아니라 토론과 논의를 통해 실천된다. 조직은 촉수처럼, 섬세하게 구축되면서도 단단하게 짜여 충격을 버틸 수 있는 무정형의 그물처 럼 확산된다. 이 구조는 대개 애매모호하고 딱 부러지게 파악하기 어렵다. 그 힘은 계층 서열에 기반한 것이 아니며, 따라서 어떤 적

▪ 둥지를 저당 잡히다, 둥지에 눌러앉는다는 의미로, 네스트 스케터스와 같은 뜻이다.

도 이들을 쉽게 파악할 수 없다. 그것은 위로 솟는 게 아니라 바깥으로 퍼져나간다. 그것은 충격에 맞서다가 부서지기보다는 충격을 흡수한다. 그것은 석상처럼 딱딱하지 않고 유연하다. 그것은 쓰러지지 않는다. 그 운동의 꽃은 찢길 수 있어도 그 봄은 계속 흐를 것이며, 비가 그치지도 않을 것이다.

이 모든 것의 작동의 중심에 소셜 미디어가 있다. 빗겨남을 돕고, 가상의 존재를 물리적 존재로 변형시키는 일도(그 역 방향도) 돕는다. 소셜 미디어는 결정적인 전술적 도구다. 차후로 조직은 스스로를 조직하고, 인접 네트워크는 하이퍼네트워크▪로 작용한다. 어떤 일을 하든, 항의자들은 권력을 쥐는 데도 관심이 없고, 특정 계급에 소속되어 있다는 의식도 없다. 그들 모두가 원하는 것은 신자유주의 시장의 '합리성'에서 놓여나는 것이다. 그들은 모두 전 지구적 금융과 전 지구적 통치를 휘두르는, 세계 인구 가운데서도 소수의 집단과 맞서기를 원한다. 마주침의 상황에 있는 시민들은 '세련된 자발성smart spontaneity'을 가동시키는 무시무시한 재주를 가지고 있는, 운동이 한창 달아오른 그 순간의 열기 속에서 마주침을 창조하는 재주를 갖고 있는 별도의 그룹들로 구성된다. 그들은 마치 부르주아적 생산 체계처럼 **꼭 필요한 시간에** 만남을 조율한다. 트위터와 페이스북, 휴대전화와 문자(SMS), 블랙베리 메신저(BBM) 서비스는 공간의 한계를 무너뜨리고 조직하는 시간을 줄여 주었을 뿐 아니라, 군중을 불러 모으거나 다른 곳으로 보내고 보강 인원을 필요한 시간

▪ 혹은 초상호작용, 신경계와 비슷하게 복잡한 정보 처리망.

과 장소에 공급하고, 재빨리 움직여 경찰 병력을 피하게 해 주었다. 자발적인 거리 집회는 미디어가 주최한 집회만큼이나 잘 운영되고 조율될 수 있었다. 관련된 시민들의 더 느슨하고 새롭게 형성되는 연대, 지구 전역을 아우르고 국경과 장벽을 넘어 대화를 나누는 연대는 모두 어김없이 집에 돌아와, 바이트bytes든 바이트bites든■ 디지털 소통이 가능한 곳 어디서든 둥지를 트는 행동주의를 집단적인 혼성 국제어로 사용한다.

『매인이 온다』에서 클레이 서키는 소셜 미디어를 이용해 집단이 어떻게 그들보다 더 상위 체급의 상대에게 타격을 가할 수 있는지, 다수파의 위협을 막아내는 한편으로 소수를 동원하는지를 제대로 알려준다. 동시에 익명의 소수파들은 자신들이 과거에 생각하던 것만큼 익명이거나 외롭지 않다는 것을 알게 된다. 그들과 비슷한 사람들이 저 밖에, 사실은 온 사방에 있는 것이다. 그들은 사실상 새로 생겨나는 다수 집단이고, 성장하는 존재, 자신을 형성하는 존재이다. "매인everybody이 온다"는 아닐지라도 "모든 친구everybuddy가 온다"인 것은 분명하다. 이는 『피네간의 경야』에서 조이스가 한 말장난인데, 온 사방의 페이스북 중독자들을, 지금 결집하는 수백만, 수천만 명의 존재를 일종의 '거대한 지하세계' 같은 것으로 긍정해 준다.[15] 이 거대한 지하세계에서 중요한 것은 그 가상현실이 실제의 물질적 현실 속에서, 어딘가에 있는 땅 위에서, 직접 맞대면

■ "Bytes & Bites, we do both"는 〈맥도널드〉가 광고에서 사용한 표현으로, 〈맥도널드〉 매장에서 인터넷을 자유롭게 쓸 수 있다는 걸 알리는 문구이다.

한 그룹과 점령자 군중의 대형 속에서 저절로 드러났다는 점이다. 최근 『와이어드*Wired*』 잡지의 선임 편집자인 빌 워시크Bill Wasik는 다음과 같이 말했다. "페이스북과 트위터로 모인 이들 집단은 그것의 실제 규모를 오직 미미한 규모로 축소해 버리는 지배 문화의 불일치를 적나라하게 까발린다. 이들 집단들에게 갑자기 군중 속으로 들어가는 것은 그림자로부터 빠져나오는 것 같은 느낌을 준다." 워시크는 계속 말한다. "이런 모임이 가진 위험하기도 하고 대단하기도 한, 진정으로 혁명적인 요소는 서로 무관하던 집단을 대신 연결해 주는 방식, 거대한 지하세계가 그 불가시성을 벗어던지고 물리적 공간에서 그 자신을 강력하게 체현하는 방식에 있다."[16]

5. 공간과의 마주침, 마주침의 공간들

그러나 물리적 공간에서, 공적인 공간에서, 혹은 다시금 공적인 곳이 되도록 강요하는 그런 공간에서 벌어지는 모임을 장소의 의미나 도시에 대한 지식과 혼동해서는 안 된다 이러한 운동의 역동성, 썰물 같은 빠짐과 밀물 같은 밀려듦, 군중들의 연합, 적시에 일어나는 행동주의, 이 모든 것들의 속도뿐 아니라 그것의 전술 역시 1960년대 파리에서 일어난 거리 투쟁과는 다른 새로운 투쟁 지형을 **창조한다.** 그것은 대학생 시위와도 다르고 바리케이드를 쌓는 옛날식 투쟁과도 다르다. 온라인에서 혁명이 실현되리라는 생각도 어리석지만 강한 연대와 약한 연대의 정치들이 어떻게 서로에게 양분을 공급하는지 과소평가하는 것도 비슷하게 어리석다. 그 둘이 합쳐지면 새로운 저항의 시공간이 창조된다. 그것의 일시적인 측면은 눈에 잘 뜨일지 모르지만, 공간적 측면은 그렇지 않을지도 모른다. 사실이 새로운 공간은 장소에 뿌리를 내린 것도 아니고 공간 속에 부유하는 것만도 아니다. 그보다는 그 두 가지를 분리 불가능하게 조합한 것, 우리가 **도시적인 것**으로 설명할 수 있는 무적의 통일체이다. 추상 관념이 구체적인 것이 되고, 구체적인 것이 추상적인 것이된다. 이 통일체는 도시적인 것이자 동시에 탈도시적post-urban인것이다. 도시적인 것 자체의 한계를 어떤 식으로든 깨부수는 도시적정치, 그 자체를 넘어서는 도시주의이다. 또 다르게 표현한다면, 도시적인 것이란 그곳에 있지만 더 이상 그 자체의 이름으로 현전하지않는, 그 자신의 실재로는 더 이상 가시화되지 않는 실재이자 개념이다. 그것은 내용도 형태도 없이 점령 그 자체에 **내재하는** 어떤것이라고 말할 수 있다. 간단하게 말해 점령은 **도시적 내재성의실천the practice of urban immanence**을 표현한다.

카이로의 타흐리르 광장이나 맨해튼의 공원은 순수하게 구체적인 물리성 때문에 도시적 공공 공간인 것이 아니다. 가상 세계와 물리적 세계 간의 마주침의 장소이기 때문에, 온라인과 오프라인 대화와 온라인과 오프라인의 마주침을 가능하게 해 주는 장소이기 때문에 공적인 장소인 것이다. 그런 장소가 공적인 것은 문자 그대로 서로에게 이야기하고 서로를 만나 공적인 담론과 공적인 대화를 가능하게 해 주기 때문이다. 그냥 그곳에, 개방된 공간으로, 도시 중심부에 있다는 이유에서가 아니라, 사람들이 서로를 마주침으로써 그 공간이 공공의 장소로 만들어지기 때문이다. 우리는 그런 곳을 **마주침의 공간**이라 바꿔 부를 수 있다. 그곳은 사회적 부재와 사회적 현전이 가시적인 구조와 정치적 응집력을 획득하는 공간이다. 전 지구적 운동에서 이런 공간이 갖는 유효성은 그 공간의 안과 밖에서 벌어지는 일에 의해, 이곳과 저곳에 의해, 그 속에서 무슨 일이 일어나고 있으며 그렇게 일어난 일이 그들 바깥의, 세계의 나머지에 어떻게 받아들여지는지에 의해, 그리고 그것이 그 나머지 세계에 어떤 영감을 불러일으키며, 나머지 세계와 어떻게 소통을 하고, 그것이 어떻게 그 나머지 세계가 **되는지**에 의해 규정된다. 이 관계는 언제나 상호적일 수밖에 없으며 안과 밖의, 이곳과 저곳의, 부재와 현전의 변증법일 수밖에 없다.

점령하기는 자본주의에 맞서는 반란에 필연적으로 뒤따를 수밖에 없는 **팽창적** 본질을 극화한다. 그 자신의 행동 영역을 확장하여 자체를 바깥으로 밀어내는 동시에 외부를 안쪽으로 끌어들이는 것이다. 지구화와 행성 도시화가 가진 모든 것을 포괄하는 역동성은 개별적인 것이 증폭되고 확대되고 증식되어 보편자로 변한다는 것을 뜻한다. 이 지점에서 보면 지리의 문제는 이제 순간 이동의 문제와 맞먹는다. 여기와 저기에 동시에 존재하기, 또는 거의 동시에 존재하기의 문제, 현전하는 것만큼이나 부재하는 것의 문제, 그것들의 역동적인 상보성을 표현하는 입자와 파동의 문제가 되는 것이다. 따라서 저항이 노리는 것은 엄밀하게 말해 도시도, 도시적인 것도 아니다. 그보다는 아마도, 짐작일 따름이지만, 저항은 현대의 행성적 **도시 사회**urban society와 관련된 어떤 것일지 모른다. 저항을 가능하게 하고, 그와 같은 저항을 정의할 수 있게 하며, 그러한 정의를 낳게 하는, 그리고 사람들이 드넓은 이 세상의 전면에 나선 시민으로서 집단적으로 그들 스스로를 공개적으로 표현하고, 서로 마주치고, 대화를 나누는, 그러한 저항에 대한 정의를 가능하게 하고, 그것을 야기하는 도시 사회와 관련된 어떤 것 말이다.

거듭 말하지만 점령하기의 중심성은 중심에 위치해 있다는 비활성인 물리적 현전에서 나오는 게 아니다. 점령하기 운동은 능동적으로 중심성을 선점했다. 운동들이 그들의 중심적 위치를 **만든** 것이다. 설사 그들이 현실에서는 추방된다 해도 절대로 추방되는 것이 아닌 이유가 바로 그것이다. 혁명을 추방할 수는 없다. 혁명은 과정이다. 혁명은 하나의 **관점**이다. 혁명은 끊임없이 이동하면서 그 자신의 시야를, 보기의 방식을, 감정 구조를 바꾼다. 그 지각과 지평은 이제 막 감지되고 보이기 시작했고, 온 사방에서 이제 막 서로를 만나고, 서로를 서로에게 드러내기 시작했다. 점령하기 정치에서 우리가 습득한 유행어 가운데 하나는 **표현**일 것이다. 이들 집단들은 그들 스스로를 표현하기 위해, 그들의 친밀감과 불만들, 언어로 표현할 수 없는 욕구들을 표현하기 위해 마주친 것이었다. 이런 마주침은 정치적 야심을 실현할 수단이 창조되거나 발명되기도 전에 그 정치적 야심을 표현하고 있다. 여기서 중요한 것 중의 하나는 이 '모든 친구가 온다Here Comes Everybuddy'가 지금까지 알려지지도, 인정받지도 못한 채 일상생활 속에 잠복되어 있던 그런 연대 양식을, 공감적 인간관계의 새로운 형태를, **적절한 관념에 기초한 공통 통념**을 어떻게 표현하는가 하는 점이다.

들뢰즈는 스피노자를 다룬 위대한 저서에서 모든 적절한 관념은 **표현력이 풍부한** 관념, 우리의 "능동적 정동active affections"을 표현하는 관념이라고 주장한다. 능동적 정동은 필연적으로 즐겁고, 능동적이며 슬픔과 수동성을 극복하는 활기activity를 표현한다. "그래서 우리의 행동력이 그것을 완전히 소유하게 될 지점까지 증가한다면 그 뒤에 이어지는 우리의 정동은 반드시 능동적인 기쁨이 될 것"이라고 들뢰즈는 말한다.[17] 즐거운 열정은 우리 자신의 힘을 활성화하는 능력, 우리의 코나투스▪를 표현할 능력, 즉 무언가를 행하고, 분투하고, 그러한 분투의 가운데 무언가를 성취할 수 있는 힘을 표현할 능력에 가까이 가도록 우리를 이끈다. 들뢰즈는 스피노자가 말하는 직관적 이성intuitive reason의 중심 동기란 "마주침을 잘 조직하여 최고도로 즐거운 열정에 의해 변용되게affected 하려는 노력"이라고 생각한다. 즐거운 열정은 "적절한 관념"에 기초할 때만 발생하며, 모든 적절한 관념은 우리의 심신에, 우리의 집단적 심신에 일치하는 것으로 이해되는 통념들을 통해서만 나타난다. 신체적 감각과 개념적 이해 사이에는 필연적인 보완관계가 있다. 이런 통념은 어떤 식으로든 우리에게 일반적인 것, 공통적인 것이며, 그렇기 때문에 공통 통념이 되는 것이다. 그것이 스피노자 『윤리학』의 탁월한 발견이고, 그 저서의 핵심이다. 공통 통념이란 우리를 생물학적이고 정신적으로 묶어 주는 것, 인지적인 것만이 아니라 육체적으로, 절대

▪ conatus, 스피노자 철학에서 말하는 자기 보존 원리. 자기 자신이기 위해 노력하는 내적 창발력을 말한다.

다수인 99퍼센트의 인정을 받는 그런 것이다. 모든 것을 빼앗겼을 때에도(홀로 된 리어 왕이 황량한 히스 벌판에서 실존의 추위를 느끼는 것 같은 장면을 생각해 보라) 삶은 오직 이것뿐이라고 느끼는 것, 결국 모든 것이 사라진 것 같아 보일 때에도 우리에게는 서로가 있기 때문에 모든 게 사라지지는 않았음을 아는 그런 것이다. 우리는 여전히 공통의 이해를 표현할 수 있고, 공통의 기초를 가질 수 있고, 공통의 통념을 가지고 있다. 우리는 여전히 다른 사람과 함께 잘 수 있다. 신체를 나란히 하여, 텐트 안에서 다른 신체에 몸을 꼭 붙인 채, 신체들과 조화를 이루며, 벌거벗은 삶을 공유하는 신체들과 함께 잘 수 있는 것이다. (텐트를 달아나는 이들, 화려한 차림을 한 1퍼센트의 사람들은 여전히 이를 부정한다.) 들뢰즈는 말한다. "일단 공통 통념의 영역에 들어가면 곧 **표현**의 영역에 들어가게 된다. 이런 공통 통념이 우리의 첫 번째 적절한 관념이고, 그것들이 우리를 부적절한 기호들의 세계에서 *끄집어내* 준다."[18] 이제야 비로소 어리석은 삶이라 인식하게 된 삶에서, 지배적인 소수들이 살아가는 부적절한 삶의 세계에서 우리를 데리고 나오는 것이다.

점령자들을 묶어 주고 점령자들을 버티게 해 준 공통 통념, 집단적 친화성을 내세우고 표현하며, 오늘날 젊은이들이 자신들의 조리 있는 상상력을 표현하는 공통 통념은 내 눈에는 마르크스주의적 계급의식 이상의 것, 그보다 더 깊은 어떤 것으로 보인다. 권리나 요구의 표현이 아니라 조금은 다르게 살고 싶다는 더 느슨한 욕구, 다른 식으로 일하고 다르게 작동하고 다르게 생산하고, 무엇보다 다른 방식으로 통솔되는 시스템에서 함께 살고 싶다는 그런 느슨한 공통적 욕구의 표현처럼 보이는 것이다. 지금까지 여기 우리 눈앞에서 전개되어 온 내용은 스피노자가 말한 "두 번째 종류의 지식"에 더 가깝다. 그것은 공통된 관계의 정체를 둘러싸고 조직된 지식, 혼란스럽고 일상적인 상식에서 떠난 지식, 그람시가 말한 것처럼 우리가 어떻게 살아가는지에 대한 혼란과 모호한 개념이 덕지덕지 달라붙은 지식을 벗어난 지식이다. 스피노자가 말한 두 번째 종류의 지식은 그람시가 말하는 "양식(良識, good sense)", 삶의 본질을 발견하는 도중에 만나는 공통성commonality과 더 비슷하다.

이것은 테크놀로지를 겁내지 않는 공통성이다. 또한 미래를 포용하고, 여전히 미래를 바라보는 공통성이다. 어떤 면에서 참여자들은 **자신들이 미래**임을 알고 있다. 물론 그들이 현재의 자본의 논리(그리고 비논리)를 부정한다는 점에서, 확대된 규모에서의 자본 축적을, 박탈에 의한 축적을, 도덕적 덕성과 선한 의도를 가진 보이지 않는 손이 있는 고전적이고 온건한 스미스적 시장 시스템과는 닮은 점이 거의 없는 자본주의의 논리를 부정한다는 점에서 그들의 공통 통념들이 암묵적으로 마르크스주의적으로 들리는 것은 사실이다. 현행 시스템은 잔혹한 사기 행위나 사납게 설쳐대는 부패와 거의 다르지 않게 작동하며, 그 유일한 장점은 부패한 정치인들을 매수하는 데 몰두하는 독점 기업을 만들어 내는 능력(아니면 부패한 기업인들을 정치가로 승격시키는 능력이거나. 그 편이 더 좋은 일인지도 모른다!)에 있다. 우리의 모든 친구들이 알고 있듯, 그것은 자산 수탈과 평민 약탈을 기초로 하는 시스템, 민영화라는 수법을 써서 공공 금고를 습격하고, 기업 사기를 자행하고, 줄줄이 실패한 기업가나 은행가 들에게 거액의 보너스를 주며, 주식시장에서 주사위놀이를 한 다음 최대한 빨리 전리품을 챙겨 달아나는 그런 시스템이다. 그것은 또 살아 있는 노동을 실제 생산에 투입하려는 의도가 거의, 혹은 전혀 없음을 보여 준 시스템이기도 하다. 피할 수 없는 결과이겠지만, 모든 것이 붕괴되면 반사회주의적 자유 시장론자들은 모자를 벗어들고 국가에 달려가 조른다.

스피노자의 두 번째 종류의 지식에서 공통 통념은 "상상 속에서 그 통념들이 형성되는 조건 그 자체를 발견한다"고 들뢰즈는 말한다. 또 이런 공통 통념의 적용은 "이성과 상상력 사이에, 이성의 법칙과 상상력의 법칙 사이에 있는 기묘한 조화"를 함축한다고도 말한다.[19) 이 거창한 사물의 구도 속에서 상상력은 감정feelings의 출현으로부터 실재의 이미지를 발전시킨다. 그 감정은 어떤 식으로든 감정에 대한 관념으로 변형되며, 이런 관념들은 감정과 상상을 흡수하여 명철한 시야와 머리를 가진 개념으로 바꾼다. 따라서 그것은 어떤 공통 통념에, 합리적인 통념에, 그속에서 상상과 이성이 서로 마주치게 되는 통념에 스스로를 일치시키기 때문에 적절한 관념이 된다. 이러한 통합은 암묵적으로 표현되는 21세기의 도시적 정치 안에서 활동적으로, 행동 안에서 표현될 수 있도록 그 스스로를 대담하게 만든다. 사실은 이것이 그 첫 등장이다.

이것이 현재 크게 부각되고 있는 유령, 그늘에서 나와 빛 속으로 들어선 유령이다. 그 유령은 더 이상 컴퓨터나 트위터 뒤에 홀로 물러나 있지 않다. 이 거대한 지하 세계는 지상을 개조하고, 지구 전역을 맴돌며, 르페브르가 40년 전 암시했던 도시적 현실의 바로 그 구조를 다시 짜고 있다. 이 거대한 지하 세계의 힘은 여전히 잠재돼 있다. 그것은 아직 그 능력을, 그 충만한 수량적 능력을 전부 발휘하지 않았다. 자신의 진짜 체급에 걸맞은 충격을, 전력을 다한 충격을 아직 가하지 않는다. 그 잠재된 능력, 사람들이 아직도 수많은 다른 사람들, 수백만 명의 사람들과 마주쳐 도시적 공공 공간 안에서 항의하는 무리를 형성할 수 있다는 우발적 가능성이야말로 힘 있는 자들을 불안하게 만드는 것일 수 있으며, 적어도 그들을 불안하게 만들**어야** 한다.[20] 도시적인 것은 차이를 공고하게 만들고, 차이를 창조하고, 또 그것에 의해 창조된다. 도시적인 것은 독특성과 차별성이 그 자체의 보편성을 확인하게 하고, 그 자체의 보편성과 마주치게 하며, 도시적 공공 영역을 만들고 그들 자신의 공통 통념을 공적으로 발휘하는 보편적 시민들을 만들어내도록 허용한다. 이로부터 우리는 현대의 도시적 상황을 규정하는 또 다른 방식에 도달한다. **도시적인 것은 적절한 관념이 공개적으로 공통 통념이 되게 한다.** 도시적인 것은 대중을 만들고 대중에게 그들의 집단적 표현을 위한 장場을 제공하기 때문이다. 그것은 가상현실을 실현하며, 가상현실이 사실상 실제 현실이 되게 만든다. 그것은 새로운 기술에 크게 빚지고 있는 표현 양식이며, 그렇기 때문에 마주침의 정치와 도시적 공간의 관계는 기술과 새로운 디지털 미디어와, 카스텔이 우리의 정치경제 문화의 최전선에 가져다 놓은 종류의 '네트워크 사회'와 깊이 엮여져 있다. 여기서 네트워크 사회란 도시적 사회, 가상적으로 도시적인 어떤 것, 르페브르라면 도시적 가상성의 표현이라 부를 만한 어떤 것이다.

데리다가 1990년대 중반 마르크스를 "유령처럼" 독해하며 파악했던 "정치에서의 가상현실"도, 그가 직설적으로 언급하지는 않았지만, 도시적인 것이었다. 좀 더 말을 덧붙이자면, 데리다의 독해는 점령하라 운동에 그 어떤 명시적인 요구도, 일관되고 실질적인 (말하자면 유효하고 현실적인) 프로그램도 없었다고 불평하는 비판자들에 대한 대답이기도 하다. "우리가 (…) 유령의 논리에 관해 그토록 많이 주장해 온 것은 (…) 그것이 이분법의 논리로는, **유효성 및 현실성**(현전하는 것이든, 경험적인 것이든, 살아있는 것이든, 아니든)과 **이상성**(규제적이거나 절대적인 비현전)을 구별하거나 대립시키는 논리로는 결코 감당하지 못하는 사건에 대한 생각을 가리키기 때문이다. 유효성이나 현실성의 논리가 갖는 타당성에는 한계가 있는 것 같다. 물론 그 한계가 새로운 것은 아니다. (…) 하지만 그 어느 때보다도 지금, 과학 영역에서, 그 뒤에 테크노미디어의 영역에서, 또 그럼으로써 공적이거나 정치적인 영역에서 일어나는 환상적이고 유령 같고, '종합적synthetic'이고, '치환적prosthetic'이고, 가상적인 사건들을 다루는 지금, 그 한계가 훨씬 더 잘 보이는 것 같다. 그리고 사건의 공간에서, 사건의 사건성에서 행동과 잠재성의 반대로 환원될 수 없는 가상현실의 속도를 기록하는 것도 그 한계를 더 분명하게 해 준다."[21]

기술(데리다의 용어로 하자면 "테크노미디어")과 도시적인 것 사이에 놓인 변증법적인 (그리고 파우스트적인) 연결선을 르페브르가 간과한 것은 아니다. 오래전에 관심에서 멀어진 그의 저서 『마르크스주의적 사유와 도시La pensee marxiste et la ville』에서 르페브르는 바로 단일자one가 어떻게 타자the other를 함축하는지, 과학의 발전과 기술의 응용(새 디지털 미디어와 자동화된 노동이라 읽어도 좋다)이 둘 다 어떻게 도시적인 것의 원인이자 결과일 수 있는지와 관련된 테제를 전개한 바 있다. 기술은 대담하고 시끄럽게, 그리고 약간은 도발적으로 느껴질 정도로 도시의 조종弔鐘을 울린다. 부분적으로 기술이란 도시 자체의 한계를 넘어서기 위해 전제되어야 하는 것이기 때문이다. 그러므로 기술은 도시적인 것이 존재하고, 지구상의 영토를 확대할 수 있게 해 준다. 조금 달리 표현한다면, 산업 자본주의가 도시를 기반으로 했다면, 비물질적, 인지적인 자본주의는 현저히 도시적이다. 노동의 종말은 도시의 종말에 다름 아니며, 그 역도 성립한다.[22] 우리가 여기서 다루는 것이 예측 가능한 '종말들'이 없는, 확정적인 단절과 명확한 구분선이 없는 현실인 상황에서, '~의 종말'이라는 단언은 말할 것도 없이 수사학적이다. 대신 우리에게는 변형된 형태, 과거, 현재, 미래 사이의 과도기적인 마주침의 응결, 자리 잡기가 있다. 포스트-포스트 노동 문화 안에서, 도시에 근거한 행성적 사회 구성체 안에서, 노동의 종말이 노동 활동에 새로운 시초를 알리는 신호가 되는 지점에서 이러한 변형과 응결, 그리고 자리 잡기가 이루어진다.

르페브르는 마르크스가 『정치경제학 비판 요강』에서 이러한 경향을 어떻게 예견하고 탐구했는지를 보여 준다. 르페브르는 마르크스의 입장을 이어받아 비노동nonwork의 사회는 도시적 사회일 수밖에 없다고 말한다. 그것은 시골과 도시의 구분을 극복한 사회이며, '일반 지성'을 통해 그 자신의 가격을 정하는 사회이다. 이것은 기술이 발달한 덕분에 인간이 직접 노동하는 일은 유보되고, 죽은 노동이 살아 있는 노동의 가격을 정하는(그 역은 성립하지 않는) 그런 사회라고 마르크스는 말한다. 도시적 사회는 일자리 축소, 탈산업화, 해고, 구조조정, 실업을 주문처럼 불러낸다. 우리가 거대한 지하 세계의 점령하는 행동주의라는 현실의 맥락 한가운데에서 인식하는 현대 노동 (및 포스트 노동) 관계를 모조리 불러내는 것이다. 거칠게 말하자면 이 모든 것은 노동자들이 품위 있는 일자리와 생활임금, 안정된 임금 고용과 평생직장에 대한 권리를 지니게 될 것이라는 그 모든 기회의 종말을 뜻한다. 가부장적 자본주의에 대한 모든 기대는 착각이고 망상이다. "노동—시간이 더 이상 부와 가치의 척도가 되지 못할 때", 그럴 때라야 새로운 시대가 그 출산의 고통을 맛보게 된다고 마르크스는 말한다.[23] 르페브르가 생각할 때, 마르크스는 『정치경제학 비판 요강』(699~712)에서 고정 자본이라는 광대한 형태로 변형된 이 행성에, 이제 진정으로 중요해진 노동은 더 이상 하드웨어적인 노동이 아니라 오직 소트웨어thoughtware적인 노동뿐인 세계에, 비물질적 노동, 인지적인 노칼라 자본주의 노동■뿐인 세계에 그 내재적 가능성을 투사했다.

르페브르는 마르크스의 그 전망을 반겼다. 그가 『마르크스주의적 사유와 도시』에서 그렇게 말한 것은 마르크스 역시 그랬다고 생각했기 때문이었다. 철저하게 도시화된 사회는 우리가 알던 노동을 필

■ 와이셔츠 정장을 입을 필요 없이 캐주얼 복장으로 일하는 근무자, 또는 재택 근무 작업자를 가리키는 말. 주로 정보 산업체의 고급 인력들에 해당되는 용어.

연적으로 종식시키고, 오래된 노동 분업을 그것의 사회적 형태와 세부적 형태 양 측면에서 넘어선다. 『정치경제학 비판 요강』에는 그러한 낙관주의가 흐른다. 마르크스는 노동을 '유보하는' 세계, '죽은 노동'을 중심으로 선회하는 세계를 보면서 "이 기초가 하늘 높이 폭파되어 버리는"(706) 광경을 눈앞에 두고 즐겁게 손을 비빈다. 노동을 유보하는 세계, 죽은 노동을 중심으로 돌아가는 세계, '일반 지성'의 통제 하에 있는 사회생활의 산물을 중심으로 돌아가는 세계를, 그 반대 형태를 속에 배태하고 있는 것으로, '움직이는 모순'으로 보는 것이다. 어떻게 그렇게 보느냐고? '필요 노동' 시간이 줄기 때문이라고 마르크스는 말한다.(708) 여기에 우리는 활용 가능한 도구를 모두 가지고 있다. "사회적으로 처분 가능한 시간이라는 수단을 만들어 내기"위한, "전체 사회에 필요한 노동시간을 최소한으로 줄이기"위한, "자기 발전을 위해 쓸 수 있도록 모든 사람의 시간을 해방시켜 주기"위한 그 모든 수단을 가지고 있다. 르페브르는 "이 유토피아주의가 공상과학소설처럼 들리는가?" 하고 묻는다.[24] 그럴지도 모른다. 우리는 아시모프에게 돌아온 것인지도 모른다. 조금 뒤에, 곧, 알게 될 것이다.

어쨌든 내재적인 위험은 있다. 물론이다. 도시화가 현재와 같은 차림새로 그 긴 행진을 계속하는 한, 사회는 "이중적 의존", 즉 **테크노크라시**와 **뷰로크라시** 사이에서 계속 양다리를 걸치게 될 것이라고 르페브르는 말한다. 이러한 이중적 의존은 도시적 사회에서 집단적으로 축적된 지적 노동의 힘을 믿었던 마르크스의 낙관주의를 좌절시킬 수도 있다. 과학의 적용은 해방을 낳기보다 부가 가치의 또 다른 연원, 여느 때와 같은 위기와 파산, 수탈과 비참함의 또 다른 연원이 될 수 있다. (특히 자기 고용이라는 위장 속에서 이루어지는 자기 수탈을 떠올려 보라.) 다른 말로 하면, 이러한 이중적 의존은 완벽하고 **비민주적인** 세계의 도시화에 또 다른 요소가 된다.

The Politics of the
Encounter
Urban Theory and Protest Under Planetary Urbanization

5장
지구 행성에서
비노동의 도시화

세계시장은 모두가 한때 생산적 노동자였던 공간이
며, 온 사방의 노동이 그 시스템으로부터 자체 가격
을 매기기 시작하는 장소이다.

_프레더릭 제임슨

이 모든 정의에는 거기서 다루어지는 인간의 군집
이 충분히 크다는 가정이 내재해 있다. (…) 그리고
또 다른 가정은 인간의 군집이 그 자체로는 심리 역
사적▪ 분석을 모르고 있다는 것이다. 그렇게 해야
그 반응이 참으로 무작위적일 수 있기 때문이다.

_아이작 아시모프

1. 포스트 노동과 도시적 사회

1968년에 『도시에 대한 권리』에서 르페브르는 도시에 대한 권리가 도시 생활city life에 대한 "절규이자 요구"라고 말했다. 그로부터 2년 뒤, 『도시적 혁명』에서 그는 우리가 도시가 아니라 도시적 삶urban life에 대해 생각해야 한다고 말했다. 또 2년 뒤에는 『마르크스주의적 사유와 도시』에서 그는 "도시city"라는 용어를 쓸 뿐만 아니라 그것을 새롭게 비틀어 사용하면서, 과학의 발전과 새로운 기술의 적용이 도시의 조종을 울린다고 말하며 앞서 우리가 살펴본 주장을 하고 있다. 과학과 기술 모두 도시를 대체해야 할 필요에 근거하고 있기 때문이다. 르페브르는 정보 기술과 자동화된 작업이야말로 도시적인 것을 존재 가능하게 하며, 도시적인 것이 이 행성에서 차지하는 영토를 넓혀 준다고 말한다. 따라서 도시적인 것이 행성 위에서의 그 긴 행진을 시작하자마자 우리에게 남는 것은 이제 전 지구적인 도시적 모순이 되어 버린 더 많은 행성 도시화 및 산업적 모순과 함께 짝을 이루는 '포스트 고용postemployment' 사회이다.

산업도시는 도시적인 것에 밀려나지 않을 수 없었다. 이 도시적 사회는 '포스트 노동postwork' 이라고, 혹은 '봉급 받는 일자리가 없어진 이후의 사회post-salaried work' 라고 묘사할 수 있는 관계가 특징인 사회이다. 여기에 르페브르의 요점이 있는 것 같다. 르페브르는 『잠과 휴식La somme et la reste』에서 자신은 "아이디어가 들끓고

■ 역사적 사건에 관련된 심리적 동기 부여를 연구하는 분야.

부글거리는 것"을 사랑한다고 말한 적이 있다. 그는 자신의 그러한 아이디어를 내던져 그것을 해석하고 이해하는 것을, 그 모든 생각들의 비등점과 휘발성을 병 속에 눌러 담는 일을 우리 몫으로 남겨 두었다. 기묘하게도, 르페브르가 『마르크스주의적 사유와 도시』에서 도시와 도시적인 것의 변증법에 대해 하는 말은 프레더릭 제임슨이 최근에 『자본론 대변하기*Representing Capital: A Reading of Volume One*』(2011)에서 마르크스의 제조업과 현대적 산업의 변증법을 언급하며 한 말과 일치한다 전자에서 후자로 이행하는 과정에서 반드시 실업이 발생한다는 것이다. 실업은 체제의 위기나 불황의 징후라기보다는 그 체제의 정상적인 기능이며, 일상적으로 작동할 때 나타나는 고질병 같은 현상이다. 제임슨이 말했듯 "실업은 자본주의 그 자체에 내재한 본성인 축적 및 확장의 역학과 구조적으로 분리될 수 없다."[1] 전 세계의 많은 사람에게 이는 그들이 문자 그대로 "역사에서 낙오되었음"을 의미한다. 그들은 이제 세계시장에서 '공식적으로' 없어도 되는 존재, 자본주의의 도시적 사회에서 '공식적으로' 소모품이 되었다는 뜻이다. 제임슨의 말을 조금 바꿔 르페브르 자신의 테제를 표현할 수도 있겠다. **실업은 도시화의 동학 및 그것이 행성 전역으로 확장되는 현상과 구조적으로 분리 불가능하다. 그런 현상은 자본주의의 본성 그 자체이기 때문이다.** 이 주장에는 다소 무모한 면이 있으므로, 아래에서 좀 더 자세하게 파헤쳐 볼 필요가 있다. 우리는 분석적으로, 또 정치적으로 그것을 보류할 필요가 있다. 르페브르의 홉으로 우리 자신의 밀주를 빚을 필요가 있는 것이다.

『마르크스주의적 사유와 도시』 같은 저작을 설명할 때 부딪히는 한 가지 기본적인 어려움은 르페브르가 『도시적 혁명』에서 한 차례 폐기한 도시로 왜 다시 돌아가고 싶어했는가이다. 그는 『도시적 혁명』에서, 도시적 사회는 도시의 폐허 위에 세워졌다고, 도시는 "역사적 실체"로서만 존재한다고 말했다. 그 말 속에 약간의 힌트가 있다. 르페브르는 역사적 문헌을, 도시라는 관념에 대한 책을, 도시가 마르크스와 엥겔스의 자본주의적 생산양식 분석 속에서 어떻게 개념화되어 왔는지에 대한 책을 써 보고 싶었던 것 같다. 르페브르는 『마르크스주의적 사유와 도시』에서 마르크스와 엥겔스가 '도시적 생산양식'을 명시적 형태로는 결코 보여 주지 않았다고 했지만, 그들의 저작을 면밀히 들여다보면 어떤 방식으로는 보여 주었다고 할 수 있다. 도시는 그 자체가 발전의 힘, 근대산업의 터전, 노동 분업, 노동력 재생산, 기술 혁신의 터전이었다. 산업도시의 등장은 생산력의 확장을 위해 필수적인 요소였던 것만이 아니라 봉건제에서 자본주의로 이행하는 과정에서 상승하는 부르주아들이 자신들을 드러내기 위해 **정치적으로** 중요한 결정적인 힘이었다.

　르페브르가 왜 특정 부류의 사유(마르크스주의적 사유 la pensée marxiste)와 도시(la ville)에 대한 책을 쓰려고 했는지를 설명해 주는 또 다른 단서는 당시 알튀세르가 상대적으로 지배력을 행사하고 있던 상황에서 찾을 수 있다. 르페브르는 『마르크스주의적 사유와 도시』의 일러두기에서 독자들에게 이 책이 무엇이고, 무엇이 아닌지에 대해 말한다. 그의 말에 따르면, 이 책은 마르크스와 엥겔스를 "징후적으로" 읽는 책이 아니다. "징후적 symptomale"이라는 말은 알튀세르가 마르크스의 『자본론』 '읽기'에서 악명을 높인 용어이므로 따옴표로 표시되었다. 그와는 달리 르페브르는 자신의 독해를 징후적인 것이 아니라 "주제적thematic" 독해라고 말한다. 그는 마르크스의 방법론과 인식론의 내용을 적나라하게 까발리는 알튀세르의 마르크스주의적 형식주의를 항상 싫어했다. 주제적 독해란 특히 **내용**에, 말하자면 도시에 몸을 누인 독해이다. 즉, "역사적 유물론의 이론적 틀 안에 들어 있는 도시적 문제"인 것이다.[2] 여기서 그가 암시하는 것은 데이비드 하비가 대략 같은 시기에 마르크스와 엥겔스의 역사 이론 안에 공간과 도시화를 끼워 넣으며 "역사적, 지리적 유물론"이라고 불렀던 것과 비슷한 내용이다. 르페브르에게 『마르크스주의적 사유와 도시』는 마르크스에게 『정치경제학 비판 요강』이 차지했던 것과 같은 위치에 있는 책이라는 인상을 받는다. 즉, 그것은 자기 명료화를 위한 작업이며 (여기에서는 마르크스주의 내에서의 도시-도시적인 것의 변증법에 해당하는) 주재료와 자신의 이론적 관계를 통해 작업하기 위한 노트인 셈이다.

르페브르에게 결정적으로 중요한 교재는 마르크스와 엥겔스의 『독일 이데올로기German Ideology』이다. 그 책에서 도시는 단지 뒷배경에 그치지 않고 중심 무대를 차지한다. 마르크스와 엥겔스를 떠난 르페브르는 아주 오래된 폐쇄적 시스템이 절대적인 공간으로서의 봉건적 도시와 더불어 산업혁명으로 어떻게 상대화되는지를 보여 준다. 산업혁명은 르페브르에게 있어 (『도시에 대한 권리』와 『도시적 혁명』에서 그가 말한 것을 되풀이하자면) 사실은 도시적 혁명이었고, 도시가 성장하자 그에 상응하여 근대국가와 금융과 투자를 기초로 하는 근대 자산 관계가 따라서 부상했다. 이것들은 모두 그 이후 도시의 추가적 확장에 연료를 공급하게 된다. 르페브르는 우리에게 거대한 역사적 승리와 더불어 위대한 역사적 전망을 보여 주지만, 여기서 "역사의 주체는 두말 할 것도 없이 도시"라고 말한다.[3)]

　"물질적, 정신적 노동에서 발생한 가장 큰 분업은 도시와 시골의 분리이다." 마르크스와 엥겔스는 『독일 이데올로기』에서 이렇게 말한다. "도시와 시골 사이의 적대감은 야만에서 문명으로, 부족에서 국가로, 지역에서 전국으로 넘어가는 이행기에 시작되었고, 문명의 역사 전체를 관통하여 오늘날에 이른다."[4)] 우리 시대도 여기 포함된다. 『독일 이데올로기』에서 마르크스와 엥겔스는 노동 분업의 역사를 종종걸음으로 달려 지나가며 훑어본다. 시골과 도시라는 노동 분업의 토대, '제조업의 성장'으로 그것이 확고히 자리 잡아 나아가는 과정, 국가와 자산 관계의 발전, 연속되는 이 운동 과정 안에서 확립되고 "모든 것을 끌어안는 역사의 충돌"(다양한 계급 간의 충돌, 의식의 충돌, 사상의 충돌, 정치적 갈등의 충돌) 안에서 변화하는 "교류의 형식"을 살펴보는 것이다. 마르크스와 엥겔스의 주장에 따르면, 전체적으로 "도시와 시골 사이에 형성된 적대감의 폐지는 공동체 생활을 이루기 위한 첫 번째 조건 가운데 하나이지만, 그러려면 여러 물질적 전제가 필요한 관계로, 그저 의지만으로 달성할 수는 없다."[5)] 막 성장하는 산업적 도시로 몰려드는 엄청난 인간 밀물(마르크스는 싱어의 소설 속 인물인 피스켈슨 박사처럼 이들을 '오합지졸'이라 부른다)은 처음에는 힘이 없고, 통일되어 있지도 않고, 뿔뿔이 흩어져 있는 데다 절망에 찬 상태로, 즉 "서로에게 낯선 개인으로" 도시에 들어온다. 하지만 어느 정도 시간이 흐르면, 몇 페이지를 뒤로 넘기면, 마르크스와 엥겔스는 "과거의 모든 생산과 교류 관계의 토대를 전복시키는", "교류의 형식"으로서 거기 어딘가에, 그 가운데에 공산주의를 가져다 놓는다. 그들은 공산주의가 도시적인 것을 토대로 하며, 그렇지 않다면 존재하지 않는다고 주장하는 것 같다. 르페브르는 "도시란 거대한 변화가 일어나는 장소인 동시에 도구이며, 그 변화가 **상연되는 극장**이라는 것이 자명하지 않은가?" 하고 묻는다.[6] 그는 또한 마르크스와 엥겔스가 "더도 덜도 아닌," "다른 모든 종말 가운데 **도시의 종말**"을 선언하는 것이 마찬가지로 자명한 것이 아니겠느냐고 묻는다.[7]

2. '일반 지성'의 도시화

『마르크스주의적 사유와 도시』에서 가장 매력적인 부분 가운데 하나가 2장의 마지막 열 쪽에 걸쳐 나온다. 거기서 르페브르는 마르크스와 엥겔스의 『독일 이데올로기』, 그리고 『정치경제학 비판 요강』의 유토피아적인 내용과 씨름한다. 먼저 그는 엥겔스를 뚫고 지나가야 한다. 엥겔스의 산업사회로부터 어떻게 "도시적 사회"가 등장하는지를 보여 주어야 하기 때문이다. 『영국 노동계급의 조건 *Condition of the Working Class in England*』(1845)은 노동자들이 "뭉쳐 덩어리를 이루는" 장소로서의 도시에 대해, "산업예비군들"이 길게 줄지어, 서로의 머리를 밟고 서서 대기하고 있는 공간들에 대해, 그리고 "자본주의적 질서가 도시적 혼돈을 발생시키는 방식"에 대해 길게 이야기한다. 엥겔스는 노동 대중이 '대도시'의 특별히 구획된 구역에서, 산업 생산의 거점인 일터에서와 마찬가지로, 재생산이 이루어지는 가정에서도 사취당하며, 비좁은 소굴에 살고 있다고 적고 있다. 이와 같은 인구 집중은 자본의 집중과 기하급수적인 축적을 곧바로 동반했다. 이 두 가지는 기술의 진보와 생산양식의 공간적이고 시간적인 발전 곁에서 나란히 발생했다. 하지만 그 당시 엥겔스의 관심을 붙들었던 것은 삼십 년 뒤에 『주거 문제』에서 제기했던 다음과 같은 물음이었다. 자본주의적 생산양식의 문제 자체를 해결하지 않고, 노동자들의 주거가 게토화되는 현상을 진정으로 해결할 수 있을 것인가?

하지만 여기에서 "노동의 종말*fin du travail*"로부터 전환(르페브르에게 있어서는 유토피아적 전환)이 온다.(121) "노동의 중요성을 발견한 사람들, 그리고 노동계급의 이론가 역할을 담당하는 사람들에게 이는 분명 커다란 모순이다." "그렇지만 우리는 생산의 자동화가 생산적 노동의 종말을 예견한다는 것을 이미 알고 있다. 이론적, 실질적 가능성이 있냐고? 두말할 필요 없이 (…) 분명 유토피아적이긴 하지만 그것은 **구체적인** 유토피아이다."(121~122) 르페브르는 또한 "생산력의 사회화와 장벽, 동요, 그리고 낭비의 제거는 향후 노동시간을 줄이고 노동에 변형을 가져온다"고 말한다. 이 구절은 앙드레 고르가 한 말이라고 봐도 될 정도이다. 르페브르는 몰랐지만 고르는 르페브르가 도시와 마르크스주의에 대한 글을 썼던 것과 동일한 맥락에서 노동과 마르크스주의에 대한 글을 쓰고 있었다.[8] 하지만 르페브르는 노동의 종말이 증대하는 도시화와 적극적으로 연결된다는 생각을, 그 위험과 가능성을 더 장난처럼 다룬다.[9] '도시적 사회'에서는 산업자본에 대한 금융자본의 점진적인 지배뿐만 아니라 '서비스' 경제도 발생한다고 르페브르는 말한다. 그는 일찍이 자본주의의 도시적 발달 속에서 이 모든 것의 씨앗을 찾아, 이런 상황이 생산양식의 기초 자체를 진정으로 확장할지 아니면 점차 훼손하게 될지를 평가한다. 르페브르는 서비스 경제가 잉여가치를 단순히 실현할 뿐만 아니라 그 가치를 생산한다고 주장하며, 혁명적 변화의 주체로서 도시의 유권자가 되려면 노동하는 계급 이상의 어떤 것이 필요하다고 주장한다. 사실, 그는 노동하는 계급에 작별을 고한다.

고르와 르페브르는 마르크스의 『정치경제학 비판 요강』이 아주 비상한 지적, 정치적 영양분의 원천이라는 데 동의한다. 엥겔스는 아마 마르크스의 『정치경제학 비판 요강』 수고手稿를 한 번도 읽지 않았던 것 같다. 그 수고는 1857년에서 1958년 사이에, 음울한 런던의 겨울밤에 자기 혼자 심심풀이로 끄적인 내용을 묶은 것이었다. 마르크스의 '장군(엥겔스)'이 이 수고를 읽었더라면 그는 자동화된 생산, 후기 산업적인 '비물질적' 노동(그 수고에서 마르크스가 이론화한 내용)의 일반화 현상이 장기적으로는 자본주의를 종식시킬 것이라는 마르크스의 견해를 승인했을 가능성이 크다. 소위 일반 지성의 성장은 역사의 종말이나 자본주의의 최종 승리가 아니라 그와 정반대의 현상, 즉 자본주의의 체계적인 죽음의 시작을 알리는 신호탄이었다. 바로 여기에 도시적 사회와 행성 도시화의 약속이 있다. "따

라서 자본은 생산을 지배하는 형식으로서 그 자신의 해체를 향해 움직인다"고 마르크스는 썼다.[10]

『정치경제학 비판 요강』에 나온 마르크스의 말에 따르면, 인간이 일에서 해방될 가능성은 살아 있는 사람의 노동이 스스로를 기계로 물질화할 때, 과학의 기술적 응용이 자본의 생산적 성격 전체를 규정할 때 일어난다. 일의 세계가 기계에 지배될 때, 우리가 기계의, 신기술의, 정보화되고 디지털화된 기술의 부속품이 될 때(기술 덕분에 인간이 '직접' 노동하는 일은 '유보되고' 죽어 있는 노동이 살아 있는 노동의 가치를 매길 때), 바로 그럴 때라야 우리는 뭔가 새롭고 가능한 것이 나타날 경계에 서게 된다. 마르크스는 말한다. "대규모 산업이 발전하는 정도에 따라, 실질적인 부의 창조는 점점 더 노동시간과 투입된 노동의 양이 아니라 노동시간 동안 활기를 불어 넣어 주는 작인들의 힘에 의존하며, 그들의 '막강한 유효성'은 또한 그 자체가 생산물에 투입되는 직접적인 노동시간에 비례하기보다는 과학의 일반적인 상태와 기술의 진보, 또한 과학이 생산에 응용되는 것에 달려 있다."[11]

우리의 삶이 도시적 사회에 의해 어느 정도 규정되고 있는지를 보려면, 인간의 창의성, 인간의 상상력, 과학적 노하우, 인간 두뇌와 손의 생명의 힘이 고정된 자본 안에 얼마나 물화되어 있는지를 보면 된다. 이 지점에서 마르크스는 "노동시간은 더 이상 가치의 척도가 아니며, 아니어야 한다. 또 그렇기 때문에 교환가치는 더 이상 사용가치의 척도가 아니어야 한다. 대중의 잉여노동은 더 이상 전체 부의 증대를 위한 조건이 아니게 되었다"고 말한다.[12] 그리고 "그와 함께 교환가치에 기초한 생산은 와해되고, 물질적인 직접 생산과정은 지독한 궁핍과 안티테제라는 형태를 없애 버렸다."[13] 『정치경제학 비판 요강』에서 변증법주의자인 마르크스는 스스로를 부정하려는 것처럼 보인다. 그 자신의 가치 법칙을 실체 없는 노동의 증가로 나타나는 정신 분열로 여기며, 자신이 『자본론』에서 공식화한 가치 이론을 문제 삼고 있기 때문이다. 하이테크, 이윤이 따르는 활동, 과학적이고 지식에 기초한 활동은 전체 경제 안에서 분명 자유롭게 유동하는 고유한 가치 역학을 갖지만, 그런 것들 가운데 저장되고 수량화되고 공식화되고 객체화될 수 있는 것은 거의 없다.

그렇다면 고르가 다음과 같이 이 문제를 언급하는 것도 당연하다. "비물질적 노동은 서비스를 제공함으로써 헤게모니를 쥐게 되었다. 물질적 노동은 생산과정의 주변부로 밀려나거나, 한마디로 말해 외부화되었다. 물질적 노동은 여전히 필수불가결하며, 수량적 관점에서 볼 때도 여전히 지배적이지만, 그것은 생산과정에서의 '서발턴의 순간subaltern moment'■이 되었다. 가치 창조의 핵심은 이제 비물질적 노동에 있다."[14] 데이비드 하비 같은 다른 저자들이 설득력 있게 보여 주었듯, 지난 20~30년간의 확장과 자본 축적은 탈취의 경향을 현저하게 보여 주었다. 그것은 살아 있는 노동을 실제 생산에 투입하려는 노력은 전혀 하지 않았다. 오늘날 노동시간이 이윤의 원천이라고 보는 것은 어리석은 믿음이다. 오늘날 기업은 대량

■ 하위 주체로 밀려나는 순간. 지배 계층의 헤게모니에 종속되거나 그로부터 배제되는 주변부로 밀려나는 계기.

생산을 통해 경쟁 회사보다 낮은 가격에 상품을 공급하는 것으로 이윤을 회득하지 않는다. 또 비록 실제로는 착취가 이루어진다 할지라도, 노동자들을 착취해야만 이윤을 뽑아낼 수 있는 것도 아니다.[15] 거의 모든 경우 이윤은 주어진 분야에서 경쟁을 무너뜨리는 독점에서 나온다. 그리고 지젝이 말한 것처럼 일반 지성을 **사유화**하거나 과학적 전문성을 재전유하고, 그것을 현금화하는 데서 나온다.[16] 즉, 이윤은 전문 지식을 사유화함으로써 얻어지는 지대의 형식으로 나타난다. 그것이 잉여가치다. 잉여가치를 측정하는 척도는 노동이 투입된 시간이 아니다. 부의 엄청난 성장과 하이테크 산업에서의 생산성 증가로 인해, 결과적으로 점점 더 많은 노동자들이 정리 해고 되었다. 그들의 서비스, 살아 있는 노동, 직장에서의 신체적 현전은 필요성을 상실했고, 더 이상 요구되지 않는다. 살아 있는 노동이라는 종種은 멸종을 향해 가고 있다. 그것 대신에 자동화 시스템, 컴퓨터의 지원을 받는 생산 업무, 컴퓨터로 지원받는 디자인, 로봇 공학, 그에 딸린 부수 인력들이 생겼다. 지식을 토대로 하는 소수 인력을 위해 존재하는 봉급 받는 일자리의 수는 상대적으로 적다. 마르크스는 다수 대중의 처지를 이렇게 묘사했다. "노동은 더 이상 생산과정에 포함되는 요소로 등장하지 않는다. 오히려 인간 존재는 생산 과정 자체에 감시자나 관리인으로 관계를 맺는다. (…) 그는 생산과정의 주연 배우가 아니라 조연에 불과하다. 이 변화 속에서 중요한 것은 그 자신이 수행하는 직접적인 노동도, 그가 작업하는 시간도 아니며, 그 자신의 일반적인 생산력의 전유專有뿐이다."[17]

그러나 잉여로 간주된 자들, 생산의 직접적 과정에서 배제된 자들이 그저 공장 노동자와 산업의 하수인만은 아니다. 화이트칼라, 블루칼라, 노칼라 등 모든 범주의 노동자가 거기에 포함된다. 또 저개발 국가만이 아니라 개발도상국도 이를 면하지 못한다. 봉급 받는 착취라는 상대적인 특권과 그리고/또는 실제 일터에서 벌어지는 착취로부터 해방되는 것은 축복일까, 저주일까? 사장도 없고 월요병도 없고, 시계를 쳐다보며 주말만 기다리는 생활에서, 조기 퇴직을 꿈꾸는 생활에서 해방되는 것은 축복일까, 저주일까? 마르크스는 여기에 좋은 면과 나쁜 면이 모두 있다고 보았다. 그는 노동을 보류하는 세계, '죽은 노동'과 일반 지성의 통제하에 있는 사회생활의 생산을 중심으로 돌아가는 세계를 그 세계의 정반대를 배태하고 있는 것으로, '움직이는 모순'으로 바라본다. 한편에서는 특권을 가진 소수 집단이 전문 지식 덕분에 번영을 누린다. 다른 한편에는 일자리와 장래가 없이 방치된 사람들, 자신의 재능과 실제적인 자기 혁신 정신(이 안에 희소식을 가져다 줄 잠재력이 들어 있다) 외에 그 어떤 기댈 언덕도 갖고 있지 못한 거대한 다수가 있다. '필수적인' 봉급 노동시간이 단축되더라도 그들에게 '자기계발'에 쓸 자유로운 여유 시간이 늘어나는 것은 아니다. 오히려 그들은 과거 '비공식 부문'으로 불리던 영역에서 끝없이 씨름해야 하는 상황에 처한다. 그리고 생존에 중요하면서도 도움이 되는 것은 지적 지식이라기보다는 인생 대학을 졸업하면서 길거리에서 힘들게 얻은 '토착 지식'이다. 그리고 토착 지식 또한 우리가 일반 지성을 형성하는 또 다른 길이다. 질문을 다시 해 보자. 자유로운 노동시간, 이것은 축복인가, 저주인가? 둘 다일 가능성이 높다. 상황에 따라 다르기 때문이다. 모든 도시적 삶의 핵심적 측면인 수백만 명의 상대적 잉여 인구, 도시적 삶 그 자체를 만들어 가는 과정에서 등등하게 잠재적인 정치적 유권자로 존재하는 수백만 명의 상대적 잉여 인구, 그리고 도시의 문을 부수고 도시적 영역으로서 그 도시를 재구성하려는 99퍼센트의 매인들에 달린 문제인 것이다.

3. 자유 시장 안의 벼룩시장

OECD 조사에 따르면 2009년을 기준으로 세계 노동인구의 절반가량, 대략 18억 명이 자영업이나 비정규 형태로 일하고 있고, 등록되지 않은 경우가 대부분이며, 의지할 데가 늘 자기 자신밖에 없는 일자리에 고용되어 있다.[18] 이런 활동이 발생시키는 순자산은 믿기 어렵겠지만 10조 달러에 이르며, 미국 경제 규모(14조 달러)를 제외하면 세계 최대의 가치를 생산한다. (심지어 중국의 강력한 산업적 힘과 위력적인 공장 노동력도 이처럼 고생하는 자영업자의 수 앞에서는 양적으로 힘을 잃는다. 또 중국 노동자의 직업 안정성도 세계시장의 악랄함 앞에 제대로 시험받는다면 수명이 짧아질 수도 있다.) 오늘날 고도로 역동적인 세계경제에서 셈법은 간단하다. 생산성이 증가하면 '공식적인' 민간 노동력은 줄어든다. 그리고 '공식적인' 민간 노동력이 줄어들면 훨씬 더 역동적이고 허울만 자발적인 자기 고용 시스템이 만연하며, 우리가 앞서 말한 대로 점차 그 지배력이 커지고 있는 짜깁기식 경제가 우세해진다. 그러한 자가 발전적인 일자리 창출의 비율은 정부를 곤혹스럽게 한다. 월마트나 마이크로소프트, 다국적기업이나 초국제적 기업도 그 비율에 견줄 바가 아니다. OECD는 2020년경이면 세계 노동자 3분의 2가 일반적으로 "시스템 D"라 알려져 있는 행성 전역에 걸친 시스템에 종사하게 될 것이라 추산한다.[19]

"시스템 D"란 카리브해와 아프리카의 프랑스어권에서 쓰이는 속어로, 영악한 사람*débrouillards*을 가리키는 말이다.(이는 *débrouiller*에서 파생된 단어로, '파악하다', '관리하다', '분류하다' 라는 뜻을 갖는다.) 전 지구적 길거리 시장과 무허가 시장통에서 자기 삶을 홀로 책임지면서 자신의 의지를 겨루고 기지를 발휘해야 하는, 임기응변에 강한 마약 판매상과 사기꾼, 행상인과 노점상들이 그들이다. 여기서는 자립이 곧 스스로 재생산하고 혼자 힘으로 살아남는 것을 뜻하는데, 일부는 이를 '도전'으로 받아들인다. 시스템 D는 모두가 '비공식' 부문이라고 부르던 것을 대체하게 되었다. 시스템 D는 존중할 만한 경제적 소득의 지도 바깥에서 벌어지는, 은밀하고 수단 방법 가리지 않는 그늘진 지하세계를 함축한다. 그런 것들은 빈국이 '발전'을 향해 나아가는 다난한 길에서 부딪히는 문제이자 장애물로 간주되곤 했다. 시스템 D문제에 관한 한 최고의 전문가라 할 수 있는 로버트 뉴워스Robert Neuwirth의 주장에 따르면 많은 사람들이 그 시스템을 "일종의 국가의 사생아 같은 존재로 착각한다. 사람들에게 생존에 필요한 최소한의 소득을 보장해 주기에 기존 질서에 저항해 반란을 일으킬 가능성을 잠재우는 수단으로 유지되고 있는 구역이라는 것이다."[20] 하지만 시스템 D는 1세계에서나 3세계에서나(2세계도) 너무나 널리 퍼져 있고, '공식 부문'과도 밀접하게 연결되어 있으며, 대부분의 국가에서 수입원으로 매우 중요하지만, 떳떳하게 땅위로 올라오기에는 너무 지하에 있는 어떤 것이다. 따라서 뉴워스는 시스템 D를 다르게 받아들인다. 시스템 D는 수백만 명의 사람들에게 존중받을 만하고 정직한 고용 형태일 뿐만 아니라 그 규모를 더 늘릴 수도 있고, 표준적인 경제적·정치적 레이더 망 바깥에 있는 이웃들에게 일자리를 제공하고, 상업 의식과 기업의식을 가져다주면서 그 로우테크적 기초를 사방에 퍼뜨린다. 뉴워스에 따르면 시스템 D를 자가 재생산**으로만**, 자가 수탈**로만** 다루는 것, 세계의 정부들을 신자유주의적 책임에서 벗어나게 해 주는 것**으로만** 여기는 것은 인간들의 재능과 의지력에 대한 터무니없는 부정이다.

그러므로 로스앤젤레스에서 라고스, 광저우에서 과달루페, 아크라에서 아크론, 시카고의 맥스웰 가에서 상파울로의 마르코 25번가, 카날 가에서 클리낭쿠르에 이르기까지, 어딘가의 틈새이면서 모든 곳의 틈새인 도시 공간을 수선하고, 재생하고, 팔고, 창조하면서 역동적인 경제, DIY 경제, 야외 경제가 번창한다. 즉흥적이지만 조직적인 즉흥성을 가진 그것은 특정한 국가 없는 노동자들로 채워지는 경제, "놀랍도록 독립적이면서 법적 세계와 깊숙이 얽힌 그런 경제"이다. 때로 시스템 D는 공공서비스까지도 제공한다. 예를 들면 운송수단이나 쓰레기 수거 같은 것들(멕시코시티에서처럼) 말이다.[21] "그런 시스템은 소기업을 연루시켜 그것들을 지구 전역의 교역 회로에 연결한다. 그것은 기업이나 정치가나 경제학자가 아니라 일반 시민들에 의해 인도되는 전 세계 다수의 경제적 방식이다."[22]

마이크 데이비스Mike Davis의 이름이 거론되지는 않았지만, 독자들은 이 모든 것을 "자조self-help의 환상"에 대한 디스토피아적 비난을 담은 그의 저서 『슬럼, 지구를 뒤덮다Planet of Slums』에 대한 뉴워스의 대답으로 읽어도 된다. 데이비스는 뉴워스가 긍정하는 거의 모든 것을 기각한다. 자조란 실제로는 프티부르주아적인 허풍이며, IMF와 세계은행의 책략이고, 공적 부문이 시민들에게 져야 하는 의무를 저버리고 철수할 때 대는 핑계라는 것이다. 그들 식으로 말하자면 여러분은 이제 자기 관리하는 기업가가 될 '권리'를 가졌다. 여러분은 이제 '도시에 대한 권리'를 가졌다. 하지만 우리가 권리를 주장할 도시란 "과거 세대의 도시주의자들이 그리던 유리와 철강으로 된" 도시가 아니라 "거친 벽돌, 짚, 재활용 플라스틱, 시멘트 블록, 자투리 나무로 대충 건설된" 도시라고 데이비스는 암시한다. 21세기의 도시적 세계 대부분은 하늘을 찌르며 솟은 것이 아니라 누추함 속에 웅크리고 있으며, 오염과 배설물과 퇴락에 찌들어 있다.[23]

데이비스가 볼 때 이 모든 것은 대항적인 것이 아니라 반혁명적이다. 시스템 D의 상인들이란 마르크스가 『브뤼메르 18일The Eighteenth Brumaire』에서 그 시절의 프랑스 농민들을, 혹은 룸펜프롤레타리아 부랑자와 협잡꾼, 소매치기, 마술사, 땜장이, 거지, 칼갈이, 짐꾼 등을 지칭한 표현인 '움직이지 않는 감자 자루'나 마찬가지 꼴이다. "간단하게 말해 불확실하고 해체된 대중, 세계시장에 이리저리 내던져진 사람들 전체를 가리킨다." 하지만 뉴워스는 이를 오늘날 스스로를 경제적 유권자로 선언하는 통계학적 유권자들이 기를 쓰고 방어하는 것으로, 조금 다르게 본다. 그리고 아마도 어느 날엔가, 그들은 그 자신들을 파농 식의 혁명적 유권자로 선언하게 될 날이

올 것이다. 다른 말로 하면, 언젠가 정치적 권력은 지구적 통계학의 발목을 잡게 되는지도 모른다. 아직 잠자고 있는 느릿한 정치 세력인 매인은 세계시장 거리에서 대기하며 그 스스로를 지구적인 눈의 가족으로 보기를 기다리고 있다. "그래서 여기 우리는 직장도 없이 이 빌어먹을 트로이에 있는 거예요." 버거의 『라일락과 깃발』에서 수쿠스는 아버지 클레망에게 늙은 아낙네들의 거대 도시 이야기를 들려준다. "그게 역사란다, 애야." 클레망이 말한다. "모르겠네요. 그건 역사가 아니에요. 일종의 대기 상태인 거지요. 이제 고정된 일자리는 없어요. 그런 건 없어졌어요. 방법도 없어요."[24]

미국 같은 선진국에서는 시스템 D가 입지를 계속 확보하고 있다. "외국인들이 아니라 경제적 난민 덕분에, 2008년과 2009년의 불황이 몰아친 뒤 합법적 경제 밖으로 밀려난 사람들 덕분에 번성하고 있다."[25] 그러나 "봉급 받는 일자리가 없어진 뒤post-salaried work"의 사회는 정치적 점검을 받을 필요가 있다. 노동자(혹은 과거에 노동자였던 사람들)들을 소비자로 남아 있게 하고, 어떻게든 비물질적 노동의 세계를 "끌어안"도록 노동자 없는 노동 시스템에 안전성과 합법성을 유지하려면 어찌해야 하는가? (점령하라 운동은 잠정적인 해답까지는 아니더라도 몇 가지 단서를 보여 줘 왔다.) 여기에는 위협이 있다. 그 위협이란, 자유 시간을 누리고 싶은 욕구, 더 적게 일하고 싶다는 열망(이제는 미국과 유럽 양쪽의 노동력이 모두 공유하고 있는 것으로 보이는 열망)이 사람들의 입장을 곤란하게 만들거나 신자유주의적 국가가 철수할 때 핑계로 쓰일 수도 있다는 것이다. 마이크 데이비스가 다수 세계를 설명할 때처럼 이런 종류의 위협은 자기 재생산으로서의, 자기 수탈로서의, 사회적 통세의 형태로서의 '자기계발' 전략을 선전하는 데도 사용될 수 있다. "우리는 모두 기업가들이다!" 다른 위협은 일자리 없음, 일자리의 불안정성, 시간제 일자리, 맥도널드 아르바이트 같은 일자리, 임시 계약직, 단편적 업무, 임시로 수행되는 저임금 일자리들이 결코 사라지지 않을 것이며, 기업들이 기업 사이클의 변덕에 따라 쓰다 버릴 수 있는 유연한 노동자 풀로 받아들여진다는 점이다. 여기서 마르크스의 "산업예비군"의 위협이 엄습한다. 불안정성은 오늘날 상대적 잉여 인구를 가리키는, 자본의 비물질적 가격 설정에 의해 갈수록 더 많이 생산되는 임시직 근로자를 가리키는 암호가 되었다.[26]

이런 상대적 잉여 인구는 어마어마한 수의 불완전 고용과 반고용 상태의 노동자로 귀착된다. 십중팔구 이들은 시간제 일자리를 맡거나, 호출이 있을 때만 일하거나, 자영업을 하거나 임시 계약직, 또는 인턴 등의 신분으로 일한다. 이런 인구는 모두 실업에 관련된 공식 통계를 실제 상황보다 덜 심각하게 보이게 만든다. 이들은 팽창을 계속하는 '사적 서비스 산업'으로 흡수되고, 직업소개소와 용역 회사가 등장함에 따라 더 가혹하고 치열한 경쟁에 내몰리게 된다. 이런 회사들은 임시직 노동력의 분배를 조율한다. 이 노동력의 수요와 공급은 외주, 저비용을 전문으로 하는 회사들의 요구에 따라 널을 띈다. 직업소개소는 노동시장에서 이탈된 노동자들에게 새로운 경력을 쌓을 수 있게 해 주는 것처럼 보이지만, 그들은 말 그대로 여러 일자리를 떠돌아다닐 뿐이다. 지난 수십 년간 임시직으로 떠도는 사람들의 숫자는 어마어마하게 늘었고, 직업소개업도 급속히 발전하는 산업이 되었다.

하지만 이런 위협에도 불구하고 조금의 가능성, 더 나아가 혁명적 잠재력도 찾을 수 있다. 혹시 이러한 위기가 재앙이기보다는 축복이 아닐까? 마치 영원히 지속될 것처럼 보이는 오늘날의 위기 상황, 이 위기의 시대에 우리는 노동 없이 어떻게 살아갈 수 있는지를 다시 배우거나 이 시스템이 우리를 위해 작동하게 할 수 있는 방법을 실제로 배울 수 있을지 모른다. 미국의 이십 대 '닌자NINJA'들은 직업 개념 그 자체와 더불어 어떻게 자신들의 '직업' 선택을 재고할 것인지를 배우고 있다. 그들은 자기들이 더 이상 직업이랄 것을 가질 처지가 아니라는 것을 알 만큼 똑똑하다. 미국에는 워낙 실업자가 많아 이제는 직업이 없는 게 큰 흠으로 여겨지지 않으며, 노동의 안팎을 오가는 것도 더 이상 개인적 실패로 보이지 않고, 심지어는 정치적으로 적극적인 태도를 취할 수 있는 계기가 되기도 한다. 사실 특정 우편 번호 지역에 살며 자신들이 결코 봉급을 받는 일자리를 얻을 수 없을 거라는 사실을 알고 있는 이십 대, 특히 젊은 남자들(종종 유색 인종인)은 어디에나 있다. 그들은 자기들이 절대로 퇴직연금이나 '일할 권리'를 누리지 못하리라는 것을 알고 있다.

위기 동안에 우리는 대안적인 생존 프로그램을 구상해 볼 수도 있을 것이다. 이 방법으로는 살림을 꾸려나갈 만큼의 생계비조차 벌수 없을지도 모른다. 우리는 적어도 막스 베버에까지 거슬러 올라가는 노동의 역설을 읊으며 스스로 생활수준을 낮추거나 일 자체를 회피할 수도 있을 것이다. 우리는 노동을 숭배하는 문화에서 살지만, 노동자들은 점점 불필요한 존재가 되어간다. 여러분은 여러분의 일자리도, 여러분의 사장도, 지금 하고 있는 일과 일하는 방식에 노예처럼 종속되는 것도, 일과 관련된 하찮은 업무도 모두 혐오하지만, 무슨 일이 있어도 지금의 일자리를 놓지 않으려 한다. 아마 우리 모두가 낭떠러지로 떠밀리는 지점, 마르크스가 '해방'이라고 말한 지점, 스스로 자발적으로 도약하게 되는 지점이 거기 있을 것이다. 그 지점에서 우리는 우리 자신의 다른 측면을 발견하고 그 구멍을 메울 다른 방법을 찾게 될 것이다. 돈을 적게 벌면서도 품위와 자존심을 지키며, 앙드레 고르가 언급했던 "검약한 풍요로움"으로 살아남을 방법 말이다. 여기에 시스템 D의 경제적 합리성, 하버드 경영대학원 같은 곳에서는 가르쳐주지 않는 길거리의 합리성이 있다.

우리는 아직도 완전고용을 주장하는 좌파의 부르짖음을 듣는다. 다른 이들은 괜찮은 임금과 혜택이 있는 제대로 된 일자리로 돌아가기 위해 여전히 싸우고 있다. 프레더릭 제임슨은 마르크스는 결코 완전고용 정책을 옹호한 적이 없다고 분명히 말한다.[27] 최근에 제대로 된 일자리는 드문 예외가 됐다. 너무 드물고 너무 예외적이라 제대로 된 일자리라는 것이 더 이상 존재하지 않는다고 말하는 쪽에 내기를 거는 편이 더 안전할 정도이다. 좌파가 이에 동의하지 않는다면, 그들은 엉뚱한 깃발을 따라 잘못된 곳에 에너지를 쏟아 붓는 것이다. 그건 앞으로 나아가는 것이 아니라 뒤로 물러나는 것이다. 어떤 면에서 포스트 노동 사회의 정치화는 광범위한 인정을 받으며 이미 그 속도를 내고 있다. 자본가가 노동자 없이 일할 수 있다면, 이제 노동자들도 그들이 자본가 없이 할 수 있다는 것, 자본가 없이 일을 고안하고 심지어 국가 없이도 일할 수 있다는 것을 깨달을 때가 되었다. 그리고 자신들이 그들 자신을 위한 도시적 공간을 건설하고, 도시적 공간을 '점령하고', 봉급 받는 일자리가 사라진 이후의 문화뿐 아니라 '도시가 사라진 이후'의 문화도 재구축할 수 있다는 것을 깨달을 때가 된 것이다. 후대의 모든 해석자와 비평가들이 간과했으나 아마도 이것이 앙리 르페브르의 가장 훌륭하면서도 오래 지속될 통찰일 것이다. 그는 『마르크스주의적 사유와 도시』의 클라이맥스라 할, 도시에 관한 마르크스주의적 사유의 클라이맥스이기도 한 지점에서 "노동의 종말은 여가가 아니라 비노동non-work이다"라고 말한다. 도시의 종말은 시골이 아니라 시골과 도시의 동시적 교체이며, 그 뒤에는 상상력이 채워주는 허공과, 그 이론적 예상과 예견이 남는다. 르페브르는 "비노동과 비도시non-city는 무엇으로 구성되는가?" 하고 묻는다. 그리고서는 "마주침, 모임, 중심과 탈중심"으로 규정되는 "도시적인 것"이라고 스스로 답한다. 노동과 도시의 [비노동과 비도시로의] 교체는 "과거에 나타났던 것들과 아무런 공통점이 없다."[28]

엥겔스와 함께 『독일 이데올로기』를 쓴 일종의 도제 시절부터, 『정치경제학 비판 요강』을 쓰며 자본주의 교체기에 대한 생각을 성숙시켰던 시기까지, 마르크스가 채택한 전망에는 뭔가 과감하게 급진적이면서도 미래적인 면이 있다. 세상을 어떤 방식으로 보든 이제는 뒤를 돌아볼 수 없다. 어깨 너머를 돌아보면 과거의 사건들이 닻을 내리고 당신을 잡아끌면서 돌아오라고, 향수를 자극하며 되돌아오라고 꾀어내려는 것처럼 보일지라도 말이다. 마르크스는 자본주의를 교체하려면 불길이 타오르는 자본주의의 복도를 통과해 달려가야 한다고 주장한다. 자본주의 이후의 모든 사회는 자본주의의 열기와 에너지를 동원하여 과학과 테크놀로지의 발전이 가진 일반화된 모든 가능성을 극대화하고 총동원해야 한다. 자본주의 이후의 사회는 형태와 내용면에서 (설사 소유권, 통제권, 기능의 모든 측면이 이행기를 겪으며 달라진다 할지라도) 자본주의가 우리에게 물려준 것을, 그 이행을 겪고도 견고하게 남아 있는 것을 어떤 식으로든 닮아 있을 것이다. 오늘날 우리가 가진 저 거대한 도시적 형태는 미래에도 여전히 우리 것이다. 여기서도 또다시, 돌아갈 길은 없다. 무언가가 허물어지는 일도 없을 것이며, 도시가 마을 같았고 개념적으로나 실존적으로나 위압적인 느낌이 덜하던, 예스럽고 고전적이던 시대로 돌아갈 일도 없다. 마르크스는 『정치경제학 비판 요강』에서 열두 쪽 혹은 그 이상(699~713)에 걸쳐 기술과 일반화된 고정 자본에 관한 상상력의 도약을 이루고 있는데, 이와 같은 도약은 르페브르가 도시적 상상력을 과감하게 도약시킨 밑천이었다. 지성을 일반화하는 힘들은 도시도 일반화한다. 사실 워낙 심하게 일반화되다 보니 도시는 무언가 포스트 도시 같은 것으로 변한다. 이는 생산력의 발전으로 마침내 노동 그 자체의 개념이 쫓겨나는 것과 똑같다. 프레더릭 제임슨의 주장처럼 『자본론』이 정말 실업에 관한 마르크스의 선언문이라면, 그것은 도시화를 일반화하는 실업 사회에 관한 선언문일 것이다. 그 위험을 명백히 밝히기 위해 우리는 제임슨의 말을 다르게 표현할 수 있을 것이다. 이 모든 것을 비극적 페이소스로 보지 않고 일종의 지구 전역에 걸친 실업과 도시화라는 측면에서 생각하는 것은 지구적 규모에서 새로운 종류의 변혁적 정치를 만들어 내겠다는 결의라고 말이다. 나는 그렇게 믿는다.

4. 비노동과 포스트 도시: 세계시장 거리에서의 마주침

한 가지 문제에 대해서는 마이크 데이비스가 옳았다. 미래 도시화의 상당 부분이 거친 벽돌, 짚, 재활용 플라스틱, 시멘트 블록, 자투리 나무로 건설될 것이라는 주장 말이다. 그리고 적어도 한동안은 이 도시적 형태가 유리와 철강과 거창한 건축 형태와 함께 계속 공존하리라는 주장도 맞았다. 후자는 특히 전 지구적인 경제를 주기적으로 휩쓸어 버리는 경제적 쓰나미를 견뎌야 할 때, 물리적으로는 몰라도 조형적인 면에서는 확실히 엉성할 수밖에 없다. 유리와 강철, 미리 가공된 가벼운 벽돌이 한데 모여 자본의 2차 회로를 구성한다. 우리는 도시화를 다른 방식으로 보는 가운데 폴락 스타일의 실타래를 인지하게 되고, 이는 시스템 D의 노동자들과 그들의 급증하는 서식지에 가득한 에너지와 함께 흐른다. 시스템 D의 노동자들은 공간을 유리와 강철로 **인지**하는 게 아니라 생사를 걸고 **살아 낸** 경험으로서 공간을 실천한다. 그럼으로써 경제적·물리적으로 그들의 도시적 사회를 문자 그대로 건설하며 르페브르처럼 말하자면 **공간을 생산**하고, 그들 자신을 연루시킨다.

시스템 D와 같은 일터, 판잣집과 같은 주거의 한계를 너무 심하게 밀어붙이는 것은 위험할 정도로 무책임한 일이지만, 그럼에도 급조된 일터와 집은 더 견고한 공동체를 꾸리는 데 편리한 측면을 가지고 있다. 지금 당장은 필요한 서비스가 없더라도, 시간이 지나면 그런 서비스를 제공해 줄 적당하면서도 창의적인 방식이 고안되고야 만다. '슬럼'의 생활 형태로부터 '정상적인' 일상생활의 형식이 만들어진다. 겉으로는 무질서해 보이는 '오합지졸'들 속에서 어떤 식으로든 주민들을 위해 일하는 질서정연한 동네가 출현한다. 마치 노동을 할 때 나타나는 것과 같은 이 활력은 비노동의 활력으로, 마을 건설의 활력으로, 일반적인 지적 지식과 대비되는 토착 지식의 활력으로 번역된다. 얼핏 가장 '원시적인' 전자본주의적 건축 기술처럼 보이는 것이 최첨단 자본주의 건축 기술 및 노동 기술의 과잉 안에 자리 잡는다. 외견상 그 둘은 절대로 만날 일이 없다. 그런데도 이 둘이 만난다면, 즉 한편에 있는 경제의 국제화와 다른 한편에 있는 도시적 구조에서 떨어져 나온 일상생활의 주변화 사이에 그 단층선이 화해를 이루게 된다면, 우리는 모종의 **정치적 마주침**이 발생했다는 것을, 지진의 진동이나 화산의 폭발 같은 것이 '강력해졌다는 것'을 알아차리게 될 것이다. 그것이 자리 잡는 지형, 형성되는 지형은 도시적 규모일 것이다. 모든 '빗겨남'은 당연히 수많은 요인들과 경우들에 달려 있다. 그것은 친화성을 드러내는 애정에, 절묘한 순간에 응고되어 엉기는 매인에, **저기**뿐 아니라 **여기**에 동시적으로, 혹은 거의 동시적으로 한데 모이는 신체들에 의존한다. 상상 속에서 경제적인 자기 역량 강화는 정치적인 집단 역량 강화와 마주칠 것이다. 그리고 월스트리트만이 아니라 빈민가도, 중심가만이 아니라 쇼핑몰도 모두 점령되고 민주화될 것이다. 정치적 주체

게임의 일반화된 힘을 주장하고, 가상적으로 자신을 소통시키고, 실질적으로 그 자신을 연결하는, 거침없으며 만족할 줄 모르는 **무리들**에 의해, 순전한 숫자 게임에 의해 점령되고 민주화되어, 소통과 적기의 자기 조직화라는 거대한 행성적 그물망을 구성할 것이다.

나는 『마술적 마르크스주의』를 마무리하며 이러한 벌떼 전술이, 이들 매인이 도시 내에서의 마주침이며, 도시에 대한 권리를 표현하는 집단적 정신이라고 주장했다. 나는 따라서 매인과 도시에 대한 권리가 같은 것(HCE=RTTC)으로 그 공식을 표현할 수도 있겠다고 생각했다. 미래의 전 지구적인 저항 운동은 그들의 도시에 대한 권리를 얻기 위해 싸울 것이며, 정확하게 바로 르페브르가 확인한 대로 "절규이자 요구"라는 방침에 따라 그렇게 하리라는 것이다. 이제 나는 더 이상 도시에 대한 권리가 온 세상의 몽상가 집단을 그 아래로 불러들이는 깃발이라고, 혹은 그런 깃발이 되어야 한다고 생각하지 않는다. 이제 나는 그 집단의 펼쳐짐과 한데 모임과 그들의 표현적 욕구가 더 공개적이고 광범위해질 필요가 있다고 생각한다. 다른 무엇보다 민주주의를 향한 그 자신의 충동을 되돌려 달라고 요구하면서, 바깥을 향해 세계로, 국가도 국경도 없는 세계를 향해, 또 다른 보기의 방식으로, 잡종의 정치가 행해지는 잡종의 세계를 인지하는 또 다른 방식으로 밀어 내면서 말이다. 이러한 잡종의 성질이 오늘날 이 세계의 노동자들에게 어떤 특징을 부여하는가 하는 점이 뉴워스의 『국가의 비밀 *Stealth of Nations*』에 등장하는 여러 흥미로운 내용 중의 하나이다. 마이크 데이비스에게는 실례지만, 이 잡종화는 심지어 중국에서도 일어난다. 현재 광저우에만도 30만 명의 아프리카인이 거주한다. 중앙역 근처의 산유안리 지역에는 아프리카인들이 워낙 많아 그 구역이 아예 "초콜릿 시"라고 불리기도 한다. 광저우의 다른 곳에는 아랍인, 아르헨티나인, 터키인, 필리핀인들이 모두 시스템 D의 노동자로 떠밀려 와 살고 있다. 이는 공식적인 통계에는 절대 포함되지 않는 상향식 지구화이다. 이런 현상은 모두 기록되지 않은 채 일어나기 때문이다.

지구 전역에서 시스템 D에 속한 이주자와 입국자들이 국경을 넘어 이동하는 흐름은 이제 "전 지구적 뒷길global back channel(뉴워스의 용어)"이 되었다. 이는 도시적인 것의 길거리라는 것이 정의상 세계시장 거리, 세계를 향해 자신들을 열고 그에 따라 세계가 그들에게 다가가는 그런 거리임을 의미한다. 이런 거리를 따라, 이런 전 지구적인 시장 바닥에서, '세계'와 '도시'가 만나 열정적으로 포옹한다. '도시'가 끝나고 '세계'가 시작하는 장소가 어디인지는 아무도 모른다. 모든 것이 워낙 통합되어 버렸으니, 세계가 무엇이고 도시가 무엇인지, 더 이상 정의를 내리는 의미도 없다. '안으로'와 '밖으로'는 이제 없다. 평평해지는 세계를 옹호하는 『뉴욕 타임스』의 칼럼니스트 토머스 프리드먼Thomas Friedman은 최근 최고경영자의 세계관과 정치가의 세계관은 서로 어긋난다는 취지의 글을 썼다. 그 칼럼은 좌파들에게 놀랄 만큼 시사적이다. "정치가들은 세계를 특정한 지리적 장소에 살고 있는 유권자 무리로 본다." 프리드먼은 이어서 말한다. "그리고 그들은 자기들의 직업을 그 지리적 장소에 사는 경제적 유권자를 최대화하는 것으로 본다. 하지만 대다수의 최고경영자들은 세계를 그들의 산물이 어디서나 만들어질 수 있고 어디서나 판매될 수 있는 장소로 본다. (…) 그들 사업에서 모든 제품과 서비스는 이제 어디에서든 가장 낮은 비용으로 최고의 품질을 얻을 수 있게 해 주는 전 지구적 공급 사슬을 통해 상상되고 디자인되고 판매되고 건설된다. 그들은 오늘날 자기들의 제품을 점점 더 메이드 인 아메리카가 아니라 메이드 인 더 월드로 본다. 거기에 긴장이 있다. 사실 수많은 기업은 자신들을 세계 시민으로 본다. 하지만 오바마는 미국의 대통령이다."[29)

세계시장 거리에 사는 사람들이 최고경영자와 같은 종류의 전 지구적 시각을, 중국의 한 노동자로서가 아니라 세계 시민으로서의 시각을 가질 수 있을까? 그들이, 우리가, 전 지구적으로 공유되는 존재를 기초로 하는 공통 통념을 개발할 수 있을까? 자신을 거대하고 광대한 우주의 작은 나사 하나로 봄과 동시에 이 거대하고 광대한 우주 전체를 그 나사 하나만큼 명료하게 볼 수 있을까? 아니면 자신을 세계 속의 어느 하찮은 구석이 아니라 전체 세계 속에 있는 존재로 상상할 수 있을까? (토머스 프리드먼은 저개발국과 개발도상국은 언젠가 사라질 것이고, 오직 고도의 상상력을 가능하게 하는 국가(High-Imagination-Enabling Countries, HIES)와 낮은 수준의 상상력을 가능하게 하는 국가(Low-Imagination-Enabling Countries, LIES)만이 남을 것이라고 말한다.) 이 비전이 언젠가는 자본만이 아니라 인간을 위해서도 효과를 발하게 될까? 다른 사람과 똑같이 행동하고, 스스로를 똑같이 바라보며, 세계를 똑같이 바라보는 가운데 마주칠 수 있을까? 말그대로 자신을 세계로 '만들' 수 있을까? 그런 관점에서는 모든 포스트 노동 시대의 정치를 위한 영토, 아니면 전 지구적 시민권을 위한 영토는 공장 문 밖의 어떤 장소일 것이며, 전 지구적 일상생활 안의 어떤 곳, 세계시장 거리 언저리의 어떤 곳, 도시적 사회 어떤 곳일 것이다. 분명히 말하건대, 포스트 노동 정치, 포스트 도시 정치의 "절규이자 요구"는 그 어떤 "절규이자 요구"도 아닐 가능성이 크다. 왜냐하면 그런 식의 '말'이 표현될 확률은 별로 없기 때문이다. 말이 어떤 마주침을 발생시키기보다는, 그 마주침 자체가 발언되는 내용을 결정할 것이다.

르페브르에 따르면, 자본주의는 애초부터 "사회의 완전한 도시화를 선언했다."[30] 그것은 수백만 명을 즉각적인 생산 활동에서 추방하고, 시골을 변형시키고, 농촌 생활을 파탄내고, 사람들을 도시로 몰려가지 않을 수 없게 만든 혁명적 과정이었으며, 지금도 그 과정 중에 있다. 하지만 그것이 역사다. 역사의 이용과 오용이다. 이제 직접 생산에 포함된 사람들만이 자본주의 작업에서 '자유로워진' 것이 아니라 예전에는 봉급생활자이던 노동자까지 포함한 화이트칼라 서비스 노동자들 역시 해방되었다. 이제 모든 사람들은 어떤 식으로든 도시에서 자유로워졌다. 그들은 말하자면 도시적 사회에 **의해** '해방되었다.' 구조 조정된 노동자들과 규모가 확대된 도시의 만남은 그 자체에 연료를 공급하고, 그 스스로를 먹는다. 둘의 합류로 결과적으로 철저하게 도시적인 사회가 만들어졌다. 포스트 노동 사회와 포스트 도시 사회가 그것이다. 이제 임시적이고, 뜨내기에, 잉여적인 인구가, '나비'와 같은 인구가, (마르크스의 말을 빌리자면) '부유하는' 인구가 명확한 비행경로나 선형적인 움직임을 피하는 가운데 일터 사이를, 장소 사이를 가볍게 날아다니거나 주변부의 공간을 들락날락한다. 실제로 이 나비 인구의 전체 궤적은 관례적으로 정상 상태를 다루는 공기 역학이나 경제학만으로는 설명될 수 없다.

도시화가 전면적으로 이루어졌을 때, 행성 내의 모든 인구는 더 이상 안정된 작업이나 안정된 집을 구할 수 없고, 도무지 해결하기 힘든 거대한 타성이 지속된다. 그것은 일종의 비대증hypertrophy에 뿌리를 둔 타성이다. 이 비대증은 도시적 지역이 너무 커서도 아니고, 사람이 너무 많아서도 아니며, 그보다는 우리 사회가 자신이 가진 한계를 넘어서는 사회적 조직 양태를 가지고 있기 때문이다. 기술technology 때문이 아니라 기술 관료제technocracy 때문이고, 과잉 인구 때문이 아니라 **과도한 관료제화** 때문이다. 르페브르가 말한 대로 **기술** 관료제와 **관료제** 사이의, 관료적 기술의 기업 및 금융 독점과 금융 및 기업 기술의 관료적 독점 사이의 "이중 의존" 때문인 것이다. 사회가 변하려면 그와 비슷한 타성을 가진 집단적 힘이 집결되어야 한다. 거대한 다수 인구가 관련되어야 하며, 관련자의 수가 상대적으로 적다면 변화가 커질 수 있도록 엄청난 시간이 허용되어야 한다.

아이작 아시모프의 공상과학소설인 『파운데이션』을 보면, 도시적 은하제국인 트랜터의 역사 지리에는 역류가 있다. 르페브르는 『도시에 대한 권리』에서 그러한 역류를 암시했지만 그 논리를 발전시키지는 않는다.[31] 여기서 그 작업을 해보려고 한다. 아시모프의 역류, 그 필수적인 타성은 그의 소설 속 주인공이 고안한 소위 역사 심리학과 함께 온다. 하리 셀든은 수학자로, 통계적인 방식으로 미래를 예측하기 위해 역사 심리학을 공식화한다. 트랜터의 지배자들은 셀든이 미래를 예측하고, 미래에 개입하고, 미래를 자신들의 것으로 만드는 데 도움이 될 거라 생각하며 셀든에게 지대한 관심을 갖는다. 셀든은 은하계에서 가장 중요한 인물 가운데 한 명이 되며, 클레온 1세 치하에서 제1장관의 역할을 맡는다. 과학자 아시모프(그는 화학 박사이기도 했다)가 생각하는 심리 역사는 기체의 운동 이론을 모델로 하여 만들어진 학문이다. 기체를 구성하는 분자는 전적으로 무작위적인 방식으로, 삼차원 공간에서, 그리고 매우 다양한 속도를 가지고 어느 방향으로든 움직인다. 어떤 분자 하나의 행동은 누구도 예측할 수 없다. 그렇지만 분자의 덩어리인 기체를 두고 본다면, 그 움직임이 어떻게 나아갈지 평균을 낼 수 있으며, 그 지점에서 무척 높은 예측 가능성을 가진 기체 법칙을 만들 수 있다.

아시모프는 이 개념을 인간 행동에 적용해 보았다. (아시모프의 『파운데이션』에는 외계인도, 인간 이외의 생명체도 없고, 오직 인간처럼 만들어진 로봇만 있다. 그가 보는 우주관은 그것이 모두 너무 인간적이기 때문에 더욱 흥미롭다.) 우리는 모두 자유의지를 가지고 있으며, 모두 개인으로서 예측 가능성에 저항하는 방식으로 행동하고 그런 행동을 보여 준다. 하지만 아시모프의 셀든은 많은 사람들, 다양한 사회, **군중들**에게서 기체 운동처럼 모종의 예측 가능성을 발견할 수 있다고 주장한다. 그러므로 심리 역사는 역사의 우연성에 침범해 개입함으로써 군중의 행동을 예측하는 "군중 분석"이다. 그렇다면 군중의 정치는 기체의 운동 이론과 비슷하다. 이러한 생각은 상당히 중요한데, 이는 그것이 도시화의 역사적, 지리적 논리에 개입하고 노동이나 도시들이 사라진 세계에 개입하는 집단의 마주침에 관한 전망 가운데 무엇인가를 드러내고 있기 때문이다. 하지만 여기서 군중 분석은 심리 역사학보다는 심리 지리학에 더 가까울 것이다. 심리 지리학이야말로 인간 행동의 치밀성과 (도시화와 같은) 인간의 집합체가 특정한 시공간에 기체가 모이듯 인간을 모으고, 움직임과 정체를, 입자와 파동을 한데 합한다는 의미를 함축하고 있기 때문이다. 그리고 이 마주침도 그 자체의 운동에너지를 갖고 있을 것이다. 때로는 (영국의 도시 지역이 얼마 전 목격했던) 무차별적 시위처럼 부정적인 에너지도 있지만, 긍정적인 에너지도, 아마 역사(그리고 지리학)의 경로를 바꾸기에 충분한 에너지를 발생시키는 그 자체의 브라운 운동도 있을 것이다.

소설과 논픽션을 엮은 마지막 선집인 『골드Gold』에서, 늙어 가는 공상과학소설의 대부 아시모프는 자신이 만든 장르와 미래주의적 세계를 곱씹는다. 그는 자신이 생각하는 '심리 역사' 개념의 배경을 조금 더 자세히 설명한다. 독자들은 이제 그가 어떤 생각을 품고 있었는지 더 분명히 알 수 있다. 아시모프의 말에 따르면, "나는 심리 역사에 실효성을 부여하기 위해 두 가지 조건을 설정해야 했다. 그 조건은 생각 없이 선택된 게 아니라 운동 이론과 비슷하게 보이게 만들기 위해서였다.[32] (…) 먼저 나는 다수의 인간을 다루어야 했다. 기체의 운동 이론도 다수의 분자를 다루는 것이니까 말이다." 그것은 은하계의 제국이고, 크고 복잡한 세계, 거대한 세계, 인구도 많고 행성 도시화가 모습을 갖춘 우주 같은 곳이어야 했다. 둘째, "나는 무작위성의 요소를 유지해야 했다. 인간들이 분자처럼 무작위적으로 움직이리라고 기대할 수는 없었다. (…) 하지만 인간들이 그들에게 무엇이 기대되고 있는지를 모른다면 그들은 기체와 비슷하게 무작위적 행동에 이르게 될지도 모른다. 그래서 인간들이 일반적으로는 심리 역사의 예견이 무엇인지를 모르고, 따라서 그것에 맞도록 자기들 행동을 재단하지 않을 것이라는 가정이 필요했다."[33]

그렇지만 시간이 흐르고, 50년도 더 지나 돌이켜보니, 기묘한 일들이 과학과 사회 영역에서 발생했다고 아시모프는 말한다. 오늘날 우리가 '카오스' 이론이라 부르는 과학 분야에 수학자들이 흥미를 느끼기 시작한 것이다. 그 분야에서는 무작위성이 기저에 깔린 질서와 만나며, 질서가 특정한 무작위성을 해방시킨다. "생각해 보라. 과학자들이 점점 더 **나의** 심리 역사에 흥미를 갖기 시작하는 모습을 보면서 내가 얼마나 신났겠는가. 설사 그 연구가 심리 역사라는 이름으로 불리지도 않고, 그들이 내 소설 『파운데이션』을 한 권도 읽지 않았다 해도 말이다." 한편 인간 세계에서는 아시모프의 팬이 위대한 작가에게 『기계 디자인*Machine Design*』이라는 잡지에 실린 기사를 오려 보냈다. 기사 내용은 다음과 같다.

> 원래 액체에 소용돌이를 일으키기 위해 고안된 컴퓨터 모델이 집단행동의 모델에 사용되었다. 〈로스 알라모스 국립 실험실〉의 연구자들은 집단행동과 물리적 현상 간에 유사성이 있음을 발견했다. 분석을 위해 그들은 모델의 매개변수로 여러 단계의 흥분, 공포감이나 다양한 군중의 크기 같은 특정한 물리적 특성들을 설정했다. 군중의 상호 행동은 소용돌이치는 흐름의 등식과 아주 비슷했다. 〔이〕 분석으로 어떤 집단이 무슨 행동을 할지 정확하게 예측할 수는 없지만, 주어진 사

건의 결과 가운데 가장 큰 가능성을 지닌 결과를 판단하는 데는 도움이 된다고 한다.[34]

아시모프의 하리 셀든은 심리 역사가 다음 세기에나 개발될 거라고 내다봤다. 그의 시대가 이미 지금으로부터 2만 2천년 뒤라는 점을 잊지 말라. 〔팬이 보내준 기사를 본〕 아시모프는 놀란다. "이것이 내 공상과학소설의 상상력이 터무니없이 부족했다는 또 다른 증거일까?"[35] 어쩌면 군중의 운동에너지를 설명하기 위해, 그리고 군중들이 느끼는 공포와 흥분의 단계, 군중의 규모와 정치에 대해 말하기 위해 더 이상 소용돌이 등식이 필요하지 않을지도 모른다. 아마 군중의, 이 폭도들의 가연적 에너지는 무작위적인 폭발이 아니라 급격한 분출로 나타날지도 모른다. 예고 없는 무정부상태가 아니라 화산처럼 분출되는 형태 말이다. 이 시점 이후, 어떤 식으로든, 그리고 어딘가에서 우리는 기저의 규칙성을, 내부의 구조적 질서와의 기체 같은 마주침을 얻게 될 것이다.

The Politics of the

Encounter

Urban Theory and Protest Under Planetary Urbanization

6장

혁명의 리허설?

군중은 그들을 둘러싼 도시를 다른 시선으로 본다.

_존 버거

발언의 온갖 거품이 만드는 파노라마의 빛을 새롭
게 쬐기 위해

_제임스 조이스

1. 이행 과정에서의 마주침

난입하고 빗겨 나는 마주침을 촉발하는 모든 불씨는 잭슨 폴락이 화폭에 처음 **물감을 뿌리는 행위**와도 같다. 물감이 갑자기 거대한 캔버스에 떨어진다. 1층에서, 바닥 위에서, 길거리에서 사건들이 폭발한다. 흑백으로 조밀하게 휘감기는 타래가 시야를 방해한다. 갈색과 은색의 안개가 눈을 어지럽힌다. 물감이 신속하게 겹겹이 쌓이고, 유성처럼 하얗게 허공을 번쩍이며 가로지른다. 여기에는 시작도 끝도 없다. 중간 어딘가로 들어올 뿐, 순수한 치열함 외에, 순수한 생성의 흐름 외에 다른 어떤 의미도 없다. 〈하나: 넘버 31One: Number 31〉(1950)이나 〈가을 리듬Autumn Rhythm〉(1950) 같은 폴락의 거대한 걸작 앞에 서면 엄청난 군중이 벌이는 시위나 점령 행위 한복판에 서 있는 것 같은, 또는 길거리나 광장의 수많은 군중 한가운데 있는 것 같은 극적인 (그리고 불안하게 만드는) 강렬함을 느낀다. 거기에는 폭력과 아름다움이 있고, 흥분시키기도 하고 선동하기도 하고 위협하기도 하는 그런 동일한 자발적 에너지가 있다. 거기 당신 앞에는 흩어지는 색깔과 뒤엉킨 선들이 있지만, 그것들은 당신 신체의 직접적인 연장이기도 하다. 이제 당신은 캔버스 속에 들어가 있다. 캔버스를 가로질러 이리저리 달리는 재빠르고 방울진 선이 어떤 식으로든 당신을 관통하여 흘러 당신 자아의 광적인 몸짓이 된다. 군중 속에 있는 당신 자신이고 당신 속에 있는 군중이다. 당신은 모든 것을 잊고, 그 모든 것에서 자신을 떼어내고, **여기**, 그리고 **지금** 현전하며, 열정은 그려지기보다는 표현된다.

앙리 르페브르 같은 사상가가 볼 때, **군중**들이 모이는 그런 치열한 시기에, 사람들이 서로를 마주칠 때, "가장 중요한 순간"은 "실패하는 순간이다. 그 실패의 순간 안에 드라마가 있다. 드라마는 일상으로부터의 출현이거나 출현에 실패한 붕괴이다. 그것은 희화화이거나 비극이며, 성공적인 축제이거나 수상쩍은 예식이다."[1] 거기에 문제가 있다. 르페브르는 그 마주침이 "지속되기를 원한다"고 말한다. 마주침은 지속될 필요가 있고, 지속되어야 한다. "하지만 그것은 지속될 수 없다.(적어도 그리 오랫동안 지속되지는 않는다.) 다른 한편으로 그 체험이 강렬해지는 것은 이 내적 모순 때문인데, 그 자체가 와해되지 않을 수 없다는 사실이 분명해질 때 모순은 위기에 도달한다."[2] 한 순간이 다른 순간으로 이어지며, 순간들이 충돌하고 친화성이 자리 잡을 때 마주침의 정치가 분출한다. 하지만 마주침의 강렬함을 어떻게 유지할 수 있을까? 그 마주침은 지속적인 정치적 진화와, 변혁의 정치와, 많은 시간과 노력이 드는 일을 견뎌야하는 그러한 일들과 어떻게 조화를 이룰 수 있을까? 일상생활에서 이 마주침이, 이 자발적인 살아진 순간이 세계적-역사적으로 중요한 변형을 이룰 것이라고 어떻게 장담하는가?

이 물음은 미래의 혁명가에게 상당한 중력과 은총(시몬느 베이유가 말했을 법한 표현)을 행사한다. 사실 그것은 애당초 혁명적이라는 말이 의미하는 바의 핵심이다. 그러니까 기존 현실과의 확실하고도 명쾌한 **단절**을 주도하기를 원한다는 것, 현실을 뚫고나가 또 다른 현실로, 또 다른 영역, 또 다른 생산양식으로 넘어가고자 한다는 것들 말이다. 말할 필요도 없지만, '혁명'이라는 주제는 이론적인 것이 아니라 모든 것에 우선하여 **정치적인 것**이고, 급진적인 사유가 아니라 실천을 통해서만 대답될 수 있는 것이다. 하지만 **단절**이라는 문제(혁명적 마주침이나 연속된 일련의 마주침들이 뚜렷하게 새로운 어떤 것으로의 변형을 촉발한다는 생각, 그것이 다양한 시대들에 종언을 고하고 낡은 시대와 새로운 시대 사이에 균열을 알린다는 생각)는 마르크스주의가 등장한 이래 마르크스주의자들 사이에 늘 토론되어 왔던 문제이다. 르페브르는 도시적인 것이 그 자체로 혁명적이고, 그렇기 때문에 혁명은 도시적인 것이 될 것이라고 말한다. 그의 말은『도시적 혁명』의 핵심을 단 한 줄로 요약한다.

그렇지만 그 한 줄 안에는 뭔가 다른 것이 웅크리고 있다. 르페브르는 다음과 같이 말한다. "내가 뜻하는 혁명이란 당대 사회에 영향을 미치는 변형이다. (…) 어떤 변형은 갑작스럽지만, 어떤 것은 점진적이고 계획되고 결정된 바대로 일어난다. 그렇다면 혁명은 이 가운데 어떤 것인가?" 르페브르는 "그 대답이 명확하고, 지적으로 만족스럽고, 혹은 명료하게 내려질 수 있는지를 미리 아는 방법은 없다"고 말한다.[3] 르페브르는 도시적 혁명(도시적 사회의 도래)이 유기체론, 연속론, 진화론을 복합적으로 뒤섞은 용어라고 본다. 결정되어 있으면서 우발적이고, 급격한 단절이면서 점진적인 형성이며, 실재하면서 가상적인 어떤 것, '실제인 것'과 '가능한 것'의 마주침을 말한다는 것이다. 일례로 도시적 사회urban society의 씨앗은 도시city에 뿌려졌다. 중세의 마을은 산업적 도시의 등장을 속에 품고 있었고, 하나 안에 다른 것을 엿볼 수 있었다. 하나에서 다른 것으로 넘어가는 이행은 역사적 과정, **그리고** 정치적 실천에 의해 태어난다. 그것은 이미 있는 것이기도 하고 새로이 창조되는 것이기도 하다. 다른 말로, 시대 구분을 돌이켜 보면 처음 느낌보다 훨씬 더 깔끔하지 못하고 확실하지도 않다. 역사는 단선적으로 전개되는 것이 아니라 나선형으로 나아간다. 그리고 그 과정에서 연속성과 진화는 때로 혁명적 이행과 관련된 내적 균열을 은폐한다.

만약 이 모든 것이 과거의 이야기일 뿐이라면(되돌아본 과거의 이야기, 중세에서 자본주의로, 또 산업적 도시에서 도시적 사회로 넘어가는 이행기 동안 벌어진 일일 뿐이라면) 그것이 **앞으로 벌어질 일**을 말해 주지 않는다 해도 뭐라 할 말은 없다. 자본주의에서 포스트 자본주의로 넘어가는 이행은 무엇으로 이루어질까? 루이 알튀세르는 의심할 바 없이 다음의 주장에 동의할 것이다. 기존 질서(알튀세르라면 이렇게 말했을 것이다)는 다른 질서의 싹을 이미 품고 있고, 이러한 질서 안에서 이루어지는 마주침들은 새로운 질서를 건설하는 벽돌까지는 아니더라도 디딤돌 정도는 되어 줄 것이라고 말이다. 우리는 알튀세르가 1980년대에 '마주침'의 문제를 철학적으로 다루었다는 것을 알고 있다. 또 그는 1970년대에 이미 (에티엔 발리바르Etienne Balibar와 함께) 한 가지 생산양식에서 다른 것으로 넘어가는 이행 transition이라는 문제를 이론화하려고 노력했다. 알튀세르와 발리바르가 실제 말한 바는 르페브르의 표현과도 상당히 유사하다. 발리바르는 이렇게 썼다. "그렇기 때문에 한 가지 생산양식에서 다른 하나로 넘어가는 이행은, '시기들' 사이에 등장하는 비합리적 휴지기로 이해될 수 없으며" 오로지 "시기들 사이의 결합의 결과"로 이해될 수 있다. "이행의 문제, 그리고 한 생산양식에서 다른 양식으로 넘어가는 이행 형태의 문제는 통시성의 문제라기보다는 더 일반적인 공시성의 문제들이다."[4] 발리바르는 "이행기에 발생하는 연결과 순간들 사이의 **탈구dislocation는 단일한 '동시성' 내에 두 가지(또는 그 이상의) 생산양식이 공존하거나 그중의 하나가 다른 하나를 지배하는 상황**을 단순히 반영하는 것으로 보인다"[5]고 결론 짓는다.

발리바르의 말이 나오고 십 년 뒤에 알튀세르는 이행기에서의 "탈구"와 "공존"의 문제로 돌아갔다. 하지만 다른 언어와 다른 방식으로 이 문제를 다루었다. 그는 필요의 영역에서도 존재하는 인간의 자유를 탐색하며, 그리고 최초의 충돌과 마주침에 의해 촉발된 연쇄 반응 속에서 원자들이 어떻게 집적되는지를 물으며, 그 과정에서 세계에 대한 일종의 유물론적 우연성을 상정하며, 마주침의 언어를 사용해 포문을 열고 있다. 기원에 대한 물음은 모두 거부된다. 봉건제와 자본주의, 그리고 아마 사회주의나 공산주의, 특히 아직 생기지 않은 제도의 기원에 대한 물음도 모두 거부당한다. 우리에게 있는 것은 새로운 세계를 만들기 위해 함께 말뚝을 박고, 특정한 조합들을 결합하고, 무질서의 심장부에서 기묘한 질서가 솟아오르게 하는 것이다. 단호한 단절, 완전한 파열, 또는 전면적인 절단은 절대로 없다. 낡은 현실이 파괴되고 완전히 새로운 현실이 출현하는 일은 결코 일어나지 않을 것이다. 변형되고 재편된 현실, 기존의 요소와 아직 나타나지 않은 요소들의 새로운 통합, 이 모든 것들이 깜짝 놀랄 방식으로, 우발적으로, 상황에 **의존하는** 방식으로 우세해질 것이다. 마르크스에게 자본주의는 화폐 소유자와 노동력 외에 다른 모든 것을 빼앗긴 프롤레타리아 사이의 마주침이 그랬듯 대체로 우연히 발생한 일이었다. 알튀세르는 "이 마주침이 발생하고, 자리 잡았다는 것은 그것이 생기자마자 취소되지 않고 **존속**했으며 기성사실이 되었다는 뜻이다"[6]라고 말한다. 물론 여기서 중요한 단어는 "존속"했으며 "취소되지 않았다"는 부분이다. 사라져버리고 취소되어버리는 것에 비해 존속하는 마주침, 바로 와해되지 않는 마주침은 혁명적 '성공'의 의미가 무엇인지, 무엇이 '진정한' 사회적 변화를 이루는지, 어떻게 진정한 공연과 혁명적 리허설을 구별하고, 진정한 빗겨남과 허위의 빗겨남을 구별하는지를 이해할 새로운 용어를 알려줄지도 모른다.

2. 마주침 속에서 군중과 마주치기

아이작 아시모프 버전의 '심리 역사'에서 그는 우리가 알튀세르와 르페브르가 우발적인 것이라고 선언한 역사를 더 확정적이고 예측 가능한 것으로 만들 수 있다고 생각한다. 아시모프는 역사에서의 "무질서한 폭도"는 개인들보다 **알기 쉽다**고 말한다. 그의 표현을 빌리자면, "인간 복합체human conglomerate"는 기체와 대등한 행동 패턴을 드러낸다. 역사에서 군중의, 무질서한 폭도의 심리 역학은 19세기 말경 프랑스 사회심리학자이자 사회학자인 귀스타브 르 봉 Gustave Le Bon의 손에서 면밀한 검토를 거쳤다. 르 봉은 『군중심리 The Crowd: A Study of the Popular Mind』(1896)에서 아시모프와 비슷하게, 군중의 불안정하고 끊임없이 변덕을 부리는 본성을 자연과학, 특히 발광성 에테르에 결부시켰다. 르 봉에게 군중이란 효능이 강한 집단적 마약이었고, 니체의 양떼처럼 무리 지어 이리저리 돌아다니는 증기 같은 성질을 가진 위험한 음료였다.『나의 투쟁*Mein Kampf*』에서 히틀러는 광기에 휩쓸려 선동가에게 놀아나는 르 봉의 군중관을 채택했다. 그런가 하면 무솔리니는 잠들기 전에 르 봉의 책을 읽곤 했다. 대중 정치의 위험, 대중조작과 파시스트 정치의 위험은 르 봉의 책에 너무나 명백히 나타나 있다.『군중심리』는 군중이 왼쪽만이 아니라 오른쪽으로도 흔들릴 수 있다는 사실을, 사람들의 마주침에서 더 어두운 우발적 역사가 만들어질 수 있다는 사실을 날카롭게 경고한다.[7]

르 봉은 아주 분명하게 군중 속에서는 인간 성품의 **의식적 측면**이 사라지고, 이성과 합리성의 목소리도 함께 사라진다고 보는 입장이다. 그의 말에 따르면, "군중은 언제나 그들이 의식하지 못하는 사항의 지배를 받는다. 두뇌 활동의 소멸과 생명 활동의 우세, 지성의 저하와 감성의 완전한 변형, 변형된 감성은 군중을 구성하는 개인들의 감성보다 나을 수도 있고 못할 수도 있다. 군중은 얼마든지 영웅이 될 수도, 범죄자가 될 수도 있다."[8] 한 마디로, 르봉은 군중은 **전염균**과 같으며, 모든 전염균이 그렇듯이 "그 존재를 확인하기는 쉽지만 설명하기는 쉽지 않은 현상"이라고 생각한다. "최면 상태에서 명령을 수행하는 것과 같다. (…) 군중 속에 있으면 모든 감성과 행동이 전염성을 띠며, 그 전염성이 너무나 강해 개인은 집단의 이해를 위해 자신의 사적 이해를 희생시키기까지 한다. 이는 개인의 본성에 상반되는 것으로, 군중의 일원이 아니라면 도저히 할 수 없는 그런 소질이다."

　르봉이 군중에 대해 하는 말을 듣고 있으면 존 버거의 1972년 부커상 수상작인 『G』에 나오는 인물 움베르토가 떠오른다. 이야기 도입부에 책의 제목과 같은 이름을 가진 주인공의 아버지 움베르토(그는 종국에 군중의 손에 죽는다)는 어린 시절 흉악한 군중과 만났던 무서운 기억을 회상한다. 여기 나오는 결정적 사건은 1898년 밀라노 노동자 봉기로, 르봉의 군중 독백이 나온 지 고작 2년 뒤에 일어난 일이었다. 움베르토는 마음씨는 착하지만 반동적 성향을 가진 보수적 인물이다. 그는 군중을 혐오한다. 군중은 기껏해야 낯설고 추상적인 존재일 뿐이고, 최악의 경우에는 광포하고 사납다. 제정신이 있는 사람이라면 항상 자신을 대중과 별도의 존재로, 군중과 자신을 분리해서 봐야 한다. 그런 사람은 언제나 자신을 나머지 세계를 면제받은 존재로 봐야 한다. "군중은 인간이 치러야 하는 엄숙한 시험이다." 움베르토는 곰곰이 생각한다. "군중은 공통의 운명을 확인하는 목격자로 모인다. 그 운명 안에서 개인적 차이는 하찮은 것이 되어 버린다. (…) 군중은 불가능한 것을 요구하기 위해 모인다. 가능한 것과 불가능한 것을 규정하고 구별했던 질서를 뒤엎을 필요가 있기 때문이다. (…) 그런 군중 앞에서, 그들에게 속하지 않는 사람이 보일 수 있는 반응은 둘밖에 없다. 군중 속에서 인류를 위한 약속을 발견하거나, 아니면 그것을 절대적으로 두려워하는 것이다."[9]

　움베르토는 군중 속에서 자아는 통제 불가능한 집단의 무게에 압도당한다고 말한다. 개인의 정체성, 개인적 차이, 특징적인 기벽들은 일단 군중 속에 자신을 던지고 나면 모두 하찮아진다. 군중에 합류할 때 우리는 자기 내면의 친숙한 어떤 것을 넘겨주고, 어떤 것을 잃어버린다. 우리는 그렇게 모인 거대한 실체가 자신에게 불가능한 것을 요구하도록 자신을 내어 준다. 그리고 그들의 요구와 그 요구가 결코 수용될 수 없다는 사실 사이의 간극은 필연적으로 폭력을 부른다. 마찬가지로 군중이 미친 듯이 날뛰며 난동을 부릴 것이라는 점 또한 필연적이다. 움베르토는 따라서 군중 속에서 인류의 희망을 찾는 건 쉽지 않다고 말한다. 모든 특정한 얼굴, 모든 한 쌍의 눈들이 단일한 추상으로 응결되어 버린다. 군중 속에서 마주친 한 쌍의 눈만으로도 텅 빈 가능성과 뚜렷한 불가능성의 한계를 드러내기에 충분하다. 움베르토는 군중과 군중의 치명적인 운명을 두려워하는 게 당연하다고 생각한다.[10]

버거는 자신이 생각하는 역사 속에서의 군중 개념을, 낭만주의 혁명을, 그리고 집단적인 혁명적 잠재력이라는 생각을 시험해 보기 위해 움베르토라는 캐릭터를 만들었다. 『G』에서 버거는 공통의 실천 안에서 개인적인 것의 이상을 더듬는다. 개념적으로 더듬고, 경험적으로도 더듬는다. 그는 장–폴 사르트르가 역사의 "구성된 변증법constituted dialectic"이라 이름 붙인 것을 더듬어 본다. 그것은 르봉이 역사 속 군중과 집단을 다룬 방식과는 전혀 다른 추론을 통해 도달한 것이었다. 사르트르는 『변증법적 이성 비판』에서, "구성된 변증법이란 개인이 혼자 힘으로는 공통의 목적을 달성할 수 없으나 그 목적을 마음에 품고, 그것을 드러내고, 그리고 그 목적을 통해 집단의 재조직화를 이뤄 낼 수 있다는 것이다. (…) 개인들은 통합하여 집단을 이루고, 그 집단의 실천적 한계는 개인에게 있다."[11] 버거는 『G』에서 이와 비슷한 이야기를 좀 더 낭만적으로 한다. "군중은 그들을 둘러싼 도시를 다른 눈으로 본다. 그들은 공장 가동을 멈추고, 상점 문을 닫게 만들고, 교통을 마비시키고, 도로를 점령했다. 도시를 건설하고 유지해 온 것은 그들이다. 그들은 스스로 뭔가를 만들어 낼 수 있다는 것을 알아가고 있다. 평소에 규칙적으로 살 때는 주어진 상황을 수정하는 데 그친다. 그러나 거리를 메우고 앞을 가로막는 방해물들을 모두 쓸어버리며 나아가는 이곳에서는 온몸으로 상황에 맞선다. 그들은 자신들이 습관적으로, 또 의지와 상관없이 받아들일 수밖에 없었던 모든 것을 거부하고 있다. 다시 한번 그들은 혼자서는 던져볼 수 없었던 질문을 함께 던진다. 왜 **나는** 내 삶을 죽지 않을 만큼만 남겨놓고 야금야금 팔지 않을 수 없는 지경에 내몰렸단 말인가?"[12](강조는 필자) 갑자기 군중은 "나"가 실효성을 갖기 위한, 각자의 자기계발에 필수적인 요건이 된다.

『G』에서 군중을 묘사한 구절 가운데 가장 위력적인 구절은 「대중 시위의 본성The Nature of Mass Demonstrations」이라는 버거의 연구 논문에서 실제적으로 재연되었다. 그 논문은 젊은 남녀 군중이 유럽과 미국의 길거리를 가득 메운 1968년 봄, 『뉴소사이어티New Society』에 처음 실렸다. 이 논문에서 버거는 자신이 1898년 밀라노 시위에 관해 썼던 글을 넌지시 암시한다. 기병대가 군중에게 달려들어 노동자 1백 명을 학살하고 수백 명에게 부상을 입힌 사건 말이다. 버거는 르 봉의 논리 가운데 일부를 뒤집어, 사람들은 군중 속에 있을 때 감수성이 마비되는 것이 아니라 오히려 개인으로서 **더 민감**

해지고, 더 많이 느끼고 생각하게 된다고 주장한다. 참여자들에게 "숫자는 더 이상 숫자가 아니라 그들이 느끼는 감각의 증거가 되고, 상상의 결론이 되기 때문이다."[13] 그것은 개인적 대표의 문제이기도 하다. "시위가 클수록 그들의 집단적 힘 전체를 가리키는 은유는 더 강해지고 더 직접적인(눈에 보이고, 귀에 들리고, 손에 만져지는) 것이 된다. 내가 은유라고 말하는 것은, 그렇게 포착된 힘이 그 자리에 있는 사람들의 잠재적 힘을 능가하기 때문이다. 시위에서 발휘된 실제 힘을 능가하는 것은 분명하다. 사람들이 더 많이 나올수록 그들은 서로를 위해, 그들 자신을 위해 그 자리에 나오지 않은 사람들을 더욱 강력하게 대표한다."(248) 버거는 시위에 나온 사람들 무리는 폭동에 가담한 군중이나 혁명적 봉기의 군중과도 구별될 수 있다고 확신한다. 시위에 나온 군중의 목적은 본질적으로 **상징적**이다. 그는 그것이 혁명을 위한 리허설이라고 말한다. 전략적 리허설이나 전술적인 리허설이 아니라 "혁명적 자각의 리허설"이라는 것이다.(247)

대중 시위는 분명히 자발적인 사건이라고 버거는 생각한다. 하지만 그것이 얼마나 자발적인 것이든, 시위는 똑같이 **개인들이 만들어 낸** 어떤 것이다. 사람들은 문자 그대로 어떤 기능을 창출하고, 항의하고, 자신을 표현하기 위해 한데 모인다. 그들이 어떤 기능에 반응하는 태도는 쇼핑하는 군중과는 다르다. 시위에 나온 군중은 반작용react하기보다는 작용act한다. 반작용이라 할지라도 그것은 그들이 이미 행한 일에 대한 것이거나 그들의 행동이 권력자들에 의해 받아들여지는 방식에 대한 것인 경우다. 어떤 대중 시위에서든, 어떤 대중 점령 행위에서든, 시위하고 점령하는 군중은 추상을 **확장하는** 동시에 그 추상에 **신체를 부여한다.**(248) (더 현대적인 어휘를 쓴다면, 우리는 그들이 **가상현실을 확장하고** 그 가상현실에 물질적인 **신체**를 준다고 말할 수도 있다.) "시위자들은 자신들이 행진해서 지나가는 거리나 그들이 채우고 있는 개방 공간의 정상적인 생활을 방해한다. 그들은 이런 구역을 '차단'하고, (그곳을 영구히 점령할 힘은 아직 없으므로) 그곳을 자신들이 아직은 갖고 있지 못한 권력을 극화하는 일시적 무대로 변형시킨다."(248) 버거는 "시위는 무고함innocence의 항의"라고 말한다. 대중 시위, 대중적 마주침, 대중의 점령 행위에 나온 군중은 정치적 야심을 실현하는 데 필요한 정치적 수단이 만들어지기도 전에 그런 야심을 표현한다.[14] 혁명적 군중뿐 아니라 군중 속에 있는 혁명가들 역시 기다리는 법을, 또 상징적으로 리허설하는 법을, 내면의 힘을 외부의 공통적이고 변혁적인 실천으로 번역하는 법을 배워야 한다. 그들은 역사적 수행 그 자체의 집단적이고 전략적인 드라마 속에서, **지속될**, 그리고 **취소되지 않을** 마주침 속에서 자신을 시험해야 한다.

3. 스마트 몹과 플래시 크라우드

오늘날의 정치적 군중에는 특징이 있다. 그들은 어제의 군중보다 훨씬 더 영리하다. 과거 대중 시위에 모인 군중은 그 순간의 드라마에서 아무런 힘을 갖지 못했고, 당국의 공격 앞에 협력할 힘도, 작전을 펼칠 힘도 가지고 있지 않았다. 버거가 『G』에서 묘사한 군중은 명분을 중심으로 뭉쳐 공통의 적을 확인하는 수많은 열정적인 개인들이었다. 하지만 그들에게는 사람들을 신속하게 동원할 수단이 없었다. 군대나 기병대처럼 반작용을 할 수단이 없었던 것이다. 군중들의 작용과 반작용에는 언제나 논리와 합리적인 이유가 있다. 그러나 공격적인 실천이 일어나는 경우, 반란 군중은 적들이 가진 미디어 권력과 지배계급의 병참선에 대적할 방법이 없다. 『마술적 마르크스주의』에서 나는 가브리엘 가르시아 마르케스의 『백 년 동안의 고독』에 나오는 순간을 떠올렸다. 혁명적 자유의 투사인 아우렐리아노 부엔디아 중령이 친구인 게리넬도 마르케스에게 "모두들 준비하라고 해" 하고 신호하는 장면 말이다. "전쟁을 시작할 거야." 중령은 말한다. "무슨 무기로 싸우려고?" 마르케스는 의아해한다. "놈들 무기를 빼앗아서." 중령은 대답한다. 그는 이렇게 말했을 수도 있다. 새로운 기업적 소통 기술을 동원하여, 그것을 자발적이고 급진적인 무기로 활용하여 총구를 적에게 돌린다고.[15]

무엇보다도 지금 우리에게는 휴대 전화가 있다. 그것은 이제 현장에서 자연스럽게 채택되는 가공할 만한 소통 무기다. 휴대 전화 문화에서 성장한 젊은이들은 더 이상 예전 세대처럼 몇 주일씩 미리 약속을 정하거나 협의하지 않는다. 이리저리 전화를 돌리고 메시지를 전달하고, 이메일을 그 자리에서 보내고, 휴대 전화 카메라로 영상을 찍어, 그들은 자기들끼리 마주침을 조직하고 소통하고, **딱 적절한 시간에** 자신을 표현한다. 이와 마찬가지로 정치에서도 그들의 전술과 군중 정치와 대중행동은 이제는 예전과는 다른 전술의 곡조에 맞추어 춤을 춘다. 디지털 미디어는 공간을 무너뜨렸으며, 조직하고, 시민군을 동원하고, 필요할 때 필요한 곳에 지원 세력을 증강하는 데 드는 시간을 줄였다. 이제 자발적인 마주침이 SMS 보내기, 사진 공유, 트위터 송수신을 통해, 그리고 대열의 움직임과 도로 폐쇄, 경찰의 움직임에 대한 현장 중계를 통해 관리되고 조율될 수 있다. 이런 기술은 길거리에서의 '벌떼 전술'에 대한 최신 정보를 거의 생방송이나 다름없이 즉각 시위자들에게 제공한다. 이는 중앙 집중화된 경찰 통신 시스템을 한발 앞지르고, '경호용 차단선'과 삼엄한 경찰의 진압을 피하려 할 때 결정적인 역할을 한다. 더 젊은 참여자들은 여기서 자신들을 두 번째 세대로, 포스트 시애틀post-Seattle[*]의 "스마트 모버Smart Mobbers"들로 여긴다. 스마트 모버란 가상 공동체의 정신적 지도자인 하워드 라인골드Howard Rheingold 의 흥미로운 테제에서 나온 말이다. 파급력이 컸던 라인골드의 저서 『스마트 몹: 미래의 사회적 혁명Smart Mobs: The Next Social Revolution』은 훗날 대담한 해커로 변신하는 불만 가득한 컴퓨터광들의 필독서가 되었으며, 새로운 점령하라 운동으로 나아가려 하는 시민들을 연결해 주었다. 이동통신, 어디에나 있는 컴퓨터, 무선 네트워크, 집단적 행동 등이 스마트몹의 키워드이다.

디지털 미디어 행동주의는 새로운 "제5인터내셔널"[**]을 불러내

■ 1999년 11월 30일에 시애틀에서 열린 WTO 각료회의를 둘러싸고 신자유주의 반대파들이 벌인 시위 및 그 여파.

■■ Fifth International, 정식 명칭이 〈국제노동자조직International Worker's Organizations〉인 이 조직의 5단계를 한 기획 작업으로, 2002년에 그 준비 단체인 〈제5인터내셔널연맹(League for the 5th International, L5I)〉이 결성되었다.

고 있는지도 모른다. 그것은 과거의 인터내셔널들, 당을 기초로 하는 사회주의자와 일반 조합원들이 전통적으로 개척해 온 좌파 조직 운동 및 정치 활동과는 질적으로 다르다. "제5인터내셔널"이라는 테제를 고안한 장본인인 피터 워터먼Peter Waterman은 현재의 "정보화되고 지구화된 자본주의"는 〈국제노동자협회International Working Men's Associations〉의 시대에 지배적이던 자본주의와는 형태와 내용 면에서 다르다고 말한다. 오늘날의 연대와 실천의 양식은 그와는 다른 수단을 요구하며, 소속된 데 없고 제휴하지 않는 새로운 주인공을 만들어 낸다.[16) 현명하고 관심 있는 시민들의 느슨한 동호회가 지구 전역에서 새롭게 결성되고, 다양한 언어로 대화를 나눈다. 그들은 SMS, BBM, PDA, GPS, GPL, XML 등과 같은 일련의 정보 기술 약어들이 등장하는 가운데 집합적인 공통어를 찾고 있는 중이다. 그리고 그들은 그들의 눈부신 전문성을 끌어와서 정치 지향적 해커와 가상현실의 급진파들이 참여하는 무정부주의적-코뮌주의적인 하부 문화를 만들어 내려 한다. 그들의 행동주의와 커뮤니케이션은 구체적인 메가-지하세계가 그 대중적 목소리를 찾을 때 절정에 달한다.

온라인과 오프라인 행동주의와 고의적인 다운시프트▪가 유동적으로 혼합된 산물은 현존 자본주의 내부에서 싹트고 있는 반자본주의이자, 외부에서 대안적인 공동체를 발명하려고 노력하는 가운데 내부에서부터 그 시스템을 부정하는 자동 조직auto-organization이

▪ downshifting. 삶의 다운시프트. 일 중심에서 여가 중심으로 삶의 자세를 전환하는 것.

다. 이세 전술, 행위자들, 무기가 과거와는 완전히 다르다. 도시적 정치의 이런 재중심화와 탈중심화는 사회의 사회적 신체 내부에서 확산되고 그 속으로 침투해 들어가며, 그 사회를 재구성하는 촉매 역할을 한다. 다른 생활양식의 실험은 이와 같은 새로운 점령자 공동체 내에서, 생산수단의 독점과 중심화가 노동의 사회화와 양립 불가능해지는 어느 지점에 도달한 사회의 작은 틈에서 추구되고 있다. 신기술은 더 복잡하고 다양한 노동 분업을 만들어 냈고, 역사적으로 자본은 이것을 수탈하여 상대적 잉여가치의 원천으로 삼았다. 마르크스에 따르면, 테크놀로지의 기량은 **"협업이라는 수단에 의해,"** "원천적으로 집단적인 힘인" 새로운 생산력을 창조함으로써 "개인의 생산력을 증가시키는" 능력에 달려 있다.[17] 하지만 기술은 상반된 효과를 낳기도 한다. 행성화와 정보화에 의해 촉진된 집단적이고 협업적인 힘은 반란과 저항에 새로운 잠재력을 열어 주기도 한다. 그리고 마르크스도 그 점을 알고 있었다.[18] 그는 "협업하는 노동자들의 수가 늘어나면서 자본의 지배에 대한 그들의 저항도 커지는 것"이 곧 "피할 길 없는 적대"라고 말한다.[19] 그리고 이러한 피할 길 없는 적대는 신프롤레타리아 일원의, 메가 지하세계 점령자의, 그리고 매인HCE의 영토를 넓히며, 집단적으로 공유되는 욕망과 상상력의 새로운 힘과 더불어 다양한 협력을 위해 확대되고 더욱 집약된 도시적 네트워크를 만들어 준다.

　오늘날의 스마트 몹에서 가장 혁명적인 것은 아마 그 빠르기, 그 기체 같은 흐름, 흩어졌다가도 구름처럼 뭉치는 그 속도, 그리고 여기저기서 순식간에 나타났다 사라지는 방식일 것이다. 스마트 크라우드smart crowd는 무시무시한 속도로 모습을 감춰버리는 **플래시 크라우드flash crowd**이기도 하다. 그것은 발광성 에테르와 정말 비슷하다. 처음에는 공상과학소설로 시작되었던 것이 이제는 불길하게 사실적인 것으로 보인다. 티브이의 리얼리티 프로그램 수준은 아니더라도 유튜브 정도의 현실성은 있다. 캘리포니아의 공상과학 소설가 래리 니븐Larry Niven은 1973년에 흥미진진한 단편을 하나 썼다. 「플래시 군중Flash Crowd」이라는 그 단편소설에는 외계인이 등장하지 않는다. 단지 주류 티브이 방송사들에 의해 그려지는 떠돌이 시위꾼들이 나올 뿐이다. 니븐이 보여 주는 세계는 미래주의적인 로스앤젤레스다. 윌셔 대로는 보행자 전용도로가 되었고, 랙스 공항은 후미진 곳에 있는 조용한 터미널로 변했다. 비행기와 자동차 여행은 없어지고 순간이동으로 대신한다. 그와 함께 메트로폴리스의 시공간이 전부 변했다. 어디서든 "이동 부스"에 들어가 신용카드를 긁고 행선지에 따라 맞는 좌표를 찍으면 전화 통화할 때 목소리가 전해지는 그런 속도로 당신은 뉴욕이나 라스베이거스나 리오로 이동한다. 이 초하이테크 시대의 로스앤젤레스에서 놀라운 것은 과거의 고속도로와 자동차도로가 모두 무성한 풀밭으로 변했다는 사실이다. 콘크리트로 포장된 도로는 자전거 전용 도로이고, 그보다 넓은 공간은 너무 커서 이동 부스에 들어가지 못하는 큰 화물을 싣고 가는 헬리콥터 착륙장으로 쓰인다. 주차장은 미니 골프장으로 변했다.

니븐의 「플래시 군중」에서 주인공은 주류 티브이 채널 네트워크인 CBA의 보도 기자 제리베리 잰슨이다. 제리베리는 탐정 스타일의 기자이다. 좋은 이야기, 황금시간 대에 방송을 탈 만한 이야기를 찾아 눈과 귀를 길바닥에 바싹 대고 다니는 떠돌이 뉴스 수집가이다. 제리베리는 상황 파악이 되지 않은 상태로 막 소요가 터지려는 산타모니카 몰에 들어간다. 그리고 군중이 상점을 약탈하기 시작할 때 폭동이라는 드라마의 열기에 휩쓸린다. 그가 사람들의 얼굴에 카메라를 들이대는 바람에 폭동의 불길에 부채질을 한 것처럼 보이기도 한다. 제리베리는 좋은 기사거리를 붙잡고 싶은 마음이 너무나 간절한 나머지 스스로 그것을 만들어 낸다. 어디서 오는지도 모를 군중이 몰려든다. 제리베리는 움직이는 사람들의 머리 위로 카메라를 들어 올려 그 폭발적 장면을 동영상에 담는다. 사람들은 커다란 쇼윈도를 미친 듯이 때려 부수고, 진열된 상품을 마음대로 가져간다. "한 젊은 여자가 제리베리 옆에 바싹 붙었다." 니븐이 말한다. "그 여자의 눈에는 초점이 없었고, 머리카락은 헝클어져 있었다. 일종의 광기, 일종의 희열이 그녀의 얼굴을 싸움터로 만들었다. '직류 자극을 합법화하라!' 그 여자는 제리베리를 향해 부르짖었다. 그녀는 제리베리에게 달려들어 카메라 렌즈통을 붙잡고는 빙 돌려 자기 얼굴을 찍게 했다. '와이어헤딩을 합법화하라!'"[20]

시위자들이 순식간에 벌떼처럼 모여들어 쇼핑몰 전체를 점령했다. 경찰은 간신히 주위를 포위했고 헬기가 머리 위로 날아다녔지만, 한참 시간이 흘러도 문 닫힌 상점을 약탈하려는 성난 무리들을 통제할 수 없었다. 사이렌이 울렸다. CBA 무인 조종 헬기 한 대가 격추된다. 남자 둘이 들것에 실려 나간다. 니븐은 "가로등은 거의 모두 꺼졌다. 몇 개 안 남은 가로등 불빛은 괴물 같은 그림자를 쇼핑몰 벽에 드리운다. 가구점 창문 너머로 오렌지빛 불길이 일렁거린다"21)고 묘사한다. 쇼핑몰 시위가 폭발적으로 확대되자 보안 당국은 경악한다. 폭동의 드라마가 마침내 가라앉고 사람들은 귀가한다. 그리고 유력한 가해자로 제리베리가 지목된다. 그가 폭동을 발발시켰는가? 애당초 이 모든 일이 어떻게 시작되었는가? 방송사 사장은 그를 해고한다. 하지만 제리베리 스스로도 사태에 대한 대답을 얻고 싶었으므로, 진실을 알기 위해 개인적으로 탐사를 시작한다. "빌어먹을, 나는 쇼핑몰 폭동의 원인이 무언지 알아." 한 인터뷰이가 그에게 말한다. "뉴스 보도도 원인 중의 하나이기는 해. 하지만 원격 순간이동 부스도 원인이었어. 그걸 통제하면 이런 종류의 폭동이 다시는 일어나지 못하게 완전히 막을 수 있을 텐데."22)

그때까지 순간이동 부스가 문제된 적은 한 번도 없었다. 어쨌든 로스앤젤레스에서는 그 덕분에 교통 체증이 없어졌으니 말이다. 비행기 운행도, 우편 업무도, 스모그도, 대기오염도, 심지어는 슬럼의 집주인도 존재하지 않았다. 직장이나 사회복지 사무소 근처에 살 필요도 없었다. 구직 활동도, 인구 밀집도, 교통 정체도, 이 모든 것은 과거의 일, 까마득한 옛날 일이 되었다. 순간이동 부스가 있으니 도로도 필요 없었다. 사람들은 터널 다이오드 속에서 전자처럼 움직였고, 빛의 속도로, 심지어는 빛보다 더 빨리 이동했다. 전자는 물질이 아닌 것이 될 수 있고, 실제로도 그러하며, 다른 곳에서 다시 물질화하기도 한다. 양자역학에서 전자들은 내내 그런 일을 한다. 아인슈타인은 양자역학이 본질적으로 **비국소적인nonlocal 특성을 가졌음**을 보여 주었다. 그는 우주 한 장소에서 발생한 동요가 즉시 멀리 떨어진 다른 부분에 영향을 미친다는 것을 알고 있었다. 아인슈타인은 그것을 "원거리 유령 작용spook action-at-a-distance"이라 불렀는데, 그 자신은 그것에 의혹을 품어 터무니없다고, 따라서 양자 이론이 틀렸다고 결론지었다.[23] 하지만 양자 이론은 아인슈타인이 틀렸음을 입증했고, 나중에 물리학자들은 슈퍼뉴트리노의 존재 가능성을 암시하기 시작했다. 슈퍼뉴트리노란 전자 내부에 있는 입자로, 빛보다 더 빠른 속도로 움직일 수도 있다. 이는 곧 원거리 순간이동이 가능하다는 의미이고, 결과가 원인이 되고(원인이 결과를 낳는 것이 아니라), 상대성 이론이 틀렸다는 뜻이 된다. 순간이동 부스 전문가는 제리베리에게 "십 분 동안 인간은 일종의 수퍼 뉴트리노가 됩니다"[24]라고 말한다. 하지만 순간이동 부스에는 단점도 있다. 언제라도 순간이동이 가능하니 언제라도 시위가 일어날 수 있기 때문이다. 순식간에 도피하거나 절도하는 것도 가능하다. 이는 새로운 형태의 사회적 불안이며, 추측일 뿐이겠지만, 새로운 형태의 사회적 저항이나 사람들을 동원하는 일이 될지도 모른다.

그렇다면 중요한 것은 무리들CROWDS이다. 군중crowd의 집결, 이 군중에서 저 군중으로, 가는 곳마다 약탈하며 옮겨 다니는 폭도들mobs 말이다. 이 새로운 군중이 **플래시 크라우드**다. 어떤 경험 많은 고참 경찰관이 제리베리에게 원격 순간이동 부스가 발명되기 전에는 플래시 크라우드가 그처럼 빨리 형성될 수 없었다고 말한다. "그건 신종 범죄이고, 난 은퇴한 게 애석할 지경이오."[25] 앞으로는 경찰에게 플래시 크라우드나 쇼핑몰 폭동에서처럼 군중이 집결한다는 소식이 전달되면 그 즉시 본부의 비상스위치가 켜지고, 해당 지역 인근의 순간이동 부스는 폐쇄된다. "우리의 문제는 전적으로 미국 전역의 시위자들이 한 지점에 모여들 수 있다는 데 있어요."
경찰관은 한탄한다. 그는 지금 우리 앞에 놓인 문제는 "영원히 이동하는 플래시 크라우드"라고 경고한다. 극적이고 전례 없는 속도와 규모로 서로를 만날 수도 있는, 영구히 유동하는 인구, 이는 새로운 현상, 새로운 위협이다.[26]

　말할 필요도 없지만, 순간이동은 미래에나 실현될 수 있을 것이다. 가설적으로는 가능할지도 모르지만, 그래도 아직은 공상과학소설의 영역이며, 아직은 억측의 영역에 있고, 아직은 최고 속도를 내지 못한다. 하지만 그렇게 제한된, '느린' 현재 수준의 디지털 테크놀로지만 가지고도 군중의 속도와 규모가 변환되는 것을 쉽게 볼 수 있다. 니븐의 소설 속 플래시 크라우드처럼 갑자기 타오르는 약탈하는 군중뿐만 아니라 불길처럼 저항하는 정치적 군중, "원거리 유령 작용" 역시 마찬가지이다. 점령을 요구하는 문자메시지 하나가 순식간에 10명에게 전달되고, 그 다음에는 20명, 또 50명, 그러다가 곧 5백 명, 심지어는 5천 명에게 연결된다. 메시지를 듣는 사람은 기하급수적으로 증식되며, 가상의 거리는 사라진다. 물리적 군중은 전염력을 띠고, 현전하며, 움직이는 축제가 된다. 투입되는 물량은 얼마 안 되지만 그것이 만들어 내는 산출물의 잠재력은 극적으로 커진다. 군중이 흩어지면 물리적으로는 과거에 그랬던 것처럼 갈라지겠지만, 이제 그 흩어진 군중은 어떤 식으로든 연결된 상태로 남을 수 있으며, 와이어헤드나 심지어는 융화 집단의 형태로 가상적으로 엮일 수 있다.

4. 플래시 크라우드에서 융화 집단으로

장-폴 사르트르가 래리 니븐의 단편을 읽었다면 아마 플래시 크라우드를 '모임gathering', 혹은 아직 "융화 집단"이 되지 못한 '집렬체 집단group in series'이라 불렀을 것이다. 융화 집단이라는 개념은 사르트르의 권위 있는 저서이자 본인이 제일 좋아한 저작인 『변증법적 이성 비판』의 핵심에 놓여 있다. 이 책은 변증법적 이성을 더 나은 변증법적 이성의 이름으로, 즉 혁명적 실천에 대해 더 잘 알고, 그것을 더 잘 설명할 수 있는 이성의 이름으로 비판하려고 시도한다. 그것은 **개별자가 자신이 속한 집단의 살아 있는 시간성과 공간성이 되는** 구성된 변증법constituted dialectics을 만들어 내는 것이기도 하다. 그리하여 구성된 변증법은 사르트르적인 변증법적 이성, "조직된 집단 안에서 개별적 기능들의 실천적 관계를 설명해 주는"[27] 변증법적 지성을 나타낸다. 즉 이 변증법에서 개인은 혁명적 군중의 적극적이고 의식적인 구성 요소가 된다. 사람이 변증법 그 자체를 구성하며, 그들은 이 변증법 내에서, 그 융화 집단 내에서, 서로 융화되고 있는 그 집단 내에서 서로를 개인으로 만난다.

사르트르에게 이 변증법은 각각 고유의 단계를 따라 생성된다. 소외된 개인들이 개인들의 "집렬체"로 넘어가는 단계, 집렬적 "모임"에서 집단으로 넘어가는 단계, 서로 만나고 연대하는 집단에서 융화 집단이나 소위 제3의 당으로 넘어가는 단계가 그것이다. 사르트르에게 한 국면에서 다른 국면으로 넘어가는 길은 혁명적 리허설에서 진짜 혁명으로 넘어가는 길이었다. 즉 실제 바스티유 습격으로 넘어가는 길이었던 것이다. 사르트르는 1789년 프랑스 혁명의 이 결정적인 순간에 살을 붙여 무엇이 혁명을 성공이나 실패로 이끄는지, 또 왜 그렇게 되는지를 설명한다. 1789년 7월 14일에 시위자들은 바스티유로 달려가 파리의 일상에 이미 잠복해 흐르던 폭발적 공격력을 터뜨렸다. 사람들의 집렬적 행동은 새로운 차원의 집단적 실천으로 서서히 대체되었다. 집렬적 행동 속에서는 개별자들이 서로에게 무기력하게, 수동적으로 연결된다. 줄이나 대열을 지을 때 개인들이 서로 연결되는 방식처럼, 통합되어 있지만 분리되어 있는 것이다. 1789년의 집렬성을 볼 때 파리 시는 실천적 타성태의 무대, 일상적 파리인들이 인형 노릇을 하는 수동적인 인형극 공연이었다. 하지만 사람들이 루이 16세와 그의 군주제에 대항하여 무장하기 시작하면서 방어적 폭력이, 폭력과 약탈의 홍수가 속박에서 풀려났다. 이는 공통된 조직이나 적극적인 전체화도 없는 공통 행동이었다 사람들은 계속해서 꾸준하게 **능동적으로** 변했고, 자신의 무기력함을 부정했으며, 적에게 대항하는 자신들을 의식하게 되었고, 집단의 내면을 외양에 부응시켰다. 집단성은 사람들이 왜곡되고 부패한 의회에 자신들의 대의권을 위임하던 수동적인 집렬성에서부터 출발해, 자신들의 행동과 폭력 속에서, 의회에 대항하는 논쟁과 자발성 속에서 스스로를 조직하고 인식하기 시작했다. 사르트르는 "모임"이 "조직된 존재로서 자신의 현실을 지각했다"고 말한다.[28]

그리하여 집렬적 모임의 해체를 기초로 하여 만들어진 융화 집단이 출현하기 시작했다. 먼저, 부정의 집단적 과정으로서 집단이 병합되었다. 얼마 안 가 "실천의 긍정적인 결정決定"(357)이 그 집단을 실제로 융합했고, 그것에 불을 붙였을 뿐만 아니라 응고시켰다. 사르트르는 "융화 집단은 실제로는 여전히 하나의 집렬체이고, 외면의 부정을 재내면화하면서 자신을 부정한다. 다른 말로 하면 이 순간에는 긍정성 자체(형성되는 집단)와 자기부정(해체되는 집렬체) 사이에 어떤 차이도 없다"고 그답게 복잡하게 말한다.(356) 그 이후 모든 행동은 "수동적 영역 안에서, 그리고 그에 맞서서 구성된 실천"을 나타낸다. 사르트르에 따르면, 융화 집단은 그 참여자들의 통합이 새로운 조합을 만들 때, 자신들을 내인 동시에 우리we로 나타내는 사람들의 독창적인 융화가 이루어질 때, '나'와 '너'의 통일성, 너와 나의 통일성, 특히 그들에 **대항하는** 너와 나의 통일성이 생성될 때 절정에 이른다. 총 결과물은 완언히 새로운 종합, 사르트르적인 '제3의 당'이며, 그 속에서 '나, 자신'은 동시에 '우리, 사람들'이 된다.

사르트르는 다시 이 과정을 영리하면서도 복잡하게, 또 자못 아름다운 방식으로 표현한다. "위협적인 조직적 실천의 부정으로서의 실천적 통일체는 사실상 제3의 당을 통해, 무수한 상호성들을 **통해** 그 자신을 드러낸다. 구조적인 관점에서 보면 제3의 당은 다수의 진원지와 목표(동일하면서도 서로 다른)들이 종합적 목표가 결정한 대로 그 자신을 직접 조직하는 인간적 중개자이다."[29] 바스티유로 쳐들어갈 수 있는 지점이 바로 지적에 있다. 억압적 권력의 상징, 파리의 생앙투안 구에 있는 검고 위협적인 요새, 그 지역의 죄수를 가두는 감옥일 뿐만 아니라 탈취해야 할 대포가 있는 요새이기도 한 곳 말이다. 이 전설 속의 융화된 제3의 당은 바스티유를 습격함으로써 "자유의 들판에서 그 자신을 생산할 유령 같은 가능성으로 내면화되었다."[30]

『변증법적 이성 비판』에 나오는 융화 집단에 대한, 자유의 들판에 있는 "유령 같은 가능성"에 대한 사르트르의 설명에는 탁월하고 시사적인 부분이 많다. 후대의 자유의 투사들과 점령자들을 예고하는 요소들이, 우리 시대에 소셜 미디어로 조직된 실천과 무수한 상호성들을 통해 우리가 스스로를 어떻게 드러내고 표현할 수 있는지를 알려주는 것들이 많다. 물론 사르트르의 테제 중에는 더 이상 실효성이 없기 때문에 현재에 적합한 내용으로 수정해야 할 것들이 두어 가지 있다. 주된 걸림돌은 18세기의 시위자들이 바스티유 감옥에 쳐들어간 것처럼, 융화 집단들이 국가에 달려들어 국가를 깨부수고 해체하고 전복시킨다는 생각이다. 포스트 자본주의 시기의 그 어떤 실험도 항상 이행 과정에 있을 것이고, 늘 적응하는 도중일 것이고, 언제나 그 자신을 긍정하기 위해 뭔가에 저항해야 하고, 스스로에게 권한을 부여하려는 의지와 함께 그 자신의 내적인 권력 다툼과 타협하고 있을 것이다. 행동이 완결되는 경우는 거의 없다. 매일의 생활에서 자율적인 자기 긍정과 자기 조직성을 얻으려는 모든 융화 집단은 자신을 쐐기처럼 국가 권력 속에 꽂아 넣어야 하며, 정치적·경제적 생활을 통합한 신자유주의 국가의 내부에서부터 균열을 일으켜야 한다. 뭔가를 깨부순다는 의미의 정면 대결로는 아마 이 균열을 만들 수 없을 것이다. 아무리 망치로 내리치더라도 국가는 깨지지 않는다.

1870년 가을에 파리의 노동자들이 프랑스의 국가 권력을 무너뜨리려고 시도했을 때 마르크스는 "국가 권력 깨뜨리기", "국가 쳐부수기"에 대해 이야기했다. 마르크스는 그들이 원하는 바를 성취할 수 있을지 회의적이었다. 그는 국가를 쳐부수려는 모든 시도가 "절망에서 나온 어리석음"이라고 말했다. 하지만 그 다음해 봄, 코뮌 기간 동안 노동자와 시민의 봉기가 생생한 현실이 되자 마르크스는 어조를 바꾸어, 부정적이고 불길한 조짐이 있음에도 이 자발적인 프롤레타리아 반란을 너그럽게 환영했다. 레닌이 『국가와 혁명State and Revolution』에서 설명했듯이, 마르크스는 "하늘까지 휘몰아쳤던" 코뮌 참여자들의 영웅적 행동을 열정적으로 지지했을 뿐만 아니라 그 사건을 혁명적 실천에서의 역사적 이정표로 간주했다. 모든 곳에서 세계 프롤레타리아 혁명을 진전시키려는 핵심적 실험이라고 본 것이다. 그것은 전술적 교훈을 분석하고 다듬어 볼 수 있는 수업이었다. 뿐만 아니라 파리 코뮌이 있던 무렵 마르크스는 쿠겔만에게 보낸 편지(1871년 4월 12일)에서 이렇게 말했다. "당신이 내 책 『브뤼메르 18일』의 마지막 장을 펼치면 다음에 시도될 프랑스 혁명은 예전처럼 관료제적·군사적 기계를 한 손에서 다른 손으로 넘기는 것이 아니라 그것을 **깨부수는** 것이 될 것이라고 단언한 부분을 볼 것이오. 이것이 대륙에서 진정한 인민 혁명이 일어나기 위한 전제조건입니다. 파리에서 우리의 영웅적 당원 동지들이 시도하고 있는 것이 바로 이것입니다."[31]

레닌도 이와 비슷한 결론을 끌어냈다. "관료제적 기계를 깨부순다는 말은 프롤레타리아들이 국가와 관련한 혁명 기간 동안 감당해야 할 과제에 관한 마르크스주의의 주된 교훈을 간략하게 표현해 준다." 그러나 레닌과 마르크스의 고귀한 분석 의도에도 불구하고, 관료제적 국가의 재정적 기계를 **깨부순다는** 과제는 요즘의 어떤 사회운동도 달성할 가망이 없다. 코뮌 참여자들도 힘든 길을 통해 그 사실을 알아냈다. 레닌에 따르면 그들은 국가를 쳐부순다는 목표를 향해 전진했지만 그 종착점에는 끝내 도달하지 못했다. 아마 레닌이 프롤레타리아 혁명에 너무 많은 것을 요구했는지도 모른다. 아니면 요구가 너무 작았을까? 깨부수기란 더 이상 옳은 목표가 아닌 것 같기 때문이다. 실천으로 본다면 도무지 불가능한 것이고, 분석이라 한다면 너무 단순하다. 그러니 국가를 깨부수자고 말하기보다 국가 내부에서 균열을 만들고, 그것을 전복시키자고 말하는 것이 더 적절할 것이다. 시민사회를 틀어쥔 국가의 장악력을 줄이고, 국가의 정치적·관료제적 족쇄를 느슨하게 함으로써 국가의 '공식적인' 영역에서 분리되어 나오는 것처럼 말이다. 내가 볼 때 지금 시대에는 이쪽이 훨씬 더 실효성 있는 어휘인 것 같다. 해방되고 자율적인 영역은 새로운 코뮌이 개화하는 영역이자 가능성, 즉 또 다른 가능한 세계의 조짐을 볼 수 있는 영역이다. 하지만 그것은 어떻게든 확대되어야 하고, 스스로 **수평적으로** 확산되어야 하고, 모든 측면에서 더 커져야 하고, 더 강해져야 하며, 심장부에서 자체 긍정하는 저항력을 더 키워야 하는 구역이다.

집렬체에서 제3의 당으로 넘어가는 사르트르적인 이행 과정, 새롭게 고조된 통일성과 융화의 감각을 만들어 내기 위해 서로 마주치는 모임, 이 모든 것은 무엇을 해야 할지에 대해 많은 것을 끊임없이 이야기한다. 사르트르는 '모임*rassemblement*'은 집단성의 어떤 형태, 집단을 구성할 수 있는 사람들의 집렬체라고 말한다. 그에 따라 '집단groups'은 극장 앞에서 서로의 등 뒤에 줄 서 있는 사람들이 아니라 "각 구성원들이 상호관계 속에서 서로에 의해 결정되는 그런 부류의 앙상블" 쪽에 더 가깝다.[32] 사르트르가 그렇게 말한 것은 아니지만, 하나의 집단 내에서 융화가 이루어지게 하는 것은 뭔가가 '자리 잡을' 때이다. 바로 여기에서 마주침이라는 아이디어가 개입하고 역사와 지리의 빗겨남을 창출한다. 그 시간성은 유동적이고 비단선적인 시간 프레임이며, 실제 시간과 영원한 시간의 혼합물이고, 공시적이고 통시적으로 발생하는 실천이다. 다른 말로 하자면 자기 인식과 공통 통념이 출현하기까지는, 적절한 관념을 개발하기까지는, 그리고 사람들이 상호 호혜를 발명하고 찾아낼 수 있도록 배치되기까지는 시간이 걸린다. 모임은 추친력을 모으고, 디지털로 연결되고, 길거리에서 스마트 몹과 플래시 크라우드를 형성한다. 그러다가 마주침이 시작되어 새로운 마주침으로 이어지며, 새로운 융합 행위가, 새로운 속도와 전술이 그 뒤를 잇는다.

그 지점 언저리에서, 융화 집단의 지리학 또한 특별한 방식으로 크게 변형된다. 마주침이 있기 전, 융화 집단이 자리 잡기 전에는 말하자면 '도시'와 그 공간은 단지 그곳에 있을 뿐이고, 단순히 잠복된 상태로, 실천적-타성태의 수동적 영토로 존재했다. 내가 '도시'라고 말하는 것은 이런 공간들이 여분의 고정 자본 속에 죽은 노동처럼 존재하기 때문에, 소외와 비생명의 냄새를, 낡아빠진 벽돌과 시멘트의 냄새, 콘크리트와 철강의 냄새를 풍기면서 풍경 속에 객체화되어 존재하기 때문이다. 사르트르가 말하듯이, 자유로운 집단은

"실천적-타성태의 수동적 행동"(556)과의 전투를, 소외시키는 객체화로서의 도시에 만연한 수동적 행동과의 전투를 조직한다. 도시적 공간이 살아나려면 그 공간은 사람들 사이의 역동적인 사회관계에 의해 점령되고 장악될 필요가 있다. 다른 도시적 공간의 저곳 아니면 다른 어떤 곳에서든 도시적 공간에 생명을 불어넣어 주고, 따라서 "구성하는 객체화"가 아닌 "구성된 주체화"라는, "개인적인 것과 공통적인 것의 상치와 동일시"라는, 살아 있고 유기적인 공간성을 만들어 내면서 말이다.[33] 존 버거는 군중들이 "그들을 둘러싼 도시를 다른 시선으로 본다"고 말한다. 그들은 그들 자신을 도시적 공간 속에서 바라본다. 그 공간을 탈중심화되었지만 융합된 도시적 영역으로 만들면서 바라본다. 그리고 그 공간 안에서 그들은 마침내 장기의 졸卒이 아니라 참여자가 된다. 자유롭게 숨쉬기를 열망하는 시민이 되는 것이다.

5. 급진적 융화에 관한 메모: 만화경, 웜홀, 마이너 공간

마주침이 **진정으로** 발생한다면, **정말로** 응결한다면, 사르트르식의 융화 집단은 의심할 바 없이 정치적 초끈 이론이 그 스스로를 실현시키는 형태가 될 것이다. 집단적인 보손 입자 주위에서 일어나는 변혁적인 결합 같은 것 말이다. 오늘날의 입자 물리학자들처럼 우리는 이런 집단적 실재가 존재한다는 것을, 설사 경험적으로는 목격하지 못했을지라도, 우리의 급진적인 가설을 통해 이론적으로, 그리고 수학적으로 알고 있다. 우리는 형체들이 중첩된다는 것을, 보손 입자 속의 형체들이 그 99퍼센트일 것이라는 점을 99퍼센트 확신한다. 그런 일이 일어난다면, 그리고 그런 일이 실제로 일어났을 때, 우리는 눈앞에서 아름다운 콜라이도르스케이프collideorscape을 보게 될 것이다. 마주침이라는 개념은 제임스 조이스의 『피네간의 경야』의 중심 모티프이다. 여기서 조이스에게 **콜라이도르스케이프**란 "충돌하고collide 달아나는escape" 어떤 것을 가리킨다. 함께 나타나는 것, 온갖 것들이 보이는 만화경, 우연성이 확립되고, 사물을 뒤흔들어 다른 실재에게 형태를 부여하는 것, 변경된 지각으로의 도피, 해방의 다른 단계로 달아나는 것이다. 그러므로 콜라이도르스케이프란 둘 이상의 성질이 합쳐진 정치를 나타내기 위해 둘 이상의 단어로 만든 혼성어이다.[34] 그리고 이 혼성적인 정치에서 공간에 대한 물음은 사라지지 않을 것이다. 그것은 언제나 정치적 투쟁의 싸움터, 모든 마주침의 중앙 무대, 모든 **콜라이도르스케이프**의 무대, 그 도시의 실천적-타성태를 녹여버리는 모든 융화 집단의 중앙 무대가 될 것이다.

여기서 사용하는 어휘가 이상할지 모른다. 원래 이상해야 한다. 왜냐하면 우리는 다른 대상을 규정하고, 새로운 보기의 방식을 개발하고, 그것에 이름을 붙이려 하고 있기 때문이다. 이제 막 출현하는 행성적 도시 공간만이 아니라 갓 부상하는 정치적 주체와 관련해서도, 이 새로운 공간적 객체와 막 태어난 능동적 주체를 동시에 재이론화하려 하고 있기 때문이다. 하지만 이름을 붙일 때는 신중해야 한다. 사물들을 폐쇄하고 (사르트르가 말한 것처럼) 단추를 채워 버리고 싶지는 않으니 말이다. 그보다는 이 국면을 그 불확정적인 생성 속에서, 그 가능한 생성 속에서 규정하고 싶은 것이다. 혁명은 종착점만이 아니라 하나의 과정이다. 그것은 결과물, 완결된 산물, 완전히 끝나버린 어떤 것일 수 없다. 변증법주의자들이 실재를 운동이자 모순으로, '운동 법칙'으로 설정한다면, 왜 그것을 자본주의에만 적용할까? 자본주의 이후에는 움직임이 멈추는 것일까? 조이스 식의 어법이 그토록 도발적이고 환기적인 것은 그 때문이다. 조이스는 확정적인 방식으로 길을 안내하고 있지는 않지만, 정신적 이미지를, 더 나아가 정신적 지도를 환하게 보여 준다. 조이스 식의 만화경은 **실천praxis**과 **과정process**의 포착하기 힘든 결합을 표현하는 또 다른 방식이다. 또한 사르트르가 확인해 준 결합, 결합되어야 한다고 그가 그토록 완강하게 주장했던 것, 또 그가 "무수한 상호성들"을 닮았을 거라고 주장한 것을 표현하는 방식이기도 하다. 사르트르에게 그랬던 것처럼 조이스에게도 이 **콜라이도르스케이프**는, 이 무수한 상호성은 "온갖 종류의 발언이 죄 펼쳐지는 파노라마"처럼 들릴 (그리고 그런 냄새를 풍길!) 것이다.[35)]

이 만화경은 어떤 모습일까? 우리는 그것을 어떻게 보고 어떻게 상상할까? 저항의 형상화, 저항의 회화적인 표현, 우리 마음의 눈에서 전개되는 마주침의 정치의 광경은 다시 한 번 추상표현주의에서 발견할 수 있다. 예를 들면 잭슨 폴락이 1950년에 그린 그림 "32번 Number 32"는 현재 뒤셀도르프의 노르트라인-베스트팔렌 주립미술관에 걸려 있다. 폴락의 패턴은 **융화**의 행동 바로 그것을, 사르트르적인 "융화 집단"이 되어가는 사람들을 묘사한다. 폴락이 그린 최고의 작품들처럼 이 그림에서도 화가의 의도보다는 그의 그림을 마주쳤을 때 그것이 여러분에게 어떤 의미로 다가오는지, 그것이 여러분에게 어떤 작용을 미치는지가 더 중요하다. 모든 은유와 영감을 불러일으킬 잠재력은 보는 사람의 눈 속에 확고하게 들어 있다.

폴락의 작품 중에서도 그 자신이 최고작으로 꼽은 걸작인 "32번"에는 단 두 가지 색만 사용된다. 캔버스는 흰색이고, 그 위에 칠흑같이 검은 소용돌이 타래들이 흩뿌려져 있다. 그림을 보는 사람은 이 구성에서, 영원히 진동하는 것처럼 보이는 검은색에서 발산되는 에너지와 활기를 강하게 느낀다. 너무 가까이 다가가면 그림의 나선형 소용돌이 속으로 빨려든다. 에너지는 얇은 회오리와 곡선, 물감의 웅덩이와 뚝뚝 떨어진 자국, 흩뿌려진 검정 물감의 구불구불한 실오라기들을 통해 들어온다. 그 가운데 눈 결정이나 신경세포의 수상 돌기처럼 수렴하는 지점들, 검은 물감이 두꺼워지고, 결절을 이루고, 고도로 충전되는 지점들이 있다. 투입되는 물량은 적지만 그것은 나선을 그리며 안쪽으로 들어가서는 엄청난 산출물을 쏟아낸다. 그 산출물들이란 바깥으로 밀고 나오는 에너지, 양적-질적 반응을 풀어놓는 확산, 임계 질량에 도달한 힘, 거대한 마주침이 낳는 급진적 지리학 등이다. "32번" 같은 그림에서 벌어지는 일은 그림이라기보다는 하나의 사건이다. 미술과 생활 사이에 있던 경계는 모두 무너진다. 해방을 향해 나아가는 환영 같은 지름길과 미세한 오솔길이 우리 눈앞에서, 우리에게 그 길을 지나가는 것을 허락하며 그 스스로를 표현한다. 바로 그때 우리는 이 형상화 속에서 급진적 프랙탈뿐만 아니라 웜홀이라는 물리학의 개념이 살아 움직이는 것을 보

게 된다.[36)]

웜홀은 행성적 도시 공간이라는 새로운 지역을 창조하고, 새로운 공간적 영토를, 새로운 정치적인 시공간 차원을 개척한다. 이 새로운 지역에는 모든 곳의 사회운동 사이에 다리나 지하 터널을 만들어 비밀스럽게 연결하는 새로운 **마이너 공간**minor spaces이 딸려 온다. 마이너 공간이 우리의 우주적 세계에 존재하는가?, 우리의 사회적 우주에는? 웜홀이 마주침을 **결론**짓고 **완결**할지, 그렇게 하여 과연 행성 전역에서의 온갖 투쟁을 통합하는 **전령 입자**messenger particles를 전송할지 기다리고 지켜보자. 하전 입자charged particle는 부정적이고 반발적인 에너지를 전송하며, 걸핏하면 다른 입자들에게 "저리 비켜"라고 말한다. 하지만 모든 입자는 상반된 전하, "함께 가자"라고 말하는 인력을 가진 반대쪽 전하도 갖고 있다. 현재 계속 팽창하는 우리의 도시적 우주에서는 작은 에너지 고리도 믿을 수 없이 큰 힘을 발생시킨다. 그것들은 문자 그대로 세계를 빙빙 돌게 만든다. 전기로 빛을 밝히고, 다른 종류의 푸른 빛을 만들어 낸다. 이제 이 새로운 행성적 전하에 실제로 에너지를 불어넣어야 하는 정치적 투쟁의 시간이 도래했다. 그것을 전례 없는 우주적 고유성으로, 새로운 **구체적** 표현주의와 상상하기 힘든 유사한 도시적 영역으로 넘어가는 통로로 전환시킬 시간이 된 것이다.

웜홀은 행성적 자본주의라는 거대 공간 내에서 소용돌이를 만들어 내는 작고 까다로운 공간이다. 이런 웜홀들은 자본주의적 내재성의 평면 안에서 균열을 일으키거나 틈을 만들어 말썽을 일으킨다.

웜홀 안에서는 세계시장의 특정한 중력이 더 이상 작용하지 않는다. 공기와 빛은 갈수록 더 신선하고 밝아질 것이다. 웜홀은 신자유주의로 인한 사막화의 결과로 건조해진 지역에 비를 내린다. 르페브르는 우리의 현존하는 지상의 우주 가운데 가장 말썽 많은 공간을 **추상적 공간**abstract space이라 부른다. 그가 말하는 추상적 공간이란 권력 및 일정한 질서와 합리성 개념이 주입된 공간이라는 의미다. 르페브르의 말에 따르면 추상적 공간은 본질적으로 무색무형의 공간, 형식적이고 수량적인 공간이다. 그것은 자연에서 유래하며 **신체**에서 비롯하는 차이를 모조리 지운다. 하지만 추상적 공간은 겉보기에는, 그 이름이 직접적으로 함축하고 있는 바와는 다르다. 여기에 추상적인 것은 하나도 없다. 마음속에 있다는 의미의, 순수하게 개념적으로 뭔가가 존재한다는 의미에서의 추상적인 것은 없다. 사실, 추상적 공간은 뼛속 깊이 물질적이고, 골치 아플 정도로 속속들이 **실제적**이다. 그것은 세계시장처럼 진짜로 공간 속에 구현되어 있고, 유리와 철강으로, 콘크리트로, 사회관계와 제도 속에, 안전구역에, 온갖 잡다한 무역 협정 속에, 해마다 〈세계 경제 포럼〉이 열릴 때 다보스 같은 장소에서 구상되는 세계적 전망 속에 구현되어 있다. 추상적 공간은 따라서 이자율이나 주가와 똑같이 아주 진실로, 사회적으로 존재한다. 그것은 실제적인 존재론적 지위를 갖는다. 그리고 구체적인 건물과 장소에서, 공간에 걸쳐, 공간을 통해 일어나는 시장적 교류의 행동과 양식 속에서 실질적이고 객관적으로 스스로를 표현한다.

추상적 공간은 마르크스가 말하는 **추상적 노동** 개념과 불가사의

할 정도로 닮았다. 르페브르가 '추상적인 것'을 확연히 시간적인 범주로만 작동한다고 본 마르크스보다 더 멀리 나아갔지만 말이다. 마르크스가 양적으로 상이한(구체적인) 노동 활동이 단일한 수량적(추상적) 척도로 환원된다고 주장했다는 것을 기억하라. 셔츠 한 장을 만드는 것은 재봉사의 구체적인 노동이다. 그 구체적인 노동의 사용가치는 셔츠의 시장가격, 즉 교환가치로 인정을 받는다. 그 지점에서 구체적이고 유용하고 특정한 것들이 추상적이고 돈에 좌우되며 보편적인 것으로 변한다. 공간에서도 이와 비슷한 일이 행해진다. 노동과 같은 실제 분리, 여기는 구체적 공간이고, 저기는 추상적 공간이라는 식의 분리는 존재하지 않는다. 그보다는 우선순위의 문제이다. 평범한 일상의 공간보다, 직접적으로 살아지고 지각된 공간보다 **구상된 것**과 **공간의 표상**에 사회적인 우선순위를 두는 문제인 것이다.

『공간의 생산』에서 르페브르는 우리 모두가 공간을 "만든다"고 주장한다. 하지만 우리 누구도 공간을 같은 방식으로, 같은 조건에서 (특히 권력의 측면에서) 만들 수 없다. 르페브르는 "공간의 표상"이라는 개념으로 공간의 패권을 강조한다. 이 세계가, 우리가 살아가지 않을 수 없는 이 세계가 선별된 전문가들, 기술 관료들, 부자들이 세계를 바라보는 방식을 중심으로 돌아간다는 것이다. 그들은 그들의 추상적 표상을 구체적으로나 이데올로기적으로나 실생활의 표상으로 만들 힘과 지식을 갖고 있다. 그들은 모든 공간을 그들 자신의 상징과 법전에, 그들 자신의 거창한 계획과 세계사적 패러다임에 종속시킬 수 있다.

르페브르에게 이런 추상적 표상 공간에 대한 해독제는 **차이** 공간 differential space이다. 그것은 **살아진** 차이를 우선시하는 공간, 신체 적인 차이와 이종성異種性을 강조하며, 사유하고 인지하는 만큼 느 끼고 감지하는 공간이다. 혹은 상호 연관된 영역 사이의 절대적인 데카르트적 격리를 만들기 원하지 않는 공간이다. 르페브르는 차이 공간이란 **정동적affective**이고 **정동을 느끼게 하는affecting** 공간, 느껴지고 들려지며 보여지고 감각을 통해 직접 체험된 공간, 자신의 신체와 친밀한 관계를 함축하는 공간이라고 말할 수 있다고 본다. 이상한 일이지만, 『공간의 생산』의 색인에는 카를 마르크스와 마르 크스주의만큼이나 신체에 대한 항목이 많다. 그렇다면 『공간의 생 산』은 공간 속에 있는 신체들을 생산하는 이야기이다. 신체는 공간 과 영향을 주고받는다. 신체는 공간 속에 자리 잡고, 또 다른 신체 들과 연합하여 공간을 생산한다. 공간은 신체들과 다른 신체들의 마 주침을 통해 생산된다. 거리를 걸어감으로써, 다른 사람들과 마주침 으로써, 우리는 도시적인 것의 사회적 공간을 생산한다. 하지만 신 체의 이 살아진 체험, 이 능동적인 인간의 행위성은 결코 완전히 자 유로울 수 없다. 그것은 우리의 일상생활에 맥락을 제공하는 건설된 지형에 의해, 말하자면 '우리의 등 뒤에서' 벌어지는 행동과 과정에 의해 사전에 주어진 추상적 공간 속에 묶여 있다. 그것들은 우리 일 상의 직접성을 넘어선 곳에서 부분적으로, 그리고 더 큰 공간적 규 모에서 작동하기 때문이다. (사르트르는 추상적 공간의 직접적인 예시 라 할 이 현상을 '실천적-타성태'라 부른다.) 이런 식으로 신체들은 추 상적 공간 때문에 말썽을 겪지만 그와 동시에 추상적 공간에 말썽을 일으킬 수도 있다.

르페브르는 "차이 공간"을 추상적 공간의 생산에 끼어들 수 있는 실천이라는 뜻으로 쓴다. 다른 말로 하면, 그는 차이 공간을 은유적이고 실천적인 어떤 것으로, 지금 우리가 이미 갖고 있는 것이면서 뭔가 **규범적**이기도 한 어떤 것, 여기 있어야 하고 곧 여기 있게 될 어떤 것이라는 의미로 쓴다. 하지만 이런 차이 공간이라는 생각을 한 번 더 전환시켜, 그것을 말썽을 일으키는 공간으로, **마이너 공간**으로 간주할 수 있는 공간으로, 웜홀 **안에서** 출현하는 어떤 것으로 재명명할 수 있다. '마이너'라는 이 개념은 르페브르가 아니라 질 들뢰즈Gilles Deleuze와 펠릭스 가타리Felix Guattari에게서, 카프카를 다룬 그들의 저서, 『카프카: 소수적인 문학을 위하여』(원제목은 *pour une littérature mineure*, 영어로 번역된 제목은 *Toward a Minor Literature*)에서 가져온 것이다.[37] 여기서 우리가 다루고 있는 것은 마이너 공간이다. 그것은 전복적이고, 틈입적이고, 개입주의적이고, 말썽 많은 공간이며, 지배적 질서에, '주류'인 추상적 공간에 말썽을 초래한다. 들뢰즈와 가타리 역시 고전이라 할 수 있는 '주류' 문학을 불안정하게 만드는 존재로 카프카를 불러들인다.

카프카를 다룬 들뢰즈와 가타리의 책은 이상하다. 사실 들뢰즈가 가타리와 함께 쓴 책들은 모두 어딘가 좀 이상하다. 들뢰즈가 혼자서 쓴 책보다 더 이상하다. 하지만 마이너 문학을 규정하는 그들의 중심 논의로부터 마이너 공간의 규정을 진척시킬 수 있다. 마이너 문학과 마찬가지로 마이너 공간에도 세 가지 구성요소가 있다. 각각의 요소들은 '신체'와 밀접한 관련을 맺는다.

(1) 마이너 공간은 언어의 "탈영토화"(가톨릭의 나라인 체코에 살면서 독일어로 글을 쓰는 유대인 카프카)가 아니라 신체의 탈영토화에 관한 문제다. 마이너 공간에서 벌어지는 신체의 탈영토화란 신체가 추상 공간과 맺어 온 관계에 균열이 생겼고, 제자리에서 벗어났으며, 추방되었다는 뜻이다. 신체도, 신체의 색깔도, 성별도, 형태도 틀렸으며, 경계 영토에 어색하게 자리 잡고 있는 신체라는 뜻이다. 탈영토화된 신체는 권리를 위해 일어선 신체, 달아나거나 싸우는 신체다. 탈영토화가 **장소의 상실placelessness**이 아니라는 점을 기억할 필요가 있다. 신체들은 그들이 바라는 장소가 없다는 이유로 유목 생활을 강요당했다는 점에서 하나의 장소에 뿌리 내릴 수 있고, 뿌리 내리기를 갈망할 수도 있다.(웨스트뱅크의 팔레스타인인들이 그 예이다.) 신체의 탈영토화 같은 것은 가상공간에서 발견되는 저 이상한, 한계 의식적 현실liminal reality에서, 온라인상에서 순환하지만 때로는 재영토화된 오프라인에서 스스로를 확인하기도 하는 발생이다. 마이너 공간에서 제자리에서 벗어난다는 것은 영원한 생성의 상태일는지 모른다. 마이너 공간에 있는 신체들은 균질적이지 않고, 둘 중 하나를 고르는 문제도, 둘 다이거나 둘 다 아닌 문제도 아니다. 그것들은 어떤 지배적 전체에도 쉽게 맞아 들어가지 않는다. 마이너 공간에서의 신체란 결국 계산이 모두 끝난 뒤, 기존의 질서로 모든 것이 설명된 것처럼 보인 뒤에도 남은 나머지이다. 마이너 공간에서 신체의 탈영토화는 잔여물들의, 남은 것들의 긍정이며, 환원 불가능한 것의 급진성에 대한 긍정이다. 여기서 말하는 '마이너'라는 개념은 결코 수량적인 소수를 의미하지 않는다. 수량적으로는 다

수파인 99퍼센트에 속하는 사람일지도 모를, 사회적, 문화적, 정치적 소수파에 대해 말하고 있는 것이다.[38]

(2) **정치적 직접성**political immediacy과 개별적 신체의 연결. 탈영토화된 신체는 정치적 신체다. 들뢰즈와 가타리의 마이너 문학처럼, 마이너 공간의 모든 것은 정치적이고, 무계획적일 때가 많다. 추상적인 거대 공간을 지배하는 권력 관계에 어디든, 어떻게 해서든 자리를 잡고, 어떤 방식으로든 저 권력 관계의 권위와 적법성에 도전하는 것이 바로 미세 공간이다. 주디스 버틀러Judith Butler는 신체들이 주코티 공원을 점령하고 있을 때 「연대하는 신체들과 길거리 정치Bodies in Alliance and the Politics of the Street」라는 논문을 썼다. 그곳에서 버틀러는 한나 아렌트가 『인간의 조건*The Human Condition*』에서 전개한 바 있는, 모든 정치적 행동은 "나타남의 공간space of appearance"을 요구한다는 생각을 활용한다. 집단적으로 나타나는 사람들은 정치와 공공 영역을 규정한다. 아렌트는 다음과 같이 말한다. "그것은 그 단어의 가장 광범위한 의미로 나타남의 공간이다. 말하자면 타인이 내게 나타나는 것처럼 내가 타인에게 모습을 보이는 공간이다. 그곳에서 사람들은 그냥 다른 생물이나 무생물처럼 존재하는 것이 아니라 그들의 나타남을 명백하게 만든다."[40] 버틀러는 "나타남의 공간을 재고하기"에 대해 말하며 아렌트의 논지를 다음과 같이 더 밀고 나아간다. "우리 시대 공적 시위의 권력과 효과를 이해하기 위해 우리는 행동의 신체적 차원을 이해할 필요가 있다. 신체가 무엇을 요구하며, 무엇을 할 수 있는지, 특히 신체들을 함께 생각해야 할 때, 무엇이 그들을 그곳에 함께 있게 하는지,

그들을 버티게 하는 조건과 힘의 조건에 대해 이해해야 한다." "행동의 신체적 차원"을 이해해야 한다는 버틀러의 주장은 정곡을 찌른 것이다. 하지만 신체들이 마이너 공간에서 정치적으로 기능을 발휘하는 방식을 아렌트의 사유로 설명할 수 있을까? "나타남의 공간"은 어쩐지 마땅치 않아 보인다. 마이너 공간에서의 신체의 정치는 나타남에 의해서라기보다는 **불분명함과 익명성에 의해, 비밀과 위장에 의해, 불가시성에 의해** 규정되기 때문이다. 도발을 암시하는 〈보이지 않는 위원회Invisible Committee〉가 『미래의 부활*The Coming Insurrection*』에서 다룬 것 가운데 가장 급진적으로 도전적인 주제 한 가지가 바로 이 비밀스러움과 불가시성이라는 관념, 외견상의 부재가 어떻게 현존하는 권력을 불안하게 만드는가와 관련된 관념이다.[41] 〈보이지 않는 위원회〉가 항상 이쪽보다 엄청나게 더 우세한 화력을 지닌 권력과 상대하기 위해 필요한 결정적 요소들이란 불시의 힘, 비밀 조직의 힘, 반란의 힘, 시위와 은밀한 음모의 힘, 보이지 않게, 그리고 동시에 여러 곳에서 공격하는 힘이다. 전략과 조직과 점령 면에서 명백하게 가시적이 되고, 명백하게 나타나는 것은 "노출된다는 것이며, 그것은 다른 무엇보다 취약해지는 것이다."[42] 여기서 검정 스키 마스크와 가이 포크스 가면은 진정한 아무나 nobody의, 비가시적인 지하세계 남녀의, 자신들의 내적 특성을 감추길 원하는 특성 없는 사람들의 상징들이 된다. 이런 사람들은 대중 앞에서 모습을 드러내길 꺼리며, 세계가 바라는 방식대로 누군가 somebody가 되고 싶은 어떤 욕망도 없다. 마이너 공간에서의 신체는 표현하는 신체지만, 그것들은 자신의 너무 많은 부분이 드러나는 것을 경계하는 신체이기도 하다. 이것이 그들이 위장과 가면을 쓰는 이유이다. 신체들은 얼굴을 숨김으로써, 자신들을 위장함으로써, 이들 신체들이 있어야 하는 장소, 행동해야 하는 방식, 보여야 하는 양식을 위반함으로써 그들의 진정한 정체성을 드러낸다. 마이너 공간에서의 신체들은 추상적 공간의 '메이저' 지도, 지배적 지도를 뭉개거나 흐릿하게 만들어 버린다. 그렇게 함으로써 그들은 때로 그들 자신의 신체까지 뭉개거나 흐릿하게 만든다.

(3) 마이너 공간의 세 번째 특징이 곧 그 공간이 행하는 모든 것, 그것이 할 필요가 있는 모든 것이 **집단적 가치**를 지니는 것이라는 사실은 놀랍지 않다. 마이너 공간에서의 신체는 **집단적 표현**의 언어를 쓴다. 따라서 그 신체는 집단적 선언을 만들며 암묵적으로, 또 명시적으로 **공동** 행동을 구성하는 공간에서 정동적이고 정동을 느끼게 하는 신체이다. 그것은 지배 질서에 회의하면서도 능동적인 연대를 맺는 가운데 뭔가 구체적인 것을 생산하려고 애쓰는 공간이다. 마이너 공간은 정치적이고 집단적이다. 왜냐하면 그것은 개체성의 차원에서 고립된 신체는 연약한 존재이며, 그렇기 때문에 신체의 표현성이 언제나 집단으로 발언될 필요가 있다는 것을 알기 때문이다. 마이너 공간은 스피노자가 『윤리학』에서 개괄하고 들뢰즈가 스피노자의 "표현주의"에 관한 저서에서 그토록 중요시한 "공통 통념"의 표현이라 말할 수도 있다. 신체의 구조는 다른 신체와의 관계로 이루어진 작품이다. 따라서 공통 통념은 우리를 인지적으로만이 아니라 생물학적으로, 정신적으로, 그리고 육체적으로도 묶어 주는 어

떤 것이다. 공동의 이해를 표현하고, 공동의 바탕을 공유하는 신체이며, 겉으로는 위장하고 은폐할지라도 헐벗은 생활을 표현하는 신체들이기도 하다. 우리는 모든 공통 통념을 신체적 감정과 개념적 이해 사이에 필수적인 상보성 속에서 우리의 신체와 우리의 정신, 우리의 집단적 신체와 집단적 정신에 합치하는 것으로 이해한다.

물론 점령하라 운동은 마이너 공간을 만들어 낼 요건을 전부 다 갖추었으며, 마이너 공간의 핵심 기준도 체화하고 있다. 말하자면 신체들의 탈영토화, 제자리를 벗어난 신체들, 있지 말아야 할 곳에 현전하고 있어야 할 곳에 부재한 신체들, 그들 자신이면서 다른 누군가(가이 포크스)인 신체들, 어떤 것도 요구하지 않는 새로운 정치적 담론을 선언할 때 99퍼센트라는 공통의 집단을 표현하는 신체들이다. 여기 존재하는 어떤 신체도 과거 저기에 없었다. 제임스 조이스라면 "단지 질서가 달라졌을 뿐 Only is order othered"(『피네간의 경야』, 613:13, 14)이라는 식의 표현을 쓸 것이다. 마이너 공간은 질서를 다르게 만든다. 그리고 어떤 주장도, 어떤 권리 주장도 하지 않음으로써 그렇게 해 낸다. 그것은 말로 하기보다는 보여 주며, 이론보다는 정서를 표현한다. 그래서 질문이 제기된다. 모든 마이너 공간을 합하면 대안적 메이저 공간 같은 것이 구성될까? 그럴 수도. 여기서 의심을 드러낸다고 해서 그것이 반드시 염세적일 필요는 없다. 그보다 마이너 공간은 원천적으로 그 **부정적 능력**에 의해 규정된다고 주장하려 한다. 그렇다고 마이너 공간이 창조적이거나 긍정적이지 않다는 말도 아니다. 그것은 예술적으로, 또 실용적으로, 미학적으로, 또 정치적으로 절대적으로 창조적이고 긍정적이 될 수 있다. 하지만 그 **저항하는** 지위oppositional status에서 영양을 공급받는 것은 창조적이고 살아진 행동이다. 그것은 뭔가 긍정적인 것을 창조하려고 노력하지만 그 결단은 부정의 결단이다. 상이한 마이너 공간을 함께 응결시키는 것은 부정이다. "모든 결단은 부정이다"라고 스피노자가 말했다.(젤레스에게 보낸 50번째 편지) 스피노자의 구절은 "부정을 정면으로 바라보고 그것과 함께 기다리라"는 헤겔의 유명한 권유와는 다른 어떤 것이다.[43] 스피노자의 추론은 부정적인 에너지가 웜홀을 강제로 열기에 모든 융화가 한데 합쳐지며, 각각의 마주침은 불만의 표현이라는 점을 알려준다. 한편 각각의 마주침은 부정을 통해 그 자체의 마이너 공간을 창조하지만, 각 공간의 결합은 뭔가 긍정적인 것을, 영원히 부정과 함께하는 삶을 넘어서는 어떤 긍정적인 것을 생산한다. 그렇게 생산된 전체 산물이 **긍정성**의 마술적 힘이다. 단순한 수학이다. 음의 정수를 곱하면 양의 정수가 된다. 그런 것이 창조적 긴장이며 우리 자신의 마이너적 성격minor-hood의 긍정이자 단언인데, 그렇다고 해서 영감을 주는 힘이 줄어들지도 않는다. 그와 반대로 나는 우리가 소수파가 되는 것을 축하할 명분, 슬픈 세상 속에서 우리 자신의 집단적 기쁨을 축하할 정당한 명분이 있다고 생각한다.

The Politics of the

Encounter

Urban Theory and Protest Under Planetary Urbanization

7장

상상의 화용론과
반란의 수수께끼

공무와 사생활이 여기처럼 뒤엉켜 있는 것을 그는 다른 곳에서는 일찍이 본 적이 없었다. 그 둘이 서로 뒤바뀐 것은 아닌지 의심스러울 정도였다.

_프란츠 카프카

소수파가 되는 것을 축하하고, 평행하여 존재하는 상상하기 힘든 도시적 영역을 설정한다면 저 밖 어딘가에 상상 속의 평행하는 도시적 영역이, **발명되기**를 갈망하는 영역이 있으리라는 희미한 가능성의 문이, 아마 뒷문이겠지만, 반드시 열릴 것이다.[1] 물리학자들은 웜홀을 통해 또 다른 정치적 시공간으로, 마이너 공간으로 날아가려면, 구멍을 열어젖히기 위해, 그것을 계속 열어 두기 위해, 그리고 시공간의 넘나듦을 가능하게 하기 위해 엄청난 양의 부정적인 에너지가 필요하다고 말할 것이다. 부정적인 사회적 에너지란 불평불만을 품은 수많은 사람들이며, 서로 뒤섞이고 싸우는 사람들, 때로는 자기들이 무얼 할지보다 무얼 원하지 않는지를 더 잘 아는 사람들이다. 부정적 에너지란 웜홀이 무너지지 않게 유지할 필요가 있고, 중력이나 웜홀을 폐쇄하려는 반대쪽 에너지의 힘에 의해 무너지는 것을 막아야 할 필요가 있다는 의미에서 반발적이다. 하지만 또 다른 우주적 미래, 여기 지구에 새로운 영토적 미래를 개척하기 위해서는 다량의 긍정적 에너지가 필요하다는 것도 분명하다. 파괴적일 뿐만 아니라 창조적이고, 단순히 비난하는 것이 아니라 긍정해 주는 힘인 에너지 말이다.

상상하기 힘든 것을 창조하려면 상상력이 꼭 필요하다. 즉 능동적인 실험의 감각이 필요하다. 개념뿐 아니라 사회도 실험하는 감각, 단순하거나 때로는 복잡하기까지 한 '자본주의 정치 경제에 대한 비판'과 오로지 비판적 부정성만을 표현하는 어떤 것을 넘어서려는 감각이 필요하다. 실험은 세계를 변화시켜야 한다는 마르크스의 루트비히 포이어바흐 테제 11번째 조항에 더 깊은 의미를 부여한다. 그런데 요점은 세계로 실험한다는 것, 사람들이 세계 속에서 어떻게 살아갈지를 실험하고, 세계가 무엇이 될 수 있을지를 실험하며, 그들이 대안적인 도시적 생활을 어떻게 구축하고 그 영역을 자신들을 위해 어떻게 만들지를 실험하는 부분이어야 한다. 이런 온갖 이야기는 유토피아적 갈망에서 나온 발언이 아니다. 실험은 유토피아주의를 둘러싸고 벌어지는 줄다리기가 아니며, 그것이 반드시 나쁘지도 않다. 오히려 더 나은 명칭이 없으니 별 수 없겠지만, 상상적 화용론imaginary pragmatics이라는 것, 유토피아적이지도, 실용주의적이지도 않은 어떤 것을 개발할 필요가 있다.

여기서 결정적으로 중요한 것은 상상력이다. 하지만 상상력은 좌파의 싸움에서 늘 결여되어 왔다. 무엇을 원하며, 그것을 어떻게 얻을 것인가 하는 상상력이 내내 부족했다는 말이다. 과거에 좌파가 비효율적이었던 까닭이 그들이 상상력을 결여했기 때문인지, 아니면 그 비효율성이 좌파의 상상력의 숨통을 죄고, 그 엔진의 화염을 꺼뜨렸는지는 알기 힘들다. 두 가지가 모두 약간씩 섞였을 것이다. 상상력이라고 할 때 나는 사르트르의 『상상계 *The Imaginary*』(1940)에 나온 문장을 좋아해서, 그것을 『마술적 마르크스주의』의 제사題詞로 가져다 쓰기도 했다. **"상상의 행위는 마술의 행위다."** 사르트르는 "그것은 우리 생각의 목표물을, 우리 욕구의 대상에 마술을 걸어, 우리가 그것을 소유할 수 있는 방식으로 출현하도록 만들어 줄 운명의 주문이다"라고 말한다. 말할 필요도 없지만 사르트르는 "상상의 행위에는 뭔가 오만하고 유치한 어떤 것, 거리와 어려움을 받아들이지 않는 부정이 항상 있다"고 인정한다.[2] 아마 오히려 잘

된 것인지도 모른다. 그렇지 않다면 아무 일도 일어나지 않을 것이고, 아무 일도 실행되지 않고, 어떤 일도 시도되지 않을 것이다. 그러므로『마술적 마르크스주의』에 나오는 "마술"이라는 단어는 상상력과, 오만한 욕망과, 뭔가 다른 일을 행하고 뭔가 다른 일을 발명하고, 그리고 때가 무르익지 않았음에도 지금 당장 그것을 하고 싶다는 유치한 갈망과도 밀접하게 연결되어 있다. 분석에 따르면 아직 때가 아니며 생산력이 이러저러한 성숙한 수준에 도달하지 않았다고 말을 할 때에도, 지금 당장 그것을 행하겠다는 유치한 갈망 말이다. 상상력에 결부시키고 싶은 또 다른 인용문이 하나 있다. 그것은 스피노자의『윤리학』에 나온다. "인간은 그들의 행동력을 증가시켜주는 것들만 상상하려고 애쓴다."[3] 상상력이란 뭔가 실용적인 것을, 그들이 그것에 관련하여 행동할 수 있는, 구체적인 실천을 행할 수 있는, 마술적 행동을 행할 수 있는 어떤 것을 작동시킨다는 의미이다. 상상력을 사용하여 사람들의 상상력에 불을 붙이는, 점령이 바이러스처럼 확산되는 그런 것을 가리킨다.

하지만 "상상의 화용론imaginary pragmatics"이 무엇인지, 또 무엇이 아닌지에 대해 분명히 하자. 일례로 그것은 타협의 실용주의는 아니다. 물론 원래 거의 모든 실용주의가 타협적이다. 상상의 화용론은 순간을 모면하기 위한 실용주의, 현상 유지를 위한 실용주의가 아니다. 대신에 그것은 끊임없이 그 자체의 한계를 시험하고 극복하는, 그 한계를 넘어 밀고 나가는, 그리고 그 자체와 세계를 상대로 실험하는 행동과 행동주의의 상상적 형태이다. 어떤 생각이 실효가 있는지를 알기 위해 현실에서 시험하는 것이 아니라, 어떤 실험적 아이디어가 **실현될** 수 있는지 알아내기 위해 그 아이디어를 자신의 상상력으로 시험해 보는 것이다. 사르트르는 항상 상상은 **살아진** 어떤 것인 동시에 **그것 이상으로 살아진** 것이라고 주장하기를 좋아했다. 무엇이 작동하고 무엇이 작동하지 않는지 미리 알 수는 없다. 그래서 당신은 실험한다. 효과가 있는 경우, 실험은 **비**현실을 끌어와서 **현실**로 만든다. 현실 정치는 상상적 정치의 뒤를 따른다. 실험은 자기 표현 쪽으로, 흔히 집단적 자기 표현 쪽으로, 생성과 성장 쪽으로 방향이 설정될 때가 많으며, 여기에는 논리적 질서도, 선험적 합리성도 개입하지 않는다. 물론 그 길에는 많은 위험 요소들이 있다. 따라서 현재의 과도한 신자유주의에 상응하는 '실행 가능한' 도시적 전망이 무엇인지 묻는 것은 실수일 것이다. 이제는 좌파가 지나친 무언가를 요구하고, 아직은 실행 가능하지 않은 무언가를 동원하고, 그 실행 가능하지 않은 것을 실행 가능하게 할 수도 있을 프로젝트에 착수할 때이다. 우리에게 필요한 것은 실행 가능하지 않은 어떤 것, '그들'이 하는 것에 반드시 상응하진 않지만, 그들이 하는 것에 덧붙일 수 있는 어떤 것이다. 다른 무언가의 이름을 자신에게 붙이고, 또 다시 붙이면서 그들이 하는 것에 벌떼처럼 달라붙으면서, 그들이 하는 것 내부에, 그 위에, 그 아래에, 그리고 그 너머에, 그들의 현실 너머에 우리의 도시적 영역과 마이너 공간을 만들어 내면서, 그들이 접근할 수 없고 접근할 수 있는 허가증조차 발급받지 못하는 또 다른 차원에서 그렇게 하는 것이다.

『마술적 마르크스주의』는 마르케스의 『백 년 동안의 고독』으로부터 위대한 영감을 얻었다. 이 소설은 나비가 사람들을 따라 날아다니며, 사람들은 백 년이 넘게 살고, 죽으면 천국에 올라간다고 믿게 만든다. 『백 년 동안의 고독』에서 유령 같은 도시 마콘도의 장로인 호세 아르카디오 부엔디아(마콘도가 "꿈 속에서 울린 초자연적 메아리"로 그에게 다가온 도시임을 기억하자)는 양편이 교전 규칙에 합의하고 싸운다는 정치적 경연의 의미를 도저히 이해하지 못하겠다고 말한다. 겸손함이란 대개 싸우기를 시작하기도 전에 진다는 뜻이다. 대체 상대하기 쉽게 굴 필요가 있는가? 호세 아르카디오 부엔디아는 두 가지 측면에서 좌파가 반드시 가져야 할 성품을 가지고 있다. 실용성과 굴레를 벗어던진 상상력이 그것이다. 이 둘은 고갈되지 않을 마술적 자원과 힘을 솟아나게 하는 쌍둥이 권력이다. 사실 실용성과 상상력은 호세 아르카디오의 사회적 주도권의 정신에 생기를 불어넣는 그가 가진 성품의 두 측면이다. 그는 영원히 앞을 바라보는 사람, 절대 과거에 매달리지 않는 사람이며, 그의 모험에 대한 채워지지 않는 호기심과 욕망은 친구와 동료들을 설득하여 먼 곳의 산을 넘고, 새 도시의, 새로운 도시적 현실의 기초를 놓도록 만들었다. 더 나은 삶이 도래할 것이라는 순전한 의지와 희망의 힘으로, 그들은 정글을 뚫고 계속 탐험하며 나아간다. 심상imagery, 은유는 사람을 고양시킨다.

마르케스의 『백 년 동안의 고독』은 현실을 지각하고, 사물의 윤곽을 포착할 상이한 '마술적' 언어를 보여 준다. 이 책을 읽고 나는, 호세 부엔디아의 고집불통 혁명가 아들인 아우렐리아노 부엔디아의 말을 빌자면, 마르크스주의자들의 작업 방식은 "영구적 반란의 좁은 오솔길을 몰래 지나가는 것"이어야 한다고 믿게 되었다. 좌파들은 몰래 지나가기 위한 그들만의 작은 오솔길을, 마르크스주의를 건설적이고 긍정적인 것으로, 그것을 독창적이고 실험적이며 은밀한 것으로 만들어 주는 오솔길을 구축해야 한다. 그 길은 처음에는 부르주아 사회의 뱃속에서 비밀스럽게 꿈틀댈 것이다. 아우렐리아노 부엔디아는 좌파에게 소중한 인물이다. 그는 혁명을 위한 전투를 서른두 번 치렀지만 한 번도 이기지 못했다! 그렇다고 정치적 전투에서 패했다고 해서 그의 위대한 실존적 추구가, 그의 위대한 실존적 전쟁이 좌절한 적도 없었다. 실존적 전쟁에서만큼은 아우렐리아노는 뒷짐 지고도 우파에 속하는 적들을 이겨버렸다. 개인적인 것이든 집단적인 것이든 (그 자신과의 투쟁도 포함하는) 투쟁에 가담하면서, 그는 새로운 주체성을, 새로운 급진적 정신을 만들어 냈다. 세상 속에서 실험하고 행동하면서, 정치적으로, 또 실질적으로도 세상에 참여하면서 우리 역시 비슷하게 행동하는 사람들을 발견하고, 그에 더하여 우리 자신도 변화한다. 사람들은 조직한 다음에 행동한다기보다는, 행동함으로써 다른 사람들을 발견하고 그 다음 자신들을 조직하기 시작한다. 하지만 여기에서도 우리는 우리 자신을 현실성으로만, **존재**하는 것으로만, 합리적인 어떤 것으로만 한정한다. 우리 자신의 실재 개념을, 또 다른 실재를 만들 필요가 있다.

오늘날 이것이 무슨 의미일까? 우선, 도시적 맥락 안에서 상상의 화용론은 건물을 더 많이 짓는다는 뜻이 아니다. 거창한 건물을 많이 짓는 것은 더더욱 아니다. 그것은 직업을 더 늘린다는 뜻이다. 미국에서만도 과도한 투자와 자산 포기와 모기지 압류가 낳은 결과물인 빈 공간은 이미 넘쳐나고 있다. 볼티모어에는 비어 있는 주택이 4만 2천 개소(주택 동산의 14%), 비어 있는 부지가 1만 7천 개소 있다. 필라델피아에는 빈 주택이 6만 개소나 되고 세인트루이스에는 빈 건물이 6천 동 있다. 2011년에 뉴욕에 본부를 둔 풀뿌리 조직인 〈노숙자를 생각하라Picture the Homeless〉는 도시 전체에 빈 건물이 3,551개소, 빈 필지가 2,489개소 있다고 추산했다. 이처럼 비어 있는 부지들을 재개발해 다시 사람들이 들어가 산다면 집 없는 사람들을 위한 새 주택이 약 20만 곳은 생긴다.[4] 그렇게 되면 오랜 세월 동안 새 건물을 짓는 사람이 없어 일을 하지 못하던 건축가와 도시 업자들에게도 안정적인 일감이 많이 생길 것이다. 물론 필요한 것, 혹은 부족한 것이 건축이나 개발의 문제는 아니다. 그것은 정치적인 의지이다. 점령하라 운동이 나오기 전에 이 정치적 의지의 불빛이 시민사회 내부에서 잠시 반짝인 적이 있다. 예전과는 다른 운영방식을 따라 다시 불길을 지핀, 더 전투적으로 자신을 표현하는 그런 의지였다. 불신(기업과 금융 권력이 책임을 회피하고 있는 것에 대한 불신)에 가까운 좌절감과 당혹감에서 나왔기에, 불만을 가득 품은 시민들은 스스로를 집단적으로 조직하기 시작했다. 얼마 안 가 이 조직 활동은 〈노숙자를 생각하라〉(노숙자들에 의해 1999년에 설립되어 지금도 운영되고 있음), 또는 전국적인 연대인 〈토지 되찾기Take Back the Land〉 같은 형태의 집단이 되었다.[5]

〈토지 되찾기〉는 라틴아메리카 사회운동에서 조직과 동원의 기술을 빌려왔는데, 특히 토지와 비어 있는 부지를 직접 행동을 통해 점령하는 브라질의 〈무토지 농촌 노동자 운동(Landless Rural Workers' Movement, MST)〉에서 많은 영향을 받았다. 그들은 평범한 사람들이 미국 전역에서 포기하거나 차압당한 자산과 토지에 대해 그 것의 반환을 요구하거나 재주장한다. 〈토지 되찾기〉는 다음과 같이 주장한다. "2008년 가을 이후 미국 정부는 "부실 자산 구제 프로그램(Troubled Asset Relief Program, TARP)"을 통해 은행으로부터 차압당한 재산 수백만 건을 사들였다. 이런 자산 획득은 말 그대로 붕괴 직전까지 내몰려 있던 금융 산업에 구제 금융을 제공했다. TARP 구제 금융의 구체적인 결과로 공영 산업이 가졌던 1조 5천억 달러어치의 자산이 사기업 및 개인의 손에 넘어가서 (보너스라는 형태로) 그들의 재산이 되었다. 금융기관들은 평범한 노동자의 돈을 빼앗아서 거대한, 규모가 너무 커서 파산할 수조차 없는 자들에게 넘겨주어 세계 금융시장의 붕괴를 조성하는 데 일조하는 한편, 수백만 호의 일반 가정들이 해체되고 뿔뿔이 흩어지는 문제는 그대로 방치했다. 이런 일반 가정 가운데 저소득층 유색인종 여성의 가정이 차지하는 비중은 비대칭적으로 컸다. 간단하게 말해, 은행은 살아남았지만 인민은 버림받은 것이다."[6]

〈토지 되찾기〉의 구호에 모든 것이 담겨 있다. "점령하라, 저항하라, 생산하라." 뒷부분에 나온 "생산하라"라는 말은 이 운동에 역동적이고 창의적이고 **능동적인** 성격을 부여한다. 자기 조직self-organizing과 실험을 긍정하고, 건물에 들어가고, 점령하고, 저항하고, 방어하는 어떤 것을 긍정하는 특성 말이다. 또한 그것은 낡아빠진 파산한 현실의 폐허에서 새로운 것을, 새 현실을 창조하고 발생시킨다. 〈토지 되찾기〉 운동에는 세 갈래의 의제가, 과거의 행동주의와는 다른 궤도를 따르는 의제가 있다. (1) 이 의제는 근본적으로 토지에 관한 것, 특히 공동체의 토지 통제권에 관한 것, 그중에서도 흑인 공동체의 토지 통제권에 관한 것이다. (2) 정부는 이 문제의 구성 요소이다. 정부가 민간인들에게 해결책을 제공해 줄 것이라 기대할 수 없다. (3) 개발이란 건설이나 기술의 문제가 아니다. 그것은 생활과 실제 사람들의 문제다. 문제가 되는 토지, 말하자면 공간의 문제란 '정동의 풍경landscape of affect'에 관한 문제라 할 수도 있다. 사람들이 꼭 말로는 표현하지 않더라도 느낌(분노, 울화, 슬픔, 사랑)으로, 특히 **행동**으로, 활동을 통해, 집단적인 분발하기를 통해 자신을 표현하는 정동적 풍경 말이다. 그런 식으로 볼 때 그들 주위의 물리적이고 사회적인 풍경은 사르트르적인 실천적-타성태라기보다는 그들 자신의 일상생활의 실체가, 인간적 열정이 표현되는 역동적인 도시 영역이다.

더 최근에, 〈토지 되찾기〉 행동주의는 점령하라 운동과 연결되어, 그들과 대화하고 연대하고 힘을 합쳐 "점령하고 해방하라"라는 쌍둥이 궤도 운동을 형성해 나가고 있다. 표면적으로 이 두 기치는 비슷해 보이고 구별하기도 힘들다. 하지만 각각의 조직을 "업그레이드"할 방도를 찾고 있는 막스 라모Max Rameau는 그들 사이에 중요한 차이가 있다고 말한다. 그는 각각의 노선이 어떻게 독특하고 결정적인 기능을 수행할 수 있는지, 그리고 전략적 사고가 어떻게 이 둘의 동맹을 더 높은 내재성의 차원으로 이동시킬 수 있는지를 보여 주길 원한다. 라모는 "점령하라" 운동이 "오로지 그들만은 아니지만 주로 불만 품은 젊은 사람들을 동원하고 노동자이자 중산계급인 백인층에 영향을 주었다"는 점을 지적한다. "해방하라" 운동은 중저소득층 유색인들을 포괄한다. "점령하라"는 일차적으로 경제체제와 그것이 만들어내는 불의라는 구도에서 움직인다. 한편 "해방하라"의 이슈는 토지 규제와 사용(주거와 영농과 공공 공간 같은 것들)의 측면에서 구성된다. "점령하라"는 "공적·사적 공간의 점령을 통해 경제 위기를 유발한 책임이 있는 인물들(1%)과 상징, 제도"를 과녁으로 삼는다. "해방하라"의 기초는 "토지 해방과 퇴거 방어를 통해 보호받는 위기의 희생자들이다."[7]

말할 필요도 없는 일인데, "점령하라"와 "해방하라"는 확실히 다른 운동이지만 서로를 보완하고, 보강하며 서로의 배경을 지원한다. "주거 위기에서 끈질기게 나타나는 특징 두 가지를 꼽자면, 그것은 이 엉망진창인 금융 상황에 책임을 져야 하는 은행, 그리고 가족들이 쫓겨난 가정이다"라고 라모는 말한다. 어느 쪽에서든 전쟁이 벌어질 수 있다. 은행과 싸우고 저항하고 그들의 앞마당에 쳐들어가 점령할 수도 있고, 이런 은행들이 차압한 공간을 해방시키며, 인근에 있는 우리 마당을 장악할 수도 있다. "점령하라"와 "해방하라" 모두 과감하게 1퍼센트를 점령하고 99퍼센트를 해방시키며, 쌍둥이 궤도와 평행적 전망을 구축한다. 그 결과 상호 지원하는 융화 집단이 만들어진다.

〈토지 되찾기〉와 "점령하라" 운동은 도시에 대한 권리라기보다는 공격에 착수하려는 군인의 인상을 준다. 이 책 전체에서 내가 주장해 왔듯이, 이제 사람 좋은 활동가들이 '권리'를 포기할 때가, 권리 주장을 그만할 때가 되었다. '권리'를 근본적인 동원용 플랫폼으로, 무차별적 체포와 불법적 투옥에, 국가가 허용하는 고문과 반테러 전쟁 등에 저항하며 민중을 방어하기 위한 전략적 돛대로 보는 수많은 헌신적인 사람들에게는 곤혹스러운 일일 수도 있다. 인권이라는 아이디어는 결국 우리의 **인간적** 감수성에 호소한다. 그것은 인간이라는 **보편적 종**으로서 고통 받는 것이 무슨 의미인가 하는 것에 호소하며, 학대가 자행되는 곳이면 어디서든, 언제든 사람들의 마음을 움직이고, 감동하게 하고, 분노하게 만드는 모든 것에 호소한다. 그러므로 우리는 물을 수 있다. 그 영토를 포기하면 사회정의를 위한 투쟁에 가담할 확고한 기초를 모두 잃는 것은 아닐까?

전혀 그렇지 않다. '권리'를 주장할 때 급진파의 토대는 훨씬 더 불안해지고, 더 느슨해지며, 여러분 발밑에서 무너질 확률이 더 크다. 프랑스의 역사가 마르셀 고세Marcel Gauchet가 1980년에 말한 것처럼, "인권은 정치가 아니다les droits de l'homme ne sont pas une politique."[8] 다른 말로 하면, 권리가 그토록 노골적으로, 또 빈번하게 남용될 때, 그토록 뻔뻔스럽고 잔혹하게 거부당할 때, 또 이 모든 일이 그토록 연쇄적으로, 또 모든 경우에 예외 없이 자행될 때, 정치적 참여를 위한 지렛대로서의 권리라는 의제에 흔들리는 것은 자유주의자들의 피 흐르는 심장뿐이다. 반동주의자들에게, 특히 괴롭히기와 사업에만 관심 있는 자들에게 그것은 소귀에 경 읽기이다. 9.11 사건 이후의 군국주의 시대에, 워싱턴에서 영감을 받은 자유와 민주주의라는 합의를 1만 미터 상공에 띄운 채로, 권리는 우파에 의해 전복당했다. 그러니 인권이라는 언어는 십중팔구 역풍을 초래하거나, 아니면 역풍을 맞는다.[9]

우리(좋은 사람들)**의** 권리를 **그들**(나쁜 사람들)**의** 권리와 구분하는 것은 정말이지 위험한 일이다. 판결을 내리기 위해 보편적 평가 기준에 의거해야 할 때는 더더욱 그렇다. 우리의 권리를 저들의 권리와 구분하는 기준은 무엇인가? 보편적 권리라는 것은 『공화국*The Republic*』에 나오는 플라톤의 정의 개념에 더 가까운 어떤 것, 다시 말해 강자에게 더 유리한 어떤 것이 아닌가? 좌파는 정신 차리고 권리를, 인간의 권리를, 인권을, 도시에 대한 권리를 요청하는 일은 그만둬야 할지도 모른다. 이런 것들은 공허한 정치적 기표 중에서도 제일 공허한 것들이다. 형이상학적 관심사라기에는 너무 추상적이고 너무 소원하며, 정치적 프로그램이라기엔 너무 유화적이고 너무 '합리적'이다. 사실 누구든 아래로부터의 권리 주장을 해오면 그것은 마치 뭔가를 부탁하는 일처럼, 무언가를 간청하고 요구하고, **뭔가를 허락해 달라고 누군가에게 부탁하는 일**처럼 보인다. 권리 주장은 동정적인 중재자를, 더 고위의 중재자, 정직하고 불편부당한 중재자가 있어야 한다고 전제하지만, 그게 누구일지는 불분명하다. 우리 사회에서 중재자는 좋든 싫든, 권력 안에 있거나 권력을 가진 사람, 정부, 혹은 제도이다. 하지만 우리가 갖고 있지 않은 것을 왜 **그들에게** 요청하는가? 왜 간청을 하는가? 왜 유화적인 어조로 발언하는가? (호세 부엔디아라면 별로 감동받지 않을 것이다!) 왜 그냥 행동하고 긍정하지 않는가? 왜 그냥 **빼앗긴** 것을 도로 가져오고, 점령하고, 원하지만 갖고 있지 않은 것을 장악해 버리지 않는가?

권리에 있어서 큰 문제는 그것들이 암묵적인 **인정** 원리를, 인정 이론을, 적대자에 대한 **상호 승인**을 기초로 하고 있다는 점이다. "한 인간이 진정으로, 자신에게만이 아니라 타인들에게도 인간이 되는 것은 오로지 타인에게, 많은 타인에게, 혹은 극단적으로 말하자면 모든 타인에게 인정받음으로써만 가능하다." 마르크스주의 성향을 가진 러시아 이민자인 알렉상드르 코제브Alexandre Kojeve가 그의 유명한 헤겔의 『정신현상학』 세미나에서 한 말이다. 좌파의 시각에서 코제브는 인정의 문제를 강조하는 데 중요한 역할을 한 (혹은 책임이 있는) 사람이었다. 그는 헤겔의 위대한 이상주의적 저서를 활용하여 마르크스주의를 형이상학적으로 심화시키고, 마르크스의 논리를 "주인-노예" 변증법에, 또는 헤겔이 "지배와 예속"의 수수께끼라 이름 붙인 것 위에 안착시켰다.[10] 코제브는 "인간이 태어나고 역사가 시작되었으며, 최초 싸움의 결과로 주인과 노예가 출현했다"[11]고 말한다. 코제브에게 있어 보편적 역사는 "호전적인 주인과 노동하는 노예 간의 상호작용의 역사"이며, 해방은 "인정을 위한 투쟁"을, "인간 존재에 있어서의 개별자와 보편자의 변증법"을 필수로 요구했다. 한편으로 노예는 자신의 가치를 혼자 인정하는 것으로는 만족할 수 없다. 그는 자신의 **특정한** 가치, 그 자신의 가치와 존엄성이 만인에게, 즉 **보편적으로** 인정받기를, 또 무엇보다 주인에게 인정받기를 원한다. 그런데 주인은 노예나 노예의 권리를 결코 인정하지 않는다. 또 한편으로는 주인도 보편성을 갈망하지만, 그도 노예와 비슷하게 자신의 타자인 노예를, 농노를 억압하는 한, 권리를 박탈당하고 그들 주인의 권위를 인정하지 않는 남녀 노예를 억압하는 한 그것을 가질 수 없다.

그로 인해 풀 길 없는 이율배반에 빠진다. 헤겔의 『정신현상학』에 따르면 "두 가지 상반된 의식 형태"가 나타나는 것이다. "하나는 독립적인 의식, 그 자신을 위한 존재인 것을 본성으로 삼는 의식이며, 다른 하나는 의존적인 의식, 타자를 위해 살고 존재하는 것이 그 본성인 의식이다."[12] 주인과 노예는 위대한 형이상학적 울타리의 양쪽에 앉아 있다. 하지만 그들은 서로를 상호적으로 인정해야만 자신을 인정할 수 있다. 주인이 노예와 대립하는 한, 주인과 노예가 존재하는 한, "개별자와 보편자의 종합은 실현될 수 없고 인간 존재는 절대로 '만족할' 수 없을 것"이라고 코제브는 말한다.[13]

권리 문제와의 유사성은 금방 알 수 있다. 권리의 실현은 더 이상 꿈이 아니라고 코제브는 말한다. "내가 인정해 줄 가치가 있다고 인정하는 자들에 의해 그것들이 보편적으로 인정받는 한" 권리는 더 이상 환상도, 추상적 이상도 아니다.[14] 인권(및 인간의 자유)은 그런 식으로 허용된다. 인권은 권력자와 약자 모두에게 인정받고 인식되며, 양편 모두 상대방을 인간으로, 사람으로, 의식과 자의식을 공유하는 존재들Beings로 의식하게 된다. 그리고 이 호소에서, 이 인정 이론에서 의문스러운 부분이 그 점이다. 설사 코제브가 다음 두 가지 사실, 이 실존적 곤경을 벗어나려면 **투쟁**(코제브에게서 이 투쟁은 항상 대문자로 쓰인 **투쟁Fight**이다)이 필요하다는 것, 그리고 물론 이 투쟁은 **행동**(여기서도 대문자로 쓰인 행동Action)을 통해, 능동적 몸부림을 통해서만 실행될 수 있다는 것을 충분히 알고 있었다고 해도 말이다. (진리 주장이 행동과 투쟁에 의해 조건지어진다는 것은 코제브가 적어도 여기에서만큼은 심히 마르크스주의자임을 뜻한다.) 하지만 왜 이 투쟁과 이 행동주의가 상호 인정을 기초로 삼아야 하는가?

마르크스는 이 문제를 전혀 다르게 보았다. 『자본론』의 "노동일"

장에서 그는 어떤 권리가 어떻게 실행될 수 있는지, 그리고 그것이 어떻게 허용될 수 있는지에 대해 설명한다. 그는 노동일의 길이를 둘러싼 자본가와 노동자의 대화를 4쪽도 채 안 되는 분량으로 보여 주는데, 이를 통해 우리는 권리의 문제에 어떠한 보편적 의미도 없으며 어떠한 제도에도 토대를 두고 있지 않다는 것을 생생하게 알 수 있다. 또 그것들이 도덕적이거나 법적인 논의나 인정 이론에도 반응하지 않는다는 것 역시 보여 준다. 마르크스에게 있어서 권리의 문제는 무엇보다도 **사회적 권력**의 문제, 누가 **이기느냐** 하는 문제이며, 선악의 피안 너머에 있는 니체적인 문제에 가깝다. 마르크스는 "자본가의 입지는 상품교환의 법칙 위에 있다"라고 말한다. "다른 구매자들처럼 그도 자기 상품의 사용가치에서 최대한 많은 이익을 끌어낼 방법을 찾는다. 그러나 그 이전에는 생산과정에서 소리와 분노가 억눌려져 왔던 노동자들의 목소리가 홀연히 들려온다. '내가 너희에게 판 상품은 그것이 가치를 창조한다는 점에서, 그 가격보다 더 큰 가치를 창조한다는 점에서 다른 일반적 상품 무리들과는 다르다. 네가 그것을 구매한 것도 그 때문이다. 네 편에서 자본의 가치화로 보이는 것이 내 편에서 보면 노동력의 과잉 지출이다.'"[15)

자본가가 고용인을 노동일의 한도 내에서 최대한 쥐어짜고, 또 오래 부림으로써 노동으로부터 얻은 이익은, 노동자가 건강과 복지에 입는 피해로 인해 "실질적으로" 잃는 것이다. 유엔 인권 헌장에 따르면, "모든 사람은 각자의 자산에 대한 권리를 가진다." 그리고 그 양도 불가능한 권리는 그 누구에게도 빼앗길 수 없다. 마르크스는 이런 유엔 헌장을 엄격하게 고수하는 입장에서 "자본가가 노동일을 최대한 늘리려고 노력하는 것, 하루를 이틀로 늘리려고 애쓰는 것은 구매자로서의 권리를 행사하는 것이다. 반면, 그때 판매된 상품〔노동력〕의 독특한 본성은 바로 그 구매자의 소비에 한계가 있음을 함축한다." 따라서 노동자는 같은 종류의 반응을 보이고, 또 그처럼 유엔 헌장을 고수한다. "노동자가 노동일을 정상적 길이로 줄이려는 것은 〔노동력〕 판매자로서의 권리를 행사하는 것이다."[16] 그러므로 마르크스는 이런 상황이 권리들의 상충, 똑같이 교환법칙에 정당하게 속하는 권리들 간의 상충, 즉 이율배반이라고 결론짓는다. 마르크스가 볼 때 그런 상황에서 "똑같은 권리들이 겨룰 때 대세를 가르는 것은 힘이다."[17] 따라서 권리들 간의 투쟁은 위에서 주어지는 것도, 법정에서 인정받는 것도 아니며, **상호 인정**을 통해 허용되는 것도 아니다. 아무 권리도 갖고 있지 않은 사람들에게 권리는 찾아와야만 하는 어떤 것, 몸부림과 힘, 투쟁을 포함하는 어떤 것이다. 그러므로 우리는 자신의 권리를 지키려면 반드시 싸워야 하지만, 그 투쟁은 그러한 권리를 허용해 달라는 요청 없이 이루어져야 한다. 자리에서 밀려나고 추방당하고 박탈당한 자들, 그들 자신을 제외하면 그 누구도 밀려나고 추방당하고 박탈당한 이들을 인정하지 않을 것이다. 우리는 빼앗긴 것을 힘으로 되찾아야 한다. 실천적 행동을 통해, 조직된 투지를 통해, 자발적인 전복을 통해, 그리고 이와 같은 행동을 하는 타인들과의 마주침을 통해 되찾아 와야 한다. 마르크스적 진리를 창조하고 마르크스적 권리를 획득하는 유일한 수단은 힘 이외엔 없다.

마르크스가 권리의 언어를 사용하지 않았던 이유도 바로 여기에 있다. 도시에 대한 권리든, 이것저것에 대한 권리든, 권리라는 것은 없다. 우리, 또는 민중은 권리를 갖고 있지 않다. 우리에게 없는 것을 인정해 주는 사람은 아무도 없다. 상호 인정도, 상호 협력도, 누군가 우리에게 무엇이든 줄 것이라는 기대도 없다. 그러므로 우리는 다시 시작해야 한다. 기대 없이, 아무것도 기대하지 말고, 아무것도 요구하지 말고, 요청 없이, 인정받을 생각도 하지 말고 찾아와야 한다. 박탈당한 것을 되찾고 그 대신 다른 것을 건설해야 한다. 동료 노예 여행자들(99퍼센트)과의 상호 인정 속에서 함께 일하라. 하지만 주인과는 함께하지 말라. 권리가 없는 사람들과 동맹을 맺어라. 설계자나 활동가들, 평범한 사람들과 전문가들, 상식과 규모 감각이 있는 사람들과 함께 일하라. 그들과 함께 우리는 **적절한 관념**을 중심으로 하는 **공통 통념**을 개발할 수 있다. 공통 통념은 보편적 권리와는 다르다. 공통 통념은 더 실용적이며 더 구체적이고, 더 가변적이고 변화하는 개념이며, 추론되고 협상하고, 특정한 문제, 그리고 특정한 집단에, 다시 말해 융화 집단에 관련된다.

　건물을 지을 필요는 없지만 새로운 **마주침**을 위한 공간은 필요하다. 사람들이 서로를 만나고, 새로운 친밀감을 맺고, 그 친밀감을 버릴 수 있으며, 새로운 미래적인 마술적 욕망이 도시적 공간에 다시금 생기를 불어넣을 수 있는 그런 공간 말이다. 그런 공간들은 기이하고 예상치 못했던 장소에서, 행성 도시화의 내장 속에서, 마이너 공간에서 이미 등장하고 있다. 예를 하나 들어보면 전 세계에서 무자비하게 추진되던 도시화의 일환으로 미국 전역에서도 빠른 속도로 연이어 건설된 광활한 쇼핑몰들은 건설될 때와 똑같이 빠른 속도로 연이어 도산하고 있다. 최근에 『뉴욕타임스』는 "유통업자들이 쇼핑몰이 등장한 이래 최악의 불황에서 간신히 벗어나면서 쇼핑몰의 수가 너무 많다는 것을 깨닫고, 빠른 속도로 가게 문을 닫는 사람들이 많다"고 보도했다. 이들 번화가의 쇼핑몰은 해체되어 새 용도로 다시 태어났다. 행성 전역의 도시적 용도로, 말하자면 공동체 농장과 작은 단위로 나뉜 유기농 경작지, 녹지 공간, 개울, 공원 같은 용도의 땅으로 변신한 것이다.[18] (이러한 가능성은 우리에게 잠시 과거를, 아니면 미래의 모습을 바라보게 한다. 로스앤젤레스 월셔 대로가 잔디 깔린 보행자용 도로로 탈바꿈한 래리 니븐의 공상과학소설 속의 환상처럼 말이다.) 여기서 새로 만들어지고 있는 것은 과잉 축적되고 평가 절하된 거대 유통업 내부에서 출현하는 새롭고 작은 규모의 유통과 비유통업이다. 저평가를 받던 공간이 이제는 교외에서는 찾아볼 수 없던 도심으로, 가장자리에 녹지 공간을 가진 중심가로 재평가받고 있다. 창조적 파괴가 드디어 아무도 독점하지 못하는 창조성을 허용해 줄는지도 모른다.

아이작 아시모프 역시 행성 도시화가 **바로 그** 도시화 **때문에** 대안적인 '비도시화된' 공간을 만들어 내면서 그 자신의 타자를 낳을 수 있는 가능성을 알아차렸다. 아시모프는 트랜터가 비대해졌을 때 부딪힐 한 가지 문제가 무엇인지 알고 있었다. 즉 강철 돔이 모든 곳과 모든 것을 덮어씌운다면, 하이테크 도시화와 포스트 산업화라는 것이 경작 가능한 땅이 제로가 되는 상태를 뜻하는 것이라면, 그 행성의 식량은 어디에서 오는가 하는 문제였다. 어디에서 그 거대한 괴물의 식량을 실제로 공급하는가? 식량을 생산하는 농장은, 기업적인 공장식 농장이 아닌 진짜 농장은 어디 있는가? 아시모프는 트 랜터의 취약점을, 그것을 흔들어 놓을 의존성을 알고 있었다. 그 세 계를 먹여 살리는 문제 말이다. 그 제국이 존속해 온 상당 기간 동 안 트랜터는 외계 행성에서 식량을 수입해 와야 했고, 외계의 공급 자들에게 의존했다. 나중에 우리는 트랜터의 황량한 이웃마을에서 이루어지는 기묘한 유기농 생산에 관한 이야기를 듣게 된다. 가령 르 코르뷔지에 스타일의 건물들 안에 있는 〈마이코겐Mycogen〉▪ 분 과 같은 곳들이 그런 곳이다. 그중의 일부는 지하에 있고, 또 일부 는 땅위에 수직으로 서 있으며, 스타이너 스타일의 "비밀스러운 이 스트 공급 체계를 갖춘 초소형 농장"이 성행하고 있다.

이것은 하이테크의 자동화 기술과 로우테크의 원시적 노동을 혼 합한 바이오 농경이다. 하리 셀든의 기억에 따르면 "좁은 복도를 걸 어 나갔다. 복도의 양쪽 면은 두꺼운 유리로 된 커다란 탱크였고, 그 탱크 안에 들어 있는 녹색 물은 소용돌이치며 뿌연 거품을 내고 있었다. 물속에는 안에서 솟구치는 기포 때문에 이리저리 움직이는 조류藻類가 가득 자라고 있다. 그는 '이 조류에는 탄수화물이 풍부 하게 들어 있겠군' 하고 생각했다."[19] 그것은 오늘날 생기기 시작하 는 "도시형 식물 공장" 운동 비슷한 것의 생생한 사례다. 그러니까 마천루와 그 수직적 공간 속에서, 말하자면 행성 전역에 걸친 도시 적 생활의 몸속에서 더 경제적이고 생태적인 방식으로 식물을 기를 수 있다는 주장의 본보기인 것이다. 기후가 조절되는 "유리 건물"

▪ 세계적인 미생물 농약회사.

(존 힉스의 교과서 같은 책에 기록되어 있는 것 같은)은 물과 공기를 다루는 신기술을 활용하여 더 에너지 효율적이고, 살충제를 더 적게 쓰고, 수질 오염을 줄이는 생산 시스템으로 도시 인구를 먹여 살리기를 원한다. 이 주제는 방송에서 다뤄 볼 만하며, 토론에 부치거나 개발할 여지가 있다. 전 세계에는 개간되기를 기다리고 있는 빈 바닥이 많이 있으니 말이다.

이런 것들은 모핑 마주침morphing encounters[■]이라 불릴 수 있는 현상의 온건한 사례들이다. 모핑 마주침이란 새로 나타날 가능성, 계속 진화해 나갈 가능성이 있는 점진적 변화를 말한다. 그것들은 당연히 변화를 신호하지만, 그 변화는 연속성이 깨진 상황에서의 변화이다. 이런 변형은 기존 사회관계의 테두리 안에서 끊임없이 적응하는 풍경과 시스템을 나타낸다. 이것은 변화를 장기간에 걸쳐 점증적으로 일어나는 것으로 설정하는 일종의 진화적 개혁주의이다. 인간이 변동하는 맥락적 상황들에 반응하고 적응함에 따라 거의 불가피해진 역사적 변화 말이다. (이집트에서 무바라크가 하야한 뒤 일어난 최근의 변화가 그런 모핑 마주침에 해당할 수도 있겠지만, 시간이 더 지나야 알 수 있을 것 같다.) 한편, 이런 모핑 마주침 안에서 우리는 **빗겨나는 마주침**punctuating encounter도 발견한다. 그것은 예상치 못하게 부딪히고 빗겨 나며, 갑작스러운 변화와 갑작스러운 **지속적 도약**을 만들어내고, 사물들을 박살내고, 거대한 역사적 변화, 그 어

[■] 모핑이란 하나의 형체를 전혀 다른 이미지로 변하게 하는 기법으로, 2차원이나 3차원의 한 이미지가 다른 이미지로 변하는 과정을 서서히 보여 준다.

떤 것도 다시는 예전 같아질 수 없는 혁명적 변형을 창조하는 광범위하고 강렬한 연합이다. 이런 종류의 마주침은 공간을, 민주적 갈망을 완수해 줄 공간을 만들고 되찾아오는 '속도주의'를 유도한다. 이러한 공간에는 사람들 사이의 온라인 네트워크에 의해 극화되는 공간, 즉 새로운 도시적 만화경과 콜라이도르스케이프뿐 아니라 물리적인 오프라인 공간도 포함된다.

이 공간의 참여자들은 그들의 열정을 공유하며 그들의 희망을 긍정해 주는 특이성만이 아니라 그 자신의 역사적 공간을 창조하는 힘으로서도 융화한다. 사람들은 공간 속에서 행동하는 것이 아니다. **사람은 행동함으로써 공간이 된다.** 그들이 공간이다. (잭슨 폴락은 자신이 자연이라고 주장했다.) 이런 빗겨 나는 마주침에서는 전체 공간이 수행 공간이 된다. 그냥 바라보고만 있거나 누군가 다른 사람을 위해 수행하는 사람은 아무도 없다. 모두가 어떤 사건을, 어떤 **내환경**▪을 만들어 낸다. 사람들 사이의 관계를 변형시킴으로써, 공간 속에서 소통함으로써, 또 공간을 변형시킴으로써, 공간과의 생생한 대화에 참여함으로써 그렇게 한다. 하나의 내환경 안에서 '수행 performance' 자체가 모든 참여자의 행동뿐만 아니라 모든 공간적 관계를 작동시키고 창조한다. 그것은 거꾸로 더 유연한 마주침으로 이어져서, 그 마주침에서 수행은 변화하는 공간적 배치에 의해 어떤 식으로든 조절된다. 내환경은 길거리 드라마로, 극적인 길거리 극장

▪ invironment, 마이클 벨Michael Mayerfeld Bell이 논문 "An Invitation to Environmental"에서 제시한 용어로, 환경 및 다른 인간 신체들과 끊임없이 상호작용해 가는 인간 신체와 환경을 총괄하는 상황, 그런 사건을 가리키는 용어이다.

으로 문자 그대로 **분출하는** 공간이다. 이 길거리 드라마의 효율성은 필히 하나의 공간을 창조하는 수행적 행위에 의존할 것이다. 배우와 관객이 서로가 하나임을 깨닫게 되는 그런 공간 말이다. 단순한 관계들, 집단적 제의들, 집합적 리듬들, 그리고 반복들이 인민 군중과 그들의 개인적 신체 사이의 융화뿐 아니라 공간 안에서의 기본적인 연결들을 규정한다. 분리는 극복되고, 한동안, 잠시 동안, 지속되는 그 한순간 동안, 빗겨 나는 마주침이 눈앞을 스치고 지나간다. 그 순간이 계속 이어지는 것은 그것이 사람들을 **앞으로** 끌고 가는 마주침이기 때문이다. 그 마주침은 와해되지 않는다. 역사적인 사건으로, 어제, 지난주에, 일 년 전이나 오십 년 전에 발생한 어떤 것으로도 해체되지 않는다. 지속하는 마주침이 일어나면 그 어떤 것도 예전과 동일해지지 않는다. 그것은 사람들을 **생성**의 과정 속으로, 뭔가 다른 것이 되어가는 과정 속으로 쏘아 보낸다.

　지난 몇 년 동안 이루어진 "점령하라" 운동의 성장은 우리의 사회적, 정치적, 경제적 생활의 존재론적 모핑에 인식론적 균열을 불러일으켰다. 그것은 세계 속 우리 존재에 가해진 미묘하면서도 서서히 진행되는 변화였다. 완전히 다른 어떤 것이 풀려났고, 모습을 드러냈고, 창조되었다. 그것은 과거와, 1968년과 다른 어떤 것이다. "점령하라" 운동과 1968년 운동의 유사성을 지적하는 사람들이 많았지만 그런 비교가 별로 설득력이 있다고 보지 않는다. 이 책에서 나는 지금은 그때와 상황이 다르다고 주장해 왔다. 투쟁의 전략과 속도가 변했고, 투쟁의 토양이 바뀌었기 때문이다. 세상도 변했다. 1968년 이후, 1960년대 꽃의 권력 이후로 세상은 엄청나게 변했다.

그것도 아주 중요한 정치적 의미에서 변했다. 이러한 변화에는 나름의 후렴구가 끼어든다. 1967년에 학생 저항 운동의 맨 앞줄에서 〈도어스the Doors〉는 이렇게 노래했다. "우린 세상을 원해, 바로 지금 원해." 그 뒤 꼭 십 년 뒤인 1977년에, 금융 위기와 경제 불황으로 피폐해진 십 년이 지난 뒤, 〈섹스 피스톨스the Sex Pistols〉는 이렇게 울부짖었다. "미래는 없어! 너와 나의 미래는 없어!" 그리고 그 다음, 십 년이 채 지나지 않은 1984년에, 로널드 레이건의 1차 임기가 끝날 무렵, 그리고 영국에서는 한창 대처주의가 기승을 부릴 때, 마이클 잭슨과 그가 중심이 되어 결성한 〈아프리카를 위한 미국USA for Africa〉는 "우리가 세계다We are the World"라고 노래했다. 거의 설명 불가능할 정도로 기이한 합병과 적응적 흡수, 보편적 재흡수의 행동이 일어난 것이다. 1967년에는 사람들이 세계를 원했지만, 1977년에는 그들이 가질 만한 세계가 없어졌다. 모든 게 엉망진창일 수도 있었다. 1980년대로 굴러들어가던 그때가 되어서야, 이제 우리는 어쨌든 우리가 세계였다는 말을 들었다. 미래가 없다는 똑같은 말이 우리에게 도전장을 내밀었다. 우리는 미래 없는 존재였고, 당시는 대안 없는 세상▪이었고, 그 이후 내내 그런 세상에서 살고 있다.

그 악명 높은 오웰의 해인 1984년은 이런 균열을 성찰하는 출발점으로 나쁘지 않은 시기이다. 프레더릭 제임슨은 1984년에 「포스

▪ TINA, There Is No Alternative: 영국 대처 수상이 집권 시절에 자주 쓴 구호로, 경제적 자유주의가 유일하고 최선인 선택이라고 주장했다.

트모더니즘, 혹은 후기 자본주의의 문화적 논리Pstmodernism, or, the Cultural Logic of Late Capitalism」를 써서 뭔가 중요한 것을 선언했다. 좌파가 "가장 소중히, 오랫동안 유지해 오던 공식"인 "비판적 거리"가 철폐되었다는 것이다.[20] 그 뒤로 비판적 거리란 아마도 사상 최초로 철저하게 시대에 뒤지고 무능한 신세가 되었다. 더 이상 외부는 없고 내부만 있을 뿐이며, 우리 진보주의자들은 우리 자신이 비판적으로 분석하고 비판적으로 씨름하는 것 너머에서 우리 자신을 재설정할 수 없다. 이제 더 이상 우리 모두를 집단적으로 뱃속에 삼켜 버린 짐승에게 비판적 지렛대를 갖다 댈 길이 없어졌다.

살만 루슈디Salman Rushidie 역시 1984년에 이런 외부 결핍, 혹은 현재 안과 바깥을 구성하는 틀을 다시 짜는 문제에 몰두했다.「고래 밖에서Outside the Whale」에서 루슈디는 제임슨이 서투르게 확인했던 것에 더 두텁고 더 인간적인 질감을 입히는 동시에 조지 오웰과 대결을 벌인다. 오웰은「고래 안에서Inside the Whale」(1940)에서 우리의 이 세속적인 세상에는 외부가 있다고, 어딘가에 안전한 장소가 있다고 주장했다. 최소한 글과 예술 안에서 성경에 나오는 요나의 고래와 같은 따뜻한 자궁을 발견할 수 있는 지식인들에게는 외부가 있다는 것이다. 오웰은 이 외부의 안쪽에서 위대한 예술이 자라난다고 말했다. 우리의 타락하고 부패한 정치·경제 체제에 대해 대단한 것을 말할 수 있는 위대한 예술과 문학 말이다. 하지만 루슈디는 이런 것을 전혀 인정하지 않았다. "진실을 말하자면 어디에도 고래는 없다. 우리는 숨을 곳 없는 세상에 살고 있다. 미사일을 보면 그 점이 확실해진다. 그러니 우리에게 주어진 선택지는 매우 간단하다.

자신을 기만하는 데 동의함으로써 거대한 물고기의 환상 속에서 자신을 상실하거나, (…) 아니면 모든 인간에게 자궁이 영원히 사라졌다는 것을 깨닫고 난 뒤 본능적으로 취할 일을 행동에 옮길 수 있다. 다시 말해 엄청나게 시끄러운 소음을 만들어 낼 수는 있다."[21]

그러므로 1984년은 아마 1960년대의 진정한 종말이며 그 운명을 끝장낸 것일지도 모른다. 1984년이라는 해는 외부의 종말, 비판적 거리의 종말, 1968년의 종말을 뜻했다. 아니면 같은 준거 틀, 같은 호전성과 더불어 같은 사고방식을 사용하는 그 전통이 끝장났다는 뜻일지도 모른다. 오늘날에는 1960년대 스타일의 야단법석은 더 이상 계속될 수 없을 것 같다. 그런 것이 우리를 전체적으로, 대규모로, 이것저것 남김없이 모두를 집어삼켜 버린 이 짐승을 공격하기에 필요한 정치인 것 같지 않다. 토마스 핀천Thomas Pynchon의 『바인랜드Vineland』(이 역시 1984년을 무대로 삼고 있음을 기억하라)에 나오는 히피 주인공 조이드 휠러의 절박함과는 뭔가 다른 것이 필요하다. 정신적인 퇴행을 보이는 휠러는 정부보조금에 매달려 살다가 유리 창문을 부수고 뛰어넘어 다른 쪽으로 나간다. 자갈밭 아래에는 해변이 없다. 설사 있다고 해도 그 물은 이제 맨몸으로 헤엄치기에는 너무 오염되어 버렸다.

우리의 도시적 세계는 1968년의 세계와는 다른 장소이다. 그곳은 다른 희망과 꿈을 허용하며, 다른 위협과 가능성을 설정한다. 모순적이지만, 예전 그 어느 때보다 기본적인 마르크스주의 도구로 오늘의 신자유주의 현실을 비판하기는 더 쉬워졌다. 분석 차원에서 볼 때 그 어느 때보다 고전적 마르크스주의적 입장을 취하는 게 쉬워졌고, **올바른** 일이 되었다. 그런데도 정치적 실천의 수준에서 그 분석은 너무 안일하고 너무 무용지물이어서 어떤 건설적 작업으로도 이어지지 않는다. 그러한 분석 및 그에 뒤이은 비판은 우리에게 정치적 실천이나 실질적인 투쟁에 대한, 그 지식에 따라 우리가 어떻게 행동할지에 대한 그 어떤 지침도 거의 전해 주지 않는다. 우리가 생각하는 세계, 특정한 경제적 모델을 통해 작동하는 이 세계가 마르크스의 위대한 저서에서 말하는 고전적인 자본–주의Capital-ist 세계라는 것이 여러 어려움 가운데 하나이다. 그러나 우리가 행동해야 하는 세계는, 우리 진보 진영이 조직해야 하는 그 세계는 의미심장하게도 카프카적이다. 마르크스주의자들은 이 실재를 분석하고 비판할 방법을 알고 있다. 사실 우리는 그것을 너무 잘 알고 있다. 가끔은 너무 잘 알고 있어서 자신들에게 유리하게 행동하기가 힘들다. 하지만 이 이론적 지식의 관점에서 실천적 정치를 구축하는 방법에 대해서는, 행동하는 방법에 대해서는 그만큼 잘 알지 못한다. 이론적 지식과 실천적 정치는 바로 연결되지 않는다. 내가 **반란의 수수께끼**라 부르는 이 문제를 우리는 아직 해결하지 못했다.

현재의 교착점은 지극히 카프카적이다. 성과 보루가 모든 곳에서 우리를 지배하고 있다고 해도 과언이 아니다. 이들 성곽과 보루들은 통상 우리 시야에 있고, 대개 우리의 감각으로 감지할 수 있으며, 심지어 우리 내면에 있는 것이기도 하다. 동시에 그것들은 멀리에 있고, 어딘가 모르게 차단되어 있으며 손이 닿지 않는 곳, 접근하기 어려운 곳에 있다. 또 그곳의 거주자들은 우리가 어느 문을 두드려야 할지 제대로 알고 있는 상태로 그들의 집 문을 두드린다 한들, 정확한 답을 주지 못한다. 카프카는 우리를 자본주의 하에 붙잡아두고 있는 철저하게 현대적인 갈등을 마르크스보다 더 잘 인식하고 있다. 마르크스는 우리를 이 시스템에 예속시키는 성城과 심판의 생산에 관한 일반 역학은 이해했다. 하지만 그 권력의 통로와, 그 조직적 관료제도가 작동하는 방식에 대해서는 그만큼 이해하지 못했다. 마르크스는 절차에 맞서 전쟁을 수행하는 것이 어렵다는 것은 알고 있었지만, 그 절차가 언젠가는 행정적 (부실) 관리하에 들어가게 될 것이라고 예상할 만큼 오래 살지는 못했다. 그것이 엄청나게 복잡한 노동 분업에 의해 토막 날 뿐만 아니라 이해할 수도 없고 이름도 없는 중간 관리자들에 의해 수행되는 더욱 거대한 관료적 구획화를 초래하게 될 것이라는 것도 상상할 수 없었다.

카프카는 현대의 갈등이 우리와 타자의 대립이라는 계급적 문제만이 아니라 규모가 엄청나게 큰 데다 예외 없이 추상적인 전체적 행정부로 변형된 세계와 우리가 대립하게 되는 문제임을 알고 있었다. 카프카가 위대한 두 권의 소설, 『심판』(1925)에서 『성』(1926)으로 넘어가며 보여 준 이행은 초국가적으로 행정 관리되는 우리 세계에서의 의미심장한 이동을 설명해 준다. 『심판』에서 요제프 K가 있는 세계는 곧 전능한 재판정이며, 그는 고소당해 개 같은 신세로 법정에 서 있다. 그 세계는 일종의 국가 독점 자본주의 시스템이다. 『성』에서 주인공인 K가 사는 곳은 갑자기 세계 전체가 마을 하나로 줄어든 세계이다. 이 마을을 지배하는 언덕 위의 성은 그 어느 때보다 더 강력하고 손 닿지 않는 존재로 보인다. 아마 성이 있는 이 마을을 통해 우리는 지금 우리 자신의 '지구화된 마을'을 이해할 수 있을지 모른다. 그것은 지구화에 의해 줄어든 세계, 성을 상대하는 한 남자의 심리극이 실제로 우리 모두를 위한 정치적 우화가 되어버린 그런 세계이다. 우리 자신이 기술해 온 이 어두운 고딕 미스터리를 풀기 위해, 우리가 수감자이자 동시에 교도관인 이 도시적 미스터리를 풀기 위해, 우리는 집단적 정체성을 품어야 한다. "당국자와 직접 상대하는 것은 그리 어렵지 않았다"고 K는 생각한다.

아무리 잘 조직되어 있다 하더라도 관청이 하는 일은 멀리 떨어져 있고 눈에 보이지 않는 주인들의, 멀리 있고 눈에 보이지도 않는 이해관계를 지키는 것뿐인데 반해 K는 자신에게 절실한 신변의 일 때문에 싸워야 하기 때문이다. 무엇보다 K는 적어도 처음에는 스스로 자원하여 싸웠고, 공격하는 입장이었다. (…) 그런데 이제는 그들이 사소한 문제에서는 언제나 그의 요청을 단번에 다 들어주었기 때문에, 그리고 지금까지는 중요하지 않은 문제들만 제기되었기 때문에, 그가 간단히 쉽게 승리할 기회를 빼앗아갔고, 그럼으로써 그런 승리에 따라와야 할 만족감도, 또 그런 승리의 결과로 와야 하는 차후의 더 큰 투쟁을 위해 가져야 할 자신감도 앗아가 버렸다. 대신에 관청은 K가 어디든 마음대로 가게 내버려 두었다. 물론 마을 안으로 한정되었지만, 그럼으로써 그의 불평을 받아 주고 기분을 으쓱하게 만들어 갈등의 소지를 전부 없애버리고, 그를 공식적인 존재로도, 인정받는 존재로도 대하지 않고, 말썽을 피우고 따돌림 받게끔 처신하게 만들었다. (…) 그래서 당국과 직접 접촉할 때는 그들의 경박하면서도 까탈스러운 자세를 대하다보면 어느 정도 일부러 경솔하게 행동하게 될 여지가 충분히 있으므로, 모든 일에서 최대한 주의할 필요가 있었고, 한 걸음이라도 내딛기 전에 온 측면을 살펴봐야 한다.[22]

K는 세상에 대해 혀를 내두른다. 그가 묘사한 세상은 으스스할 정도로 우리가 사는 세계와 비슷하다. "공무와 사생활이 여기처럼 뒤엉켜 있는 것을 그는 다른 곳에서는 일찍이 본 적이 없었다. **그 둘이 서로 뒤바뀐 것은 아닌지 의심스러울 정도였다.**"(53, 강조는 필자) 이제 우리 진보주의자들은 무슨 일을 하든 최대한 주의해야 한다는 결론으로 이어진다. 우리는 한 걸음을 내딛을 때에도 온 사방을 둘러봐야 한다. 상황의 위중함을 모르는 사람은 아무도 없다. 하지만 이러한 상황의 위중함은 우리를 "어리고", "무기력하게" 만들기도 한다. 그리고 우리를 "가볍고 경박한 자세"로 흡수해 갈등의 모든 가능성을 제거하려고 한다. 그것은 **그** 현실 속으로 우리를 **통합해 버렸다.** 우리의 모든 사소한 소원과 욕구는 그 현실에서 모두 충족된다. 그것은 겉으로 보아 낯설지 **않은** 힘으로 우리 안에 통합되어 들어왔다.

우리 시대에 카프카적인 성은 드보르 식의 "통합된 스펙터클", 모든 현실에 침투한 현상이 되었다. 『심판』의 역학이 드보르가 『스펙터클의 사회The Society of the Spectacle』(1967)에서 개괄한 것 같은 '집중되고' '확산된' 스펙터클의 특성(과 그 유출성leakiness)을 보여준다면, 『성』은 후기 드보르적이며, 그가 20년 뒤에 쓴 『스펙터클의 사회에 대한 코멘트Comments on the Society of the Spectacle』에 상응한다. "스펙터클이 집중되어 있을 때는 그 주위 사회의 대부분이 그것과 무관했다. 그것이 확산되자 그와 무관한 면적이 줄어들었으며, 오늘날에는 어떤 부분도 그것과 무관하지 않다"고 드보르는 말한다.[23] 성城의 사회, 그리고 통합된 스펙터클의 사회는 거대한 소용돌이와도 같다. 그것은 모든 것을 단일하고 통일된 나선형을 그리는 힘 속으로, 상이한 층위와 경계들이 사실상 무너졌고 뒤섞여 버린, 이음매 없는 그물망 속으로 빨아들인다. 그것은 행성 도시화라는, 하나의 세계 세포 형태를 창조했다. 과거 정치적인 영역과 경제적인 영역 사이에 존재하던 구분도, 도시적인 것과 농촌 사이의 구분도, 형태와 내용 사이의, 갈등과 동의 사이의, 정치와 기술 관료 사이의 구분도 각각 특정한 중력을 상실했고, 모두가 그 의미의 명료성을 잃었다. 통합은 흡수와 부패, 재전유와 재흡수, 무너뜨림으로써 차단하기와 같은 **융합하는** 과정을 통해 작동한다. 각 영역은 이제 그것의 타자로 단순히 생략된다.

　K는 성의 주민과 접촉하려 하다 길을 잃고, 그의 모험도 절망에 가까워진다. 그는 성의 관료제적 형식성을, 그 내부 서클의 무오류성을 뚫고 싶어한다. K는 밖으로 나오는 길이 아니라 안으로 들어가는 길을 찾으려 애쓴다. 토지 측량 기사로서 데카르트적인 도구를 모두 사용해 그는 성 자체가 내세운 기준에 따라, 표면에 내걸어진 성의 '합리적'인 준거 틀에 따라 성과 대면한다. 그 때문에 K의 요구는 너무 제한적이고 너무 하찮은 것이 되며, 너무 관습적이고 너무 자의식적인 것이 되어 버린다. 그는 성의 세계를 **받아들일 수 없는** 것으로 만들기보다는 **이해 가능한** 것으로 만들고 싶어한다.

우리는 우리의 성 안쪽으로 들어가려고 애쓰기보다, 그 의미를 풀어 헤치려고 애쓰기보다, 물신주의를 탈신화화하기보다, 두드릴 문을 찾고 **합리적인** 불평을 늘어놓을 사람을 찾으려 하기보다, 행성 도시화하에서 이 반란의 수수께끼를 재고할 필요가 있다. 그들의 기준이 아닌, 성의 기준도 아닌, '자본의 논리'에 따르는 기준도 아닌, 우리의 기준에서 재고할 필요가 있다.

사실 자본의 수수께끼는 더 이상 존재하지 않는다. 그 점에 대해 우리는 데이비드 하비에게 감사해야 한다. 그는 이미 꾸준한 작업을 통해 신자유주의적 자본주의 사회에서는 어떠한 물신주의도 더 이상 존재할 수 없다는 것을 우리에게 밝혀 주었다.[24] 마르크스는 부르주아들의 술수를 밝혀냈고, 자본주의적 소외의 숨은 세계를 사람들 앞에 폭로했으며, 그들의 예속과 지배의 근원을 보여 주었다. 하지만 오늘날 세계 전역의 사람들은 자신들의 비참함의 뿌리를 드러내기 위해, 일상의 현실과 관련해 그들이 가진 전망의 허점을 수정하기 위해 마르크스를 불러올 필요가 없다. 본인들이 너무나 잘 알고 있기 때문이다. 그들은 그들 모두에게 너무나 명백한 시스템으로부터 협박을 당한다. 그 시스템은 적나라하고 날 것 그대로이며 너무나 눈에 잘 보이는 권력에 근거하고 있으며, 가면을 벗길 필요조차 없는 짐승 같은 힘에 의존하고 있다. 이 지배 계급은 그 뻔한 협잡에 푹 빠져 있다. 반대 진영이 자기들의 권력에 맞서기에는 너무 허약하고 미미하다는 것을 알고 있기 때문이다.

그러므로 자본의 수수께끼란 없다. 적어도 우리에게는 없다. 자본의 수수께끼란 그들의 수수께끼다. 그늘의 순환과 생산과 수탈에 의한 축적은 우리에게는 수수께끼가 아니다. 그것들은 명백하다. 서투를 정도로 명백하고, 뻔뻔할 정도로 명백하다. 그것은 순수한 권력, 명백한 권력에 근거한 명백함이다. 수수께끼가 있다면 그것은 이 권력이 어떻게 관리되는지, 그것이 어떻게 통제되는지, 그 통제 본부가 어떻게 (기 드보르의 말처럼) "오컬트"가 되었는지 하는 것이다. 우리 앞에 놓인 수수께끼는 이 전체적인 행정 체제 **안에서** 어떻게 투쟁할 것인가 하는 행정적인 난제이다. 그런 난제가 발부한 영장 아래에서 정치와 경제, 공적인 것과 사적인 것, 국가와 비국가는 모두 우리가 이들 범주를 이해했던 전통적인 방식으로는 구분할 수 없게 되어 버린다. 공적 공간은 이제 사유화되었고, 공공 업무는 민영화되었으며, 공적이던 것은 사적인 것이 되었다. 기업가들은 정치인이 되었고, 정치인은 기업가처럼 처신한다. 억만장자들이 이끄는 기관들의 예산은 가장 큰 초국적 조직의 예산도 우스워 보일 정도로 어마어마하다. 과거에는 공적이던 것이 이제는 사적인 것이 되었다. 국가는 마누엘 카스텔이 "집단적 소비"라고 부른 공공 영역(운송과 공익 시설, 병원, 학교, 공공 공간 등 집단적으로 소비되는 재화)을 포기했다기보다는 사적 자본에 헐값에 팔아 넘겼다. 국가는 집단적 소비의 항목에 돈을 내지 않기로 결정했을 뿐만 아니라, 이윤을 얻기 위해 이런 항목을 적극적으로 몰수하고 재평가했다. 이런 구도는 더 심화된다. 다른 곳에서도 공공재가 사기업의 광고 간판 노릇을 하고 있다. 재정이 악화된 볼티모어 같은 미국의 도시 지역에서는 자치시의 금고 사정을 개선시키기 위해 이제 소방차에도 야단스러운 기업체

광고를 덕지덕지 붙인다. 필라델피아에서 지하철 승객들은 맥도널드 광고가 찍힌 탑승권을 써야 한다. 인디애나 주 도시 지역에서는 켄터키 프라이드 치킨 로고가 맨홀 뚜껑과 소방전 꼭지를 장식하고 있다. 피자 체인의 광고가 공립학교 버스에도 붙어 있다.[25] 이런 식의 사례는 끝도 없이 이어진다. 미디어가 곧 메시지다.

이에 따라 우리는 이와 같은 사유화와 신자유주의화의 시대에 공적 영역이라는 게 무엇인가 하는 문제의 본성 전반을 재고해야 한다. 마르크스가 『공산당 선언』에서 목격했던 사유화가 돌아오고 있다. 그는 "부르주아 사회는 인간과 인간 사이에 적나라한 이기심과 냉담한 현금 지불 외에 다른 어떤 결합도 남기지 않을 것"이라고 우리를 일깨웠다. 부르주아 사회는 "기사도적 열광이나 속물적 감상주의가 주는 천국 같은 최고의 황홀감도 이기적인 계산이라는 얼음물에 익사시킬 것"이다. 부르주아 사회는 "사적(이고 공적)인 가치들을 교환가치로 바꾸어 놓을 것"이다. 부르주아 사회는 일체의 후광을 벗고, 왕년의 모든 신성하고 성스러운 영역을 변모시켜 또 다른 돈의 영역으로, 자본을 축적할 또 다른 수단으로 바꾸어 버릴 것이다. 공적 영역 그 자체도 예외가 아니다. 마르크스는 우리에게 공적 영역이 여전히 갖고 있는 의미의 파편들을 주워 모을 암담한 임무를 남겨놓는다.[26]

우리는 그 맥락을 재규정해야 한다. 집단으로 소유되고 국가가 관리한다는 의미로서의 공적인 영역이 아니라, 그 빌어먹을 것의 실소유자가 누구든 간에 상관없이 집단적으로 운영되고 인민이 관리하는 것으로서 공적 영역을 재규정해야 한다. 공적 영역은 어쨌든 인민을 **표현해야 하며**, 그들이 가진 **공통 통념**을 표현해야 한다. 여기서 공통 통념이란 스피노자가 항상 주장했듯이 보편적인 개념이나 모종의 보편적 권리가 아니다. 스피노자는 보편성이라는 추상적 개념에 완강하게 반대했다. 그는 그런 것은 **부적절한 관념**이라고 말했다. 공통 통념은 추상적인 것이 아니라 일반적인 것이다. 실제적이고 맥락에 따라 적용 가능하다는 점에서 일반적이다. 이 관점에서 본다면 어떤 것이 공적이라면 그것을 공통으로 표현하는 통로는 사람들이 다른 사람들과 마주치고, 대화를 나누고, 논의하는 것을 목격한다는 의미에서 열려 있고, 협상 가능하고, 논의 가능하며, 정치적이어야 한다. 이런 공적 표현은 십중팔구 도시적 영역에서 더 크게 들리고 더 강렬하게 감지될 것이다. 전 세계가 사유화되고 나면 공적 영역을 규정해 주는 것은 바로 이런 공통 통념이라는 관념, 공통의 실천 개념, 그저 거기 있는 것만이 아니라 행동하고 표현하는 개념이라고 나는 확신한다. 내가 앞에서 주장했듯이, 21세기의 공적 공간은 도시적인 공적 공간이다. 그것이 가진 순수하게 구체적인 물리성 때문도, 거주자 때문도 아니다. 도시적인 공적 공간이야말로 가상 세계와 물리적 세계가 만나고, 온라인과 오프라인 대화가 만나고, 온라인과 오프라인의 마주침이 만나는 장소이기 때문이다. 그 장소가 공적인 것은 바로 그 때문이다. 그 장소들이 공적 논의를, 서로와 나누는 공적 대화를, 그리고 서로를 만나는 일을 가능케 해주기 때문이다. 도시적 공적 공간은 그저 거기, 노천에, 도심에 있기 때문이 아니라, 그런 공간 속에서 사람들이 서로와 마주침으로써 공적인 것이 되었기 때문에 공적 공간인 것이다.

"점령하라" 운동에서 가장 흥미 있는 것 중의 하나, 그것이 잠재적으로 그토록 급진적인 동시에 잠재적으로 그토록 큰 결함을 가졌던 이유는 그것이 반란과 표현의 언어와 본성 전부를 새롭게 짰다는 데 있다. 우선 하나만 먼저 따져본다면, 점령하라 운동은 어떤 요구도 하지 않고 어떤 임명된 지도자도 없었다. 그들은 지금 당장은 부적절하더라도, 일상어법과 다른 반란의 용어를 쓰려고 시도했기 때문에 적을 당혹스럽게 만들었다. 그것은 카프카의 K가 하지 않으려 했던 일을 모조리 다 했다. 어찌 보면 K는 결국 자신의 권리를 요구하는 데 집착했다. ("난 성으로부터 어떤 호의도 원치 않아요. 난 내 권리를 원합니다.") 그리고 성의 비밀스러운 내부에 균열을 가해 출입증을 얻으려고만 했다. 그는 성에 너무나 강하게 집착한 나머지 성의 논리를 내면화하기 시작했고, 그 논리가 목젖까지 차올라 그것을 통해서만 사고할 수 있을 정도가 되었다. 무엇보다도 그는 명료성을 원했고, 불명료한 것을 치워버리고 싶어했다. 하지만 그것은 잘못된 요청이었다. K는 성을 **체현**할 필요가 있었고, 성 안에 들어가 그 보루를 관통해야 했다. 그는 성의 **물리적** 현전성과 그 대리자인 클람 Klamm을 찾아 나섰다. K는 어떻게든 그 성을 인간화해야 했고, 개인적인 차원에서 그것과 상대하고 싶었다.

　다행스럽게도 "점령하라" 운동에는 이런 요소가 전혀 없다. 사실 "점령하라" 운동은 특정한 누군가에게 질문을 던지거나 그 원한을 개인적인 것으로 다루지 않는다. 그보다 "점령하라" 운동은 시스템을 고발하며, **추상적인** 실체로서의, 추상적인 공간으로서의 권력의 동맥과 모세혈관에 침투하려고 한다. 시위 참가자들이 어딘가의 공간을 점령하면, 이들 점령된 공간은 이상하게도 새로운 현상이 된다. 그들이 어떤 장소에 뿌리박은 것도 아니고 공간 속에서 선회하는 것도 아니지만, 그 둘은 분리 불가능한 조합이 된다. 어떠한 전 지구적인 운동에서든 이런 공간이 갖는 효험은 공간의 안과 밖에서 벌어지고 있는 일들에 의해, 여기와 저기에 의해 규정된다. 마르크스가 『정치경제학 비판 요강』 서문에서 말했듯, 그것은 안과 밖의 이분법이라는 것이 단일한 과정 내의 상이한 순간들을 나타내는 것에 불과하다는 것을 뻔히 알면서 진행되는 안과 밖의 대화이다. 자본주의적 생산이 어떻게 분배를 낳으며, 분배가 어떻게 교환을 낳고, 교환이 어떻게 소비를 낳는지, 또 소비가 더 많은 생산을 어떻게 낳으며, 분배가 더 많은 교환을 낳고, 교환은 더 많은 분배를 낳고, 분배는 더 많은 생산을, 이런 식으로 계속 이어지는 마르크스의 유명한 구도는 이제 **반란의 순환**에 대한 전망으로 바뀌어야 한다. 생산과 가상적 순환이라는 전망, 그 감정과 공감의 교환이라는 전망, 그 완성의 전망, 이 모든 것들이 복잡하고 수수께끼 같은 전 지구적 대항 권력의 흐름 속에서 어떻게 한데 합쳐지는가에 관한 전망이 되어야 하는 것이다.

그리고 만약 여기에 이론적 기획이 있다면, 그것은 이런 반란의 흐름을 기록하여 지도를 만들고, 도시 이론을 더 정동적affective이고 더 효율적effective이 되도록 만들 방법을 강구하는 기획이다. 정동적이라는 것은 이론이 우리를 인간 존재로 바라보고 감각적으로 우리에게 영향을 준다는 의미이며, 우리를 즐겁게 하고 화나게 하고, 동정하고 배려를 느끼게 하며, 분노하게 만들고 수행적이 되게 한다는 뜻이다. 그리고 효율적이라는 것은 이러한 감정을 이해하는 게 아니라 그것을 실천함으로써, 그 감정을 행동의 문제로, 행동을 경유하는 문제로 만든다는 뜻이다. 어떻게 하면 우리가 이 행동을 조직organize하는 것이 아니라 조정coordinate할 수 있을까? 행동을 수평적으로 조정하고 특정한 장소, 마이너 공간 속에 있는 사람들 사이에 근본적인 융화가 일어나도록 관리할 수 있을까? 이 프로젝트 안에서 후퇴란 없다. 개인적 탐욕을 막을 해독제로서 명백한 공공 부문을 소환할 수 있는 오래된 욕구나 과거의 진실도 없다. 되돌아가기에는 이제 너무 늦었다. 좋았던 옛날처럼 노조에 소속되어 복지 혜택을 누리는 안정적인 일자리를 갈망하는 것, 구식의 노동 제도를 거쳐 대의 기구를 통해, 이를 테면 흡사 자선가와 같은 도시 지방 정부를 통해 일을 처리하는 수직적인 낡은 조직 형태를 갈망하는 것, 이 모든 것들은 기묘하게 과거를 그리워하는 태도로 보인다. 무엇보다 이제는 기대도 없고, 의지할 만한 체제도 없으며, 생계를 보장해 줄 만한 상관들이나 정부도 없다.

자, 우리에게 남은 것은 벌거벗은 삶[아감벤]과 벌거벗겨진 진리 [데리다]이다. 도시적 반란의 수수께끼를 어떻게 직접 풀 것인가? 안전망도 없이, 복지국가도 없이, 가부장적인 자본주의도 없이, 보조금도 없이 어떻게 해결할 것인가? (물론 혁명은 유튜브에서 동영상으로 상영될 수는 있겠지만 어디에서도 자금을 지원받을 일은 결코 없을 것이다.) 이 수수께끼를 풀려면 완전히 새로운 어휘가, 새로운 보기의 방식, 새로운 느낌 구조가 필요하다. 반란의 수수께끼는 도시적 혁명의 초끈 이론을 발견하고, 그것을 경험적인 것으로, 실재하는 것으로 만드는 일(혹은 발명하는 일)에 비견된다. 그것은 일종의 힉스 입자이다. 즉, 비밀스러운 차원을 계기로 지금껏 흩어져 있던 투쟁들과 알려지지 않은 시공간의 차원, 그리고 알려지지 않은 마이너 공간의 양상들을 모두 통합한다. 하지만 이 대안적인 정치 현실로 넘어가는 통로는 그들이 무엇을 하는지를 분석함으로써, 자본이 무엇을 하는지를 분석함으로써 만들어지는 것이 아니다. 그보다는 **우리가** 무엇을 **하는지**, 특히 그들이 하는 것 **안에서**, 그들이 하는 것을 **넘어서** 우리가 무엇을 할 수 있는지를 분석함으로써 만들어진다. 그것에는 전술뿐만 아니라 심장의 변화도 포함된다. 또한 사르트르의 **"이해할 수 있는 투쟁인가?"** 하는 위대한 질문을 실용적으로, 계획에 따라 소환하려는 노력 역시 포함된다. 그리고 카프카의 **"우리는 우리 안에 있는 성에서 어떻게 탈출하는가?"** 하는 위대한 질문을 실용적으로, 계획에 따라 소환하려는 노력도 똑같이 필요하다.

해제
공간, 정치, 주체에 관한 두 개의 사유 노선, 그 사이에서

정치를 에워싼 상상력은 언제나 장소의 주변을 배회한다. 이곳이 아닌 그곳, 그리고 그곳의 발견, 그곳으로의 떠남, 그곳으로의 도착, 그곳에서의 머묾 등은 언제나 장소에서 흘러나오는 개념, 혹은 상상들과 짝을 이룬다. 그런 점에서 장소의 상상은 정치적 상상과 교차하고 해후한다. 도시, 특히 보들레르, 짐멜이나 벤야민 같은 20세기 초반의 유럽 지식인들이 마주했던 메트로폴리스metropolis는, 자본주의적 근대성의 알레고리에 다름 아니었다. 훗날 하이데거가 숲길Holzwege이란 이름으로 근대성의 원리에 반하는 삶의 조건과 사유를 상상했을 때, 그 역시 장소를 참조한다. 그러나 장소를 경유하는 정치적 상상은 언제나 분기하기 마련이다. 먼저 유토피아의 노선을 꼽을 수 있을 것이다. 이를테면 내전과 봉기가 발발하고 그것이 어떤 장소를 새로운 정치적 공동체로 전환할 때, 우리는 그곳에서 무언가 나타났음을 감지한다. 영원히 유토피아의 별로 남아 있을 파리 코뮌이 그런 것이다. 거기에서 마르크스는 프롤레타리아트 독재라는 미래의 정치적 공동체의 전조를 보았다. 나는 이를 유토피아의 노선이라고 부르기로 한다. 그것은 더 이상 어제와 같지 않은 세계를 현시한다. 그것은 단절과 변혁의 현실을 장소의 모든 모습과 운동 속에 기입한다. 그렇지만 거대서사, 근본적 단절, 총체적인 변혁이라는 꿈이 조롱거리가 된 연후, 우리는 목적론, 종말론, 보편주의, 초월적 토대의 형이상학이라는 구구한 죄목을 뒤집어 쓴 유토피아라는 불길한 꿈에서 벗어나도록 종용받아 왔다.

한편 다음의 노선을 찾아볼 수 있다. 나는 이것을 헤테로토피아의 노선이라고 부른다. 이 개념을 널리 알린 글에서 푸코는 "자기 이외의 모든 장소들에 맞서서, 어떤 의미로는 그것들을 지우고 중화시키고 혹은 정화시키기 위해 마련된 장소들", "일종의 반反공간 contre-espaces"을 헤테로토피아라고 부른다. 그는 유토피아가 완벽한 사회이거나 사회에 반하는 것으로 근본적으로 비현실적인 공간인 반면, "사회제도 그 자체 안에 디자인되어 있는, 현실적인 장소, 실질적인 장소이면서 일종의 반反배치이자 실제로 현실화된 유토피아인 장소들"로 헤테로토피아를 발견한다. 초월적인 대의(이를테면 공산주의)란 것은 파산하였다는 선고를 접하고 끝없는 우울한 슬픔에 빠진 자들에게 그런 발언은 큰 위안이 될 수 있다. 지금 여기에서의 내재적인 흐름으로서의 저항, 그리고 이를 물질화하는 장소. 헤테로토피아는 유토피아를 대신할 장소가 우리에게 있음을 증언하며 우리에게 결코 실망할 일은 아니라고 위안한다. 아니 유토피아를 버렸다는 것은 아주 기쁜 소식이며, 지금 우리에게 주어진 그 대항

공간을 기꺼이 발견하고 그에 깃든 잠재성을 실현하도록 촉구한다. 그리고 이 책의 저자 메리필드는 헤테로토피아의 노선에 참여한다.

　이를테면 저자는 곧 간략히 살펴볼 르페브르의 추상 공간에 대한 개념을 부정하는 공간을 규정하기 위해 차이 공간differential space이란 개념을 다듬어낸다.(260)■ 그 공간은 "살아진 차이를 우선시하는 공간, 신체적인 차이와 이종성을 강조하며, 사유하고 인지하는 만큼 느끼고 감지하는 공간", "상호 연관된 영역 사이의 절대적인 데카르트적 격리를 만들기 원하지 않는 공간", "정동적이고 정동을 느끼게 하는 공간, 느껴지고 들려지며 보여지고 감각을 통해 직접 체험된 공간, 자신의 신체와 친밀한 관계를 함축하는 공간" 등으로 서술된다. 한편 이 차이 공간은 또한 마이너 공간이란 이름으로 변신한다. 쉬이 짐작하겠지만, 이 개념은 들뢰즈와 가타리의 『카프카: 소수적인 문학을 위하여』에서 차용한 개념이다. 이 공간은 어떤 별개의 공간을 가리키는 술어가 아니라 "이미 갖고 있는 것이면서 뭔가 규범적이기도 한 어떤 것, 여기 있어야 하고 곧 여기 있게 될 어떤 것"으로서 "전복적이고 틈입적이고 개입주의적이고 말썽 많은 공간이며 지배적 질서에 주류적인 추상적 공간에 말썽을 초래하는" 공간이며, 앞서 보았던 푸코의 헤테로토피아라는 공간에 상응하는 공간이다. 그리고 그는 이러한 마이너 공간의 면모를 "점령하라" 운동에서 발견할 수 있는 것이라고 일갈한다.

　헤테로토피아의 노선이 푸코가 제안한 헤테로토폴로지*hétérotopo*

■ 이하 괄호 안의 숫자는 본문의 쪽 번호를 가리킨다.

*logies*라는 과학을 반드시 따를 필요는 없을 것이다. 그래서 저자는 르페브르와 카스텔을 참조하고 또 중재하며 나아가 이를 대체할 상 상적 화용론imaginary pragmatics이란 나름의 과학을 제안한다. 이는 이 책에서 가장 흥미로운 부분 가운데 하나이다. 그는 이 접근이 적 극적 긍정과 능동적 실험의 에토스를 살리기 위한 것으로 "유토피 아적이지도 실용주의적이지도 않은 어떤 것을 개발할 필요"에서 비 롯된다고 말한다.(272) 그러나 언제나 유토피아적 노선에 가까운 이 러한 이론적, 정치적 흐름을 헤테로토피아의 노선으로 개조하는 일 이 쉬운 일일 리 만무하다. 그러나 메리필드는 자신의 박식함과 유 려한 수사로 그러한 전환이 가능함을 설득하려 애쓴다. 그는 이 책 에서 크게 두 가지의 과제를 스스로에게 던지고 해결하고자 한다. 첫 번째는 행성 도시화라는 개념을 통해 새로운 도시적 삶과 그를 에워싼 사회관계의 윤곽을 그려내고, 이를 통해 르페브르와 카스텔 로 대표되는 급진적 도시 이론의 역사적 제약을 돌파하려는 것이다. 두 번째로 더욱 야심적인 것은 "도시에 대한 권리"라는 유명한 도시 적 삶의 정치적 전략이 이제 한계에 직면했음을 간파하고 이를 만회 하기 위해 권리와 중심성 등의 개념을 혁신하는 것이다. 그 귀결이 바로 이 책의 제목이기도 한 "마주침의 정치"이다.

●

누군가 글을 쓰기로 결심할 때, 그것은 어떤 불만이나 이의에서 비롯되고는 한다. 메리필드 역시 그렇다. 그는 이 책을 쓰기로 결심한 연유를 "도시에 대한 권리"란 전망이 오늘날 시원찮은 것으로 느껴졌기 때문이라고 말한다. 말인즉슨, "도시에 대한 권리는 일상생활에서 실존적으로 의미 있는 어떤 것이 되기에는 너무 고차원적으로 추상적"이고 또 "너무 광범위하면서도 동시에 너무 협소한 어떤 것, 너무 제한적이고 불만족스러우며, 집합적인 분노를 촉발하기에는 너무 공허한 기표記標인 어떤 것을 정치화"하기 때문이라는 것이다. 그리고 그는 이것이 자신의 "작업 가설"이며 책에서 탐구하게 될 "테제"라고 말한다.(18) 그러니까 그는 두 개의 기표 모두를 맘에 들어하지 않는다. 하나는 도시라는 개념이고 다른 하나는 권리이다. 우리는 이 두 개의 기표를 각각 도시적 삶에 대한 표상, 새로운 도시적 삶을 조직하고 창조할 주체라고 새겨볼 수 있다. 그런 것이라면 저자는 도시에 대한 권리란 전망에 담긴 두 가지의 사고, 즉 도시에서의 삶을 어떻게 표상할 것인가, 그리고 그 도시에서의 빈곤하고 불행한 삶을 변형시키기 위해 우리는 어떤 주체를 상상하여야 할 것인가를 묻는 셈이다.

먼저 첫 번째의 과제. 메리필드는 "르페브르의 『도시적 혁명』이 출간된 이후의, 지구라는 행성에서 일어난 일들에 비추어 도시 이론을 재고하고, 특히 도시에 대한 권리와 관련하여 도시 정치를 재구성하고"(19) 싶다고 단언한다. 이때 그는 르페브르가 염두에 두었던 도시city란 것에서 벗어나 숫제 '도시'라는 용어 자체를 포기하면서 "뭔가 새로운 것, 뭔가 미래적이고, 생성 과정 중에 있는 도시를 포용하는 어떤 것"을 찾아내고 싶다고 말한다. 그리고 이는 도시라는 것을 새로운 정치적 상상과 비평의 대상으로 구성하기 위해, 즉 도시를 이론적 대상으로 마름질하고, 그 비대상nonobject을 정치적 대상으로 되찾아오기 위해서라는 것이다. 그럼 이는 어떻게 실현될 수 있을까? 메리필드는 "도시city의 인식론을 떠나 도시적인 것the urban의 존재론으로 이동하는 움직임으로 설명하는 것"에서 출발하면 될 것이라고 말한다. 그리고 이를 "도시에 대한 새로운 이론적 이해를 개발하려는 문제가 아니라 갈수록 도시화되어가는 세계에서 정동적인 존재와 씨름하는 문제"라고 부른다.(48) 더불어 르페브르라는 걸출한 도시 이론가가 내심 마음속에 품었던 요구가 "표준적인 사고틀을 포기하고, 시야를 재설정하고, 입체파 화가가 보았을 법한 것으로 도시를 재서술해 보라는" 말이었을 것이라고 눙치며 암시하기도 한다. 그는 "공간과 시간 자체가 자본주의 구성물이며 시장이라는 우주를 옮겨 다니는 상품과 자본과 돈의 수량과 속도는 그 자체가 시간과 공간을 구부러트리거나 휘게 만들고 그 자체의 시공간적 차원을 창출한다"는 르페브르의 가르침을 새기며 행성 도시화라는 그의 독특한 개념을 내놓는다.(50)

그러나 행성 도시화는 장소와 도시에 관한 표상으로 흔히 간주되는 그런 것은 아니다. 이를테면 몇 에이커, 몇 평방미터라는 지리적인 물리적 실재도 아니고 건물, 구역, 거리, 행정적 구획처럼 정치적으로 관리하고 사회적으로 규율하기 위해 고안된 장소도 아니다. 물론 지대를 징수하고 입지에 따른 이익을 챙길 수 있는 경제적 가치로서의 장소도 아니다. 물론 그런 것들이 공간적인 실재가 아니라는 말은 아니다. 행성 도시화가 무엇을 가리키는지 이해하고자 한다면 저자의 말을 직접 인용하는 것이 가장 좋을 것이다. 그는 이렇게 말한다. "도시적인 것이란 그곳에 있지만 더 이상 그 자체의 이름으로 현전하지 않는, 그 자신의 실재로는 더 이상 가시화되지 않는 실재이자 개념"으로, 그것은 "내용이나 형태도 없이 점령 그 자체에 내재하는 어떤 것이라고 말할 수 있다. 간단하게 말해 점령은 도시적 내재성의 실천"을 표현한다는 것이다.(173)

이는 그가 각기 "공간의 초끈 이론"을 세웠던 두 인물이라고 추어올리는 르페브르와 카스텔의 도시 이론을 재구성하는 과정을 통해 얻어낸 통찰이다. 르페브르가 공간이라는 독립변수를, 카스텔이 테크놀로지라는 독립변수를 일면적으로 강조했다면, 메리필드는 이 둘의 규정을 모두 수용하면서 "도시 공간의 역동성에 관한 전체론적 이론"을 만들 수 있을 것이라고 예상한다.(116) 그리하여 행성 도시화를 '네트워크 사회로, 추상–표현주의적 흐름의 공간'으로 규정한다. 그렇지만 이런 식으로 행성 도시라는 새로운 도시 공간에서의 삶을 표상할 때, 우리는 이내 중심을 어떻게 표상할 것인가의 문제에 봉착한다. 적어도 저자는 그렇게 생각한다. 그는 중심성이란 개념을 거부할 것이 아니라 중심성에 관한 새로운 상상이 필요하다고 말한다. 그리고 절대적 중심이 없는 곳, 유한한 공간에 지리적으로 위치하지 않은 곳으로 자리를 옮겨야 한다고 말한다. 그의 논변을 좇자면 "끌어당기고 밀어내는 사회적 공간을 구축하고 조직하는 도시적인 것을 규정하는 행동의 장소"가 바로 새로운 중심성인 셈이다.(123) 그는 이러한 뭉툭한 서술이 부족하다고 생각했는지 시적인 비유를 동원하여 이를 보다 뚜렷이 마음 속에 그려보도록 주문한다. 그는 "거미가 자기 신체의 연장으로 그물의 실, 즉 대칭적이거나 비대칭적인 구조로, 분비되고 직조되는 비단결 같은 실을 자아내는 방식과 유사"한 것으로 이때의 그물은 "거미의 영토인 동시에 그들의 행동의 도구이며, 그 자체의 사회적 네트워크"이다.(124) 그럼으로써 그는 두 마리의 토끼를 모두 잡고 싶어한다. 중심성이라는, 많이들 거북해하는 개념을 버리지도 않고, 그 개념에 따라다니는 혐의도 털어내면서 운동 속에서 발생하는 일시적인 중심을 이론화하는 것이다. 그러나 중심성에 대한 그의 사유가 가장 잘 드러나는 대목은 카이로의 타흐리르 광장이나 맨해튼의 주코티 공원이 창조하는 중심성을 서술할 때이다. 그는 점령하기 운동이 새로운 중심성을 창조한다고 단언하면서 그때의 중심성이란 "중심에 위치해 있다는 비활성적인 물리적 현전"(175)에서 나오는 게 아니라 운동들이 그 중심적 위치를 만들어 내는 것이라고 부연한다.

그렇다면 이러한 방식으로 표상된 도시 공간에서 살아가는 이들은 그 공간에서 어떻게 자신의 권리를 제기할 수 있을까? 다시 말해 행성 도시화라는 도시에 대한 표상의 전략은 그와 짝을 이루는 정치적 주체화의 전략과 어떻게 연결될 수 있을까? 그는 중심성 개념을 재정의한 것처럼 시민권 개념 역시 새롭게 조작적으로 정의하여야 한다고 말한다. 이때 그가 상상하는 시민권은 "거리의 부정 및 먼 곳으로 손을 내미는 행동을 통해 자신을 드러내는" 것으로서, "지각과 지평이 융합하는 지점, 양자의 변증법적 지점이며, 보기의 방식일 뿐 아니라 감정을 구조화하는 지점"이다.(125) 그리고 좌파, 우파 할 것 없이 편의적으로 가져다 쓰는 무력하고 희멀건 개념으로 전락한 시민권 개념을 대신하는 것으로 "우주의 정신적 시민권"을 내놓는다. 이는 어쩐지 허풍스럽고 사변적인 말장난처럼 들릴 수 있다. 그렇지만 우주의 정신적 시민권이란 개념을 통해 시민권을 둘러싼 사유를 재구성하려는 저자의 의지는 매우 일관된 몸짓이라 볼 수 있을 것이다. 공간, 영토, 장소란 것이 변화무쌍하게 신축하는, 즉 '지각이 여권을 대신하며, 지평성이 주거만큼이나 중요' 해지는 시대가 오늘날이라면 그의 말마따나 시민권은 결국 행성적인 차원에 존재한다고 결론을 내리는 것이 틀린 말은 아닐 것이기 때문이다. 우리는 이로부터 어렵지 않게 칸트적인 세계 시민의 권리라는 개념을 떠올릴 수 있다. 그러나 여기에서 저자는 그런 추상적인 규범으로서의 시민권 개념으로부터 빠져나간다.

그가 말하는 시민권은 지위나 객관적 현실의 공통성으로부터 추상되는 사회학적인 시민권도 아니고 정치철학에서 상상하는 것처럼 객관적인 현실적 상태와 상관없이 모두에게 무조건적으로 분배되고 보장되어야 할 그런 시민권도 아니다. 그는 권리를 담지하거나 제기하게 될 주체는 '계급 개념보다는 친화성affinity'을 토대로 할 가능성이 많다고 말한다. 다시 말해 우주의 정신적 시민권은 친화성의 시민권이다. 이렇게 말하면서 그는 자본주의적 근대성을 내부로부터 붕괴시키는 위대한 주체, 신화적인 역사의 주체인 노동계급이란 주체를 기각한다. 그리고 그를 대신할 주체를 작업장은 물론 주거 공간을 비롯한 "우리가 지금 속해 있는 정치적이고 경제적인 공간 전체"에서 거주함, 그로부터 빚어지는 주체성 자체에서 찾는다. 그 때의 주체란 노동이라는 공통의 행위, 작업장이라는 공통의 소속의 장소, 계급의식이라는 공통의 의식성을 전제할 필요 없이(그리고 그런 것은 이미 자취를 감추었다고 그는 믿는다), 우리를 묶어 주는 무한히 다양한 '친화성'에 의해 만들어지는 정체성, 아니 더 과감하게 말하자면 어떤 일관된 동일성으로부터 해방된 정체성, "일상생활에 잠복한 연합적 연대의 표현, 유연 정치affinity politics의 표현"으로서의, 정체성 없는 정체성이다.(135) 그리고 이는 생활의 통제력을 되찾고 참여 민주주의 형태로 이를 회복하며 자신을 표현할 수 있기를 바라는 욕망이다. 메리필드가 자신의 생각이 스피노자 식의 "공통 통념"과 비슷하다고 말하는 것은 당연한 일일 것이다. 행성 도시화라는 개념을 통해 도시에서의 삶에 대한 새로운 표상을 얻고 중심성과 시민권을 재고하면서 새로운 주체성의 모델을 손에 넣었다면, 이는 대관절 어떤 정치적 목표를 향해 나아가는 것일까?

●

'마주침의 정치'는 메리필드 버전의 헤테로토피아 노선이, 자신의 정치를 가리킬 때 선택하는 이름이다. 그리고 그는 이러한 정치가 포함하는 에토스를 강조하기 위해 눈치 밝은 철학적 교양의 독자라면 익숙할 주장을 들려준다. 그에게 마주침의 정치란 "종착점을 상정하는 모든 목적론을 부정하는 테제"이며 "마주침은 어떤 신성한 마스터플랜도, 그 어떤 신성한 주체도 없는 과정"이다. "오직 한데 모이는 집단성, 그들 자체의 단일한 목표와 이 세계에 적절한 목표, 그리고 객관성 자체의 창출을 규정해 주는 순전한 공현존co-presences의 집단성만 있을 뿐"이다.(153) 따라서 마주침의 정치는 그가 도시에서의 삶에 관한 새로운 표상을 통해 말하고자 하는 것을 더 깊이 이해할 수 있도록 돕는다. "도시적인 것은 마주침의 결과로 생긴 드라마의 장소이자 마주침의 드라마 그 자체를 마주치는 장소라고 말할 수 있을 것"이라고 말할 때 이는 역력히 드러난다.(157) 그렇다면 이런 방향은 "도시에 대한 권리"에서 마주침의 정치로 옮겨 가는 정치적 이동을 효과적으로 촉진하고 또 실현할 수 있을까?

그는 이렇게 말한다. "마주침이란 개념은 사람들이 인간 존재로 어떻게 한데 어울리느냐 하는 이야기, 집단이 왜 형성되었고, 연대가 어떻게 이루어지고 유지되며, 여러 영역을 교차하는 정치가 도시적으로 어떻게 형성되는가 하는 것에 관한 이야기이다. 마주침은 눈을 깜빡거리는 것과 같고, 빛나는 우주적 성좌와도 같다. 마주침은 개방적인 형태(와 포럼)에, 역동적으로 구조화된 일관성에, 수동적인 상태로 미리 존재해 그냥 거기 놓여 있다기보다는 스스로를 만들어 내는 배열에 결합하는, 다수성을 띤 참여자들의 표현과도 같다." (105) 이는 아름답고 우아하다. 그렇지만 이처럼 친화성에서 비롯된 공통 통념이, 그가 제임스 조이스의 『피네간의 경야』에서 따온 "매인이 온다"는 구절을 거듭 인용하며 설득하고자 했던 것처럼, 과연 "마르크스주의적 계급의식 이상의 것, 그보다 더 깊은 어떤 것"으로 나아갈 수 있을까.(177) 그가 지하 경제의 주체들, 흔히 '시스템 D'라 부르는 경제 영역에서 생존하는 주체들(마약 판매상, 사기꾼, 행상인과 노점상 들 같은 이들)의 재능과 의지력에 주목하자고 말할 때 우리는 놀라지 않을 수 없다. 그들의 "친화성을 드러내는 애정에, 절묘한 순간에 응고되어 엉기는 매인에, 저기뿐 아니라 여기에 동시적으로, 혹은 거의 동시적으로 한데 모이는 신체들에 의존"할 때, "상상 속에서 경제적인 자기 역량 강화는 정치적인 집단 역량 강화와 마주칠 것"이라고 예언하는 대목에서는, 아마 많은 이들은 숨을 고를 것이다. 그리고 "소통과 적기의 자기 조직화라는 거대한 행성적 그물망을 구성할 것"이라는 일종의 긍정적인 메시아주의를 설파할 때, 아연실색할 이들도 있을 것이다.(212, 213)

그토록 손쉽게 노동 해방이라는 급진 정치를 저버릴 수 있냐고, 그것이 창업과 자기 역량 강화를 통해 빈곤을 이겨내자는 신자유주의의 상투어로 채색된 프로그램과 다를 게 무어냐고 비난하는 건 물론 쉬운 일이다. 그렇지만 그것은 메리필드를 향한 비판이 될 수 없다. 그는 카프카의 우의寓意적인 소설 『성城』을 참조하며 스스로 "반란의 수수께끼"라고 부른 곤란을 돌파하자고 한다. 알다시피 소설의 주인공 K는 성으로 들어가려하지만 그의 입장은 끝없이 유예된다. 메리필드는 K가 성 안으로 들어갈 수 없었던 것은 그가 세계를 받아들일 수 없는 것으로 보지 않고, 이해 가능한 것으로 만들려 했기 때문이라고 말한다. 그는 오로지 성城의 기준에서만 바라볼 뿐 자신의 의지와 욕망의 편에서 보지 못했던 것이다. 메리필드가 말하는 반란의 수수께끼도 그런 것이다. 반란은 언제나 가능하다. 그렇지만 우리는 반란을 인정의 논리를 통해 조망한다. 그러나 반란은 "그들의 기준", "성城의 기준", "'자본의 논리'에 따르는 기준"이 아닌 "우리의 기준"에서 바라보는 것이다.(301) 따라서 그는 도저한 낙관주의를 과시하며 헤테로토피아의 정치, 도시의 혁명을 조직하자고 촉구한다. 그가 말하는 도시 혁명은 "일종의 힉스 입자"로서

"지금껏 흩어져 있던 투쟁들과 알려지지 않은 시공간의 차원, 그리고 알려지지 않은 마이너스 공간의 양상들을 모두 통합"하는 것이다. 혁명은 대안적 정치 현실이나 자본을 분석한다고 일어나는 게 아니다. 반란의 수수께끼에 스스로 휘말린 채 혁명이 왜 지연되고 무엇에 의해 가로막혀 있는지 번민할 필요가 없다는 말이다. 메리 필드는 상상적 화용론을 활용하여 지금 여기에서 발견할 수 있는 긍정적인 에너지, 자신의 욕망, 자신의 살아가려는 의지를 발휘하여 행성 도시에서의 반란을 꿈꾸자고 말한다.

●

지난해였던가, 어떤 글이었는지 정확히 기억나지 않지만 저자가 이런 말을 했던 게 기억난다. "오늘날 가장 왕성하게 또 주목할 만한 자본주의 역사적 분석을 생산하는 좌파 이론가들은 모두 지리학 출신이다." 아마 그가 염두에 두었던 이들은 마이크 데이비스이거나 데이비드 하비 같은 마르크스주의 지리학자였을 것이다. 그렇지만 앤디 메리필드 역시 그중의 한 명으로 끼워 넣는다 해서 그다지 억지스러운 일은 아닐 것이다. 그도 다른 이들 못지않게 도시와 장소, 공간이 처한 새로운 조건을 탐색하고 그것의 윤곽을 그려내며 이를 자본주의를 넘어서는 정치의 가능성과 연결하려 진력한다. 그는 정치적인 것과 도시적인 것은 분리할 수 없다는 서구 철학적 사유의 은밀한 흐름을 오늘의 시점에서 되살려낸다. 아리스토텔레스는 인간의 본성은 정치적 동물politikon zoon이란 점에 있으며 그 본성은 폴리스polis, 바로 도시에 산다는 점에서 비롯된다고 말했다. 즉 도시는 언제나 정치의 문제였고 또 그 역도 참이다. 그러므로 정치적인 것을 궁구할 때 도시적인 것을 잊는다는 것은 불가능한 일이다. 그리고 저자 역시 도시 공간에서의 삶을 어떻게 표상할 것인가를 집요하게 추궁하며 더불어 거의 막다른 궁지에 몰린 것처럼 보이는 정치적 주체화의 가능성을 탐색한다.

그렇다면 왜 하필 도시 공간이며, 도시라는 장소가 우리의 정치적 사유의 주제가 되어야 하는가? 최근 발표한 어느 글에서 프레더릭 제임슨(지나가면서 말하자면 그는 우리 시대의 가장 완고한 유토피아의 옹호자일 것이다)은, 오늘날 모든 것이 공간의 문제로 통하게 되었다고 환기한다. "우리 시대에 모든 정치는 땅덩어리real estate에 관한 것이다. (…) 포스트모던 정치는 본질적으로 지역적인 차원에서나 세계적 차원에서나 본질적으로 토지수탈에 관한 문제이다."▪ 그가 이렇게 말하는 것을 들을 때 우리는 의아한 기분이 든다. 근대의 급진적인 정치적 상상을 이끌었던 시간이라는 차원을 대신해 모든 것이 공간(화)되었다는 그의 분석은, 그것이 예술과 문화의 영역에 관한 것이라면 놀라운 혜안이라 할 수 있다. 그렇지만 그런 사유를 정치적 차원으로 연장해, 이제 정치의 문제가 숫제 공간의 문제가 되었다고 말하는 것은 억지까지는 아니더라도 지나친 과장처럼 들린다. 그렇지만 그의 생각을 좇자면 그럴 만도 하다는 생각이 든다. 악명 높은 인클로저enclosure와 식민지 약탈에서부터 오늘날의 버려

▪ F. Jameson, "The aesthetics of singularity", *New Left Review* 92, 2015, p. 130.

진 공장 지대, 정착촌과 난민 수용소, 거대한 규모의 슬럼에 이르는 자본주의의 역사적 경관을 한숨에 주파할 때, 무엇보다 무토지 농민의 투쟁에서부터 "점령하라" 운동에 이르는 저항을 생각할 때, "오늘날 모든 것이 토지에 관한 것"이라는 제임슨의 발언은 더 이상 억지스럽지 않게 들린다.[■] 그렇지만 문제는 여기에서 시작될 것이다. 오늘날 변화된 자본주의가 초래한 경제적, 정치적, 지각과 체험을 망라하는 미학적 지배가 공간을 둘러싼 갈등과 투쟁을 통해 나타난다면, 이러한 반역하는 공간은 어떤 정치적 공간을 만들어 낼 것인가? 이 물음에 대한 답은 초라하고 혼란스럽다. 대표의 정치와 계급 주체를 격렬하게 비난하며 등장하는 광장의 정치와 다중 주체란 이상은 매우 실망스러운 결과를 낳았다. 그리고 우리는 다시 뒷문으로 빠져나갔던 시간이 다시 창문을 통해 들어오는 모습을 보게 된다.

메리필드의 글 전체에, 다급한 어쩌면 초조한 어조로, 전류처럼 모든 페이지마다 흘러 다니는 사유의 전하電荷가 있다면, 그것은 현재라는 시간의 개념, 긍정과 능동성을 비롯한 다양한 개념들의 도움을 빌며 자신의 모습을 들이미는 실천이라는 개념일 것이다. 어쩌면 '상상적 화용론'이라는, 언어철학적인 모델을 전용한 그의 정치적, 인식론적 모델 역시, 이런 실천의 긴급성을 전하려는 저자의 강한 의지가 투영된 어떤 윤리적인 수사들이 아닐까. 우리는 그러한 무례한 의구까지 품게 된다. 그리고 우리는 이런 식의 태도를 가짜-능동성pseudo-activity이라고 지칭하며 그것의 잘못을 예민하게 감지하고

■ 같은 책, p. 131.

경고했던 아도르노의 발언을 떠올리게 된다. 아도르노는 『부정 변증법 강의』에서 이렇게 말한다.

> 모든 행위 속에는 그것이 포함하는 적합성, 잠재성에 대한 관계가 존재해야 합니다. 특히 오늘날 결정적인 행위가 봉쇄당했고 이미 자주 충분히 설명했듯이 사유 자체가 마비되고 무력해졌기 때문에, 요행적인 실천chance practice이 일어나지 않는 사태들을 위한 대체물이 되어 버립니다. 그리고 사람은 이것이 실은 진정한 실천이 아니라는 점을 감지하면 할수록, 그들의 정신은 더욱 그것에 집요하고도 열정적으로 고착되어 버립니다. (…) 제 견해는 그런 행동은 행위를 촉발하기는 커녕 가로막아 버리기만 할 뿐이라는 것입니다. 그래서 저는 정당한 실천의 가능성은 실천의 봉쇄에 대한 충실한 인식을 전제한다는 점을 덧붙이겠습니다. 우리가 그것의 가능한 실현을 통해 직접적으로 사유를 측량한다면, 결과적으로 사유의 생산적 힘은 족쇄에 결박당하고 말 것입니다. 실천적으로 될 수 있는 유일한 사유는 그를 직접적으로 적용할 수 있는 실천을 통해 미리 제한받지 않는 사유입니다.[■]

그렇다면 아도르노의 충고를 이어받아 저자에게도 같은 질문을 던질 수 있다. 절대적으로 새로운 시작이 불가능한 것처럼 보이는 세계, 아도르노의 말을 빌자면 진정한 행위가 꽉 막혀 버린 것처럼

■ Th. W. Adorno, *Lectures on negative dialectics: fragments of a lecture course 1965/1966*, edited by Rolf Tiedemann, translated by Rodney Livingstone, Cambridge: Polity, 2008, pp. 53~54.

보이는 세계, 그런 세계를 바라보는 침울한 시선은 적극적 긍정과 능동적 실험의 에토스를 발휘하자는 열띤 목소리로 소란을 떨면서 자신을 질식시키는 우울함에서 달아나 스스로의 무력함을 애써 부인하는 것은 아닐까? 물론 그것은 기우일 수도 있다. 아도르노도 잊지 않고 말하듯이 무의미한 불행을 종결시켜야 한다는 욕망은 진정 사유를 살아 움직이게 하는 힘이다. 메리필드도 그런 욕망으로 깊이 충전되어 있을 것이다. 그렇지만 현재의 잠재성, 현재라는 순간에 이미 존재하고 있기에 덧붙일 것이라고는 당장 이를 실현하고자 하는 결단일 뿐이라는, (다시 메리필드 식으로 말하자면) 능동적인 참여와 적극성일 뿐이라는 사유의 흐름에 대해, 의심을 떨칠 수 없다.

그리고 이는 방금 언급했던 아도르노의 사유처럼 우리가 기꺼이 본받고 지지하여 왔던 사유의 흐름, 즉 현재라는 시간 안에 존재하는 비동시성을 사유하고 이를 통해 변혁을 모색하던 '변증법적' 사유의 흐름과는 너무나 다르다. 무엇보다 잠재성과 현실성의 변증법이라는 노선, 헤테로토피아의 노선이 알고 있는 현재라는 시간은, 동시성과 비동시성, 존재와 그것의 부정성이 항상 상기하는 새로운 시간을 상기하는 유토피아의 노선이 상상했던 시간성과 다를 수밖에 없다. 이런 두 개의 사유 노선의 갈등은 비단 공간에 국한될 문제가 아닐 것이다. 그러니 저자 역시 도시라는 공간적 사회관계로부터 출발해 우리 시대의 정치적 주체성에 이르는 사유를 경유했을 것이다. 따라서 이 책을 재미나게 읽는 비결은 우리가 부지불식간에 우리 시대의 가장 첨예한 논쟁의 무대에 입회하고 있다는 점을 깨닫는 것이다. 그리고 모든 문장과 행간 사이에 비판적인 대화를 끼워 넣을 때, 우리는 이 책에서 뜻하지 않은 즐거움을 찾을 수 있다.

유토피아의 노선과 헤테로토피아의 노선이라고 우리가 부른 두 가지 사유의 노선이, 물론 우리가 공간, 장소, 도시에서의 삶을 상상하고 변형하는 데 투여될 수 있는 모든 사유를 망라하는 것은 아닐 것이다. 그렇지만 이렇게 두 개의 사유의 갈래로 나누어 볼 때, 급진적인 공간 이론이 우리 시대의 정치적 상상력과 부딪쳐 만들어 내는 쟁점들이 무엇인지를 짚어 보는 이점이 있을 것이다. 어떤 초월성도 없는 현재라는 내재적 시간을 애호하는 이들과 동시성 속의 비동시성에 유의하며 변증법적인 시간을 지지하는 이들, 우연적인 힘의 길항 속에서 독특한 것으로 출현하는 주체를 예찬하는 이들과 총체적인 규정의 효과로서 역사적 국면 속에 출현하는 주체에게 내기를 걸고 싶어하는 이들, 중심과 주변의 위계를 거부하고 모든 공간 속에 권력과 대항 권력이 공존한다고 보는 이들과 해방적인 주체들이 자신의 권력을 그러모으고, 또 그것을 행사할 중심을 창안해야 한다고 역설하는 이들. 그리고 또 무엇이 있을까? 우리는 아마 이러한 사유의 대차대조표를 계속해서 써내려 갈 수 있을 것이다.

그렇다, 문제는 도시이다. 세계화된 이후의 세계에서의 도시이며, 놀라운 속도로 증가하는 메갈로폴리스와 슬럼으로 위협받는 도시이며, 자신이 포섭할 외부를 더 이상 갖지 못하게 될 도시 등등이다. 이러한 도시가 정치적 사유와 미학적 사유가 대면하여야 할 중요한 대상이란 점은 누구도 부인할 수 없다. 그러나 무엇보다 도시는 오늘날 정치에 관한 비판적 사유가 반드시 통과해야 할 관문이기도 하다. 그리고 도시에 관해 사유할 때 우리는 그것이 어떤 특수한 사유의 대상에 관한 사유가 아니라 실은 거의 모든 것에 대한 사유임을 깨닫지 않을 수 없다. 20세기 초 아방가르드 문인과 예술가, 급진적 정치가들은 모두 시간에 대해 곤구했다. 전위라는 이름, 이미 미래를 선취하고 다음의 시간을 앞당겨 살아가는 이들을 가리키는 그 이름이 알려주듯이 말이다. 그렇지만 연옥과도 같은 21세기의 초엽, 우리는 이제 장소와 공간을 마주하고 있다. 시간에서 세계를 인식하는 알레고리를 찾아낸 이들처럼 우리에게 장소는 거의 모든 것의 알레고리일지도 모른다. 메리필드는 그렇게 우리가 착수하여 할 사유의 노고와 그 면모를 소개한다. 그를 편들든 편들지 않든 그것은 그리 중요한 일은 아니다. 반대할 대상으로서의 사유를 갖는 것조차 우리에겐 행운일 수 있다. 그것이 무엇이든 도시에 관해 사유하고자 한다면 그와 함께 사유하여야 할 것이다. 그리고 알다시피 함께 한다는 것은 참으로 큰 즐거움이다. 더욱 좋은 일은 우리가 함께 할 이가 아주 솜씨 좋은 입담과 능청맞은 유머, 놀라운 상상력을 가졌다는 점이다.

서동진—————

계원예술대학교 교수. 저서로『자유의 의지, 자기계발의 의지』(2009),『디자인 멜랑콜리아』(2009),『변증법의 낮잠』(2015) 등이 있고, 역서로『섹슈얼리티: 성의 정치』(1999) 등이 있다. 변화된 자본주의에서 문화와 경제의 관계, 특히 금융과 일상생활의 관계에 깊은 관심을 가지고 공부를 하고 있지만, 요즘은 마르크스주의적인 문화 분석, 특히 정치와 주체, 이데올로기를 둘러싼 쟁점들을 생각하는 데 넋이 팔려 게으름을 피우고 있다.

참고 문헌

서문

1. 『뉴욕 타임스』, 『뉴리퍼블릭』, 『아트 포럼』에서 기탄 없이 발언한 머스챔프의 글을 『타임스』의 머스챔프의 후임인 니콜라이 우로소프Nicolai Ouroussoff가 정리하고 편집했다. 다음 책을 볼 것. *Hearts of the City: The Selected Writings of Herbert Muschamp* (New York: Alfred Knopf, 2009) "Hearts of the City"는 미완으로 끝난 머스챔프의 자전적 저작의 제목이었다. 그것은 우로소프가 편집한 선집의 대미를 장식하는 통절한 부분이다.

2. Herbert Muschamp, "Something Cool", 다음 책의 서문이다. Andy Merrifield, *Henri Lefebvre: A Critical Introduction* (New York: Routledge, 2006), xi

3. 내가 말하는 것은 『매혹의 도시, 맑스주의를 만나다*Metromarxism*』와 『마술적 마르크스주의*Magical Marxism*』의 앞표지들이다.

4. James Joyce, *Finnegans Wake* (London: Faber & Faber, 1966, 42). "대단한 사실은, 그 역사적 날이 지난 뒤로는 그때까지 하롬프리Haromphrey [Humphrey의 변조]가 직접 작성한 서류에는 모두 HCE라는 이니셜이 적혀 있었다는 점이다. (…) 그의 친구들에게 그것은 저 인칭 문자들의 의미로서, 매인이 온다Here Comes Everybody라는 별명을 그에게 주게 된 유쾌한 사태 변환임이 분명했다. 그는 언제나 위풍당당한 매인으로 보였고, 항상 끊임없이 그 자신과 똑같았고 그 자신만 한 크기였고, 그런 모든 보편화를 감당할 훌륭한 자격이 있었다." HCE-험프리 침든 어위커-, 조이스의 백일몽을 꾸는 주인공인 그 자신이 도시 건설자라는 점을 기억하라. 그렇기는 해도 책 전체에서 나는 주기적으로 조이스의 늙은 어위커로 돌아오기는 할 것이다.

5. 프레더릭 제임슨Fedric Jameson, "Postmodernism, or, the Cultural Logic of Late Capitalism," *New Left Review* 146 (July-August): 53~92.

6. Muschamp. "Something Cool", xii.

7. 앞의 글, xiii.

8. Lefebvre, *Logique formelle, Logique dialectique* (Paris: Anthropos, 1969)

9. 이 책의 뒷장에서 보게 되겠지만 , 바로 이 충동이 루이 알튀세르의 '마주침의 철학'
을, 그의 우발적 유물론, 발작이 있은 뒤 그가 파고들었던 혁명적 확정성과 우발성
의 본성에 대한 연구의 본질을 규정한다. 알튀세르는 우발적 유물론은 마르크스
의 비목적론적 유물론이며, 그로 인해 마르크스가 헤겔로부터 멀어져 에피쿠로스
에, 특히 스피노자에 더 가까이 갔다고 주장했다. 알튀세르는 스피노자가 기원에
관한 질문, 종말에 관한 질문을 모두 거부하고, 모든 것이 상황에 따라 달라지는
세계의 초월적 우발성을 가정한다고 말한다. 에피쿠로스(마르크스의 박사학위 논
문 주제였음을 기억할 것이다)를 보면, 그는 세계 형성을 선사시대의 허공 속에서
분자들이 서로에게 평행하는 상태로, 비처럼 떨어지는 모습으로 상상했다. 비가
내리는데, 어느 빗방울도 다른 빗방울을 건드리지 않다가, 나중에는 그 평행이 깨
지고, "아주 미세한 빗겨남"이, 뚜렷한 이유 없이 설명 불가능한 "클리나멘"이 발
생하여 마주침을 유도한다. 그 마주침이 중첩되다 보면 결국 세계가 탄생한다. 세
상을 발생시킨 우발적인 마주침(그것이 한데 모이도록 유도한 클리나멘)은 아마
오늘날 새로운 탄생이 확립되고 새로운 변형이 일어날 방식일 것이다. 그러므로
"마주침"에 관한 한 르페브르와 알튀세르는 외견상으로는 마르크스주의자로서
상극에 서 있지만, 겉모습과 달리 공통점이 더 많다. (두 사람에게 공통점은 하나
더 있다. 둘 다 "고백적 마르크스주의"에서 고전적인 글을 썼다. *Le somme et le
reste* [1959]와 *The Future Lasts a Long Time* [1989]).

10. Henri Lefebvre, *La droit a la ville* (Paris: Anthropos, 1968) 이 책에는 저자 탓
인지, 아니면 편집 과정의 실수 탓인지, 아시모프의 유명한 행성 이름이 트렌터
Trentor라 되어 있다. 불행히 이 저자 또는 편집상의 오류는 *Writing on Cities*
(Oxford: Blackwell, 1996)에 실린 'The Right to the City'의 엘리자베스 르바
Elizabeth Lebas와 엘레노어 코프먼Eleonore Kofman의 엉성한 번역에서도 되풀
이된다. 그에 따라 나는 이 문헌 전체에 걸쳐 불어본 및 불어본에서 내가 집접 번
역한 영역본을 쓰려고 한다. 아시모프(1920~1992) 본인은 『파운데이션』 연작을
시작할 때 원래 삼부작을 계획했지만, 마치고 나니 일곱 권이 되어 있었다. 그는
사십 년에 걸쳐 지금까지도 가장 위대한 공상과학소설로 꼽히는 작품을 계속 높이

쌓아올렸다. 1951년에 『파운데이션』을 쓰기 시작한 아시모프는 죽기 며칠 전에야 가장 마지막 글인 서문을 다듬고 마무리했다. 사실 아시모프는 아이작 바벨Isaac Babel이 내전기 『붉은 기병Red Cavalry』 이야기를 쓴 그 해에 러시아에서 태어났다. 아시모프는 어린시절에 미국에 왔고, 그 뒤 브루클린에서 성장했다. 어른이 되어 취직한 뒤에는 내내 맨해튼에서 살았으며, 광장공포증 덕에 트랜터에서 위안을 얻었던 것 같다. 트랜터에서의 일상은 대체로 지하에서, 수백만 개의 강철 돔으로 된 거대한 천정 아래에서 영위된다. 작가로 살면서 아시모프는 단편, 장편소설, 과학 논문, 논픽션 해설서 등 4백 편 이상의 책을 썼다. 68권을 쓴 르페브르도 그에 비하면 게으름뱅이처럼 보인다.

11. Lukasz Stanek, *Henri Lefebvre on Space: Architecture, Urban Research, and the Production of Theory* (Minneapolis: University of Minnesota Press, 2011), 187.

12. Andy Merrifield, "The Sentimental City: The Lost Urbanism of Pierre MacOrlan and Guy Debord," *International Journal of Urban and Reginal Research* 28, no. 4 (2004).

1장

1. Isaac Asimov, *Foundation* (London: Voyager Paperback, 1955), 11.

2. Isaac Asimov. *Foundation's Edge* (London: Granada Publishing, 1983), 62.

3. 『도시에 대한 권리』에 나오는 르페브르의 "무심한 문체cavalier style"는 니체의 경구를 따른 것으로 보인다. "심각한 일이 있으면 침묵을 지키거나 장엄하게 말할 필요가 있다. 이는 곧 냉소와 무구함을 띠고 말한다는 듯이다."

4. 로버트 보논노Robert Bononno의 번역 덕분에 도시화에 대한 르페브르의 능동적 이해가 수동적으로 되어 버렸다. 그가 미네소타 대학 출판부에서 2003년에 낸 영역본은 이렇게 시작한다. "사회는 도시화를 완성했다. (…) 우리는 어떤 가설에서 시작할 것이다.[*Nous partirons d'une hypothèse*] (…) "사회의 완전한 도시화[*l'urbanisation complète de la sociète*]라는 가설 말이다." 영어와 프랑스어 사이의 뉘앙스 차이가 내게는 중요해 보인다. 이 책을 위해 나는 도시 문제에 관해 르페브르가 남긴 위대한 문헌의 불어본과 영어본을 둘 다 쓸 예정이다. 『도시에 대한

권리』처럼 불어본에서 따온 인용문은 내가 직접 번역한 것이다.

5. Henri Lefebvre, *La révolution urbaine* (Paris: Gallimard, 1970), 7.

6. Ricky Burdett & Deyan Sudjic eds., *The Endless City* (London: Phaidon, 2007).

7. E. Soja & K. Kanai, "The Urbanization of the World," Burdett & Sudjic, *The Endless City*, 54~69.

8. X. Chen, "Shanghai: The Urban Laboratory," Burdett & Sudjic, *The Endless City*, 118~124.

9. T. Brinkhoff, *The Principle Agglomerations of the World*, http://www.citypopulation.de(1/10/2011)

10. Louis Wirth, "Urbanism as a Way of Life," *American Journal of Sociology* 44, no. 1(1938/7):2. 위스와 함께 행성 도시화의 최초의 예언자 가운데 한 명인 프랑스의 지리학자 장 고트먼Jean Gottman을 언급할 만하다. 고전이 된 그의 저서 『메갈로폴리스Mrgalopolis』(Cambridge, MA: MIT Press, 1961)에서 고트먼은 보스턴에서 남쪽으로 워싱턴 D.C.에 이르는 미국의 북동부 해안 지역이 어떻게 새로운 형태의 초도시화로 모습을 드러냈는지 살핀다. 그곳은 이제 하나의 시가 아니라 표준적인 '지역' 개념까지 집어삼키는 메트로 존이다. 고트먼에 따르면, "굴이 껍질을 열었"으니 다시는 똑같은 굴이 되지 못한다. "메갈로폴리스"라는 용어는 도시 생활의 이 원형적 형태에 이름을 부여하고, 그에 대해 선악 판단을 내리기보다는 이해하려는 고트먼의 시도였다. 고트먼의 책은 꼼꼼하게 다시 읽어볼 필요가 있다. 변화하는 도시적인 고용 구성을 다룬 통찰력 있는 장, 서비스 직업 자체 내의 변동(단지 제3의 산업이 아니라 제' 4'의 부문)이 있고, 또 전통적인 도시도 아니고 전통적인 시골도 아닌 지역에서 경작되는 "메갈로폴리스 농경"이라는 기묘한 현상이 등장했기 때문이다. 고트먼은 "메갈로폴리스"라는 용어를 그리스어에서, 당시에는 한번도 실현된 적이 없는 고대 펠로폰네소스의 꿈의 도시에서 따왔다. 하지만 고트먼이 1961년에 말했듯이 이 어마어마한 도시적인 꿈은 마침내 실현되었다.

11. *Le droit à la ville* (Paris: Anthropos, 1968), 83.

12. *The Urban Revolution* (Minneapolis: University of Minnesota Press, 2003), 57.

13. "주위 세계에서 우리 장소를 확립시키는 것을 보는 것이다." 존 버거는 예술 비

평에 관한 돌파구라 할 문헌인 『다른 방식으로 보기Ways of Seeing』 (Har mondsworth. UK:Penguin, 1972, 7)에서 이렇게 말한다. "우리는 말로 그 세계를 설명하지만, 말로는 세계에 우리가 둘러싸여 있다는 사실을 절대로 해결할 수 없다. 우리가 보는 것과 우리가 아는 것 사이의 관계는 절대 해결된 적이 없다. 매일 저녁 우리는 해가 지는 것을 본다. 지구가 태양에서 돌아서고 있다는 것을 안다. 하지만 지식, 설명은 우리가 보는 것에 꼭 들어맞은 적이 없다."

14. 특히 『도시적 혁명』 1장, 『공간의 생산』(Oxford: Basil Blackwell, 1991)의 4장을 볼 것. 르페브르는 1970년대에 낸 또 다른 책인 『마르크스주의적 사유와 도시』(Paris: Casterman, 1972)에서 (2장의 39~41, 45~69) 봉건제적(상업) 도시에서 자본주의적(산업) 도시로 옮겨가는 이행에 상당한 관심을 쏟는다. 논의는 흥미진진하게도 마르크스와 엥겔스의 『독일 이데올로기』(London: Lawrence & Wishart, 1970)를 파헤치고 있다.

15. Karl Marx & Frederick Engels, *The Communist Manifesto*, Penguin Deluxe Edition (New York: Penguin, 2011), 67.

16. Karl Marx, *Capital III* (New York: International Publishers, 1967), 333.

17. Karl Marx, *Grundrisse* (Harmondsworth, UK: Penguin, 1973), 408

18. Karl Marx & Frederick Engels, *The Manifesto of the Communist Party*, Penguin Deluxe Edition (New York: Penguin, 2011), 68.

19. Karl Marx, *Theories of Surplus Value-Part III* (Moscow: Progress, 1975), 253.

20. Marx, *Capital-Volume One* (Harmondsworth, UK: Penguin, 1976), 140.

21. Spinoza, *Ethics*, Part I, Proposition X, Everyman Edition (London: Everyman, 1993), 9.

22. C. Cernuschi & A. Herczynski, "Cutting Pollock Down to Size: The Boundaries of the Poured Technique," E. Landau and C. Cernuschi, eds., *Pollock-Matters* (Boston: McMullen Museum of Art, Boston College, 2007), 73~85.

23. Clement Greenberg, "The Crisis of the Easel Painting," Greenberg, *Art and Culture* (Boston: Beacon, 1961), 155.

24. David Harvey, *The Limits to Capital* (Oxford: Blackwell, 1982), 413~430.

25. Jean Gottman, "Introduction: The Opening of the Oyster Shell," Jean Gottman & Robert Harper, eds., *Since Megalopolis: The Urban Writings of Jean Gottman* (Baltimore: Johns Hopkins University Press, 1990), 3 ~ 20.

26. David Harvey. *The New Imperialism* (New York: Oxford University Press, 2003), 특히 4장

27. Marx, *Capital I* (Harmondsworth, UK: Penguin, 1976), 875.

28. 토지 수용권이란 국가가 토지를 강제로 사들이는 것이다. 그것은 정부에 의한 토지의 격리 조처로, 흔히 저소득층을 철거시킨다. 오래전의 일이지만 과거에는 이런 공적인 수탈 행위가 결국은 공공 업무 및/혹은 공적 효용이라는 더 큰 공동선을 행한다는 명분 하에 실행되었다. 이제 토지 수용권이라는 단어는 공적부문이 토지를 장악한 다음 평균 상위 계층의 사적 재전유를 위해 할인 가격으로 분배하는 것을 가리킨다. 그리하여 사적인 경제적 이해가 효과적으로 합법화된 공적 보조를 통해 돈을 벌어들인다. 합법화된 약탈을 허용하는 것이다. 세계 전역의 수많은 도시적 지역에서는 대기업의 돈이 재개발을 위해 큰 규모의 땅을 거의 공짜로 손에 넣는 역사상 최대 규모의 토지 수용이 이루어졌다.

29. Isaac Bashevis Singer, "The Spinoza of Market Street", *The Spinoza of Market Street and Other Stories* (Toronto: Ambassador Books, 1958), 6 ~ 7.

30. 기묘하게도 폴락의 그림은 겉보기에 서로 다른 두 가지 상황을 보여 준다. 항성, 행성, 은하계, 혜성들이 존재하는 외계 공간과 그와 똑같이 신비스럽고 엄청나게 동적인 도시적인 일상의 무질서한 세계가 그 두 가지다. 또 다른 의미로, 폴락의 그림은 뭔가 알아볼 수도 없을 만큼 작은 어떤 것, 양성자와 전자와 분자보다 작은 입자들을 보여 준다. 그런 작은 것들은 아마 우리의 안쪽 자아의 일부로 보일 것이다. (존 버거는 폴락의 그림이 "그의 마음의 안쪽 벽에 그려진 그림과 같다"고 말한 적이 있다.)

31. 알튀세르에 따르면, 이러한 은유는 공간적인 수직성을 표현한다. 마르크스에게 자본주의는 여러 '층'을 가진 구조물이기 때문이다. 각 층은 다른 층이 있어야 건물이 똑바로 설 수 있다. 그러나 세계시장 거리는 수평적인 의미로 더 잘 작동할 것이다. 사회적 관계의 횡적인 그물로서, 각 시장 거리는 내재적인 행성적 평면에서 다른 거리들에 비해 상대적으로 자율적으로 존재한다.

32. Louis Althusser, *Essays in Self-Criticism* (London: Mew Left Books, 1976), 129.

33. 여기서 '보기seeing'라는 개념은 문자 그대로의 의미이면서 은유적인 것, 지각적이면서도 지각 이상의 어떤 것이다. 물론 본다는 것은 스피노자 자신의 범신론적 사유에서도 핵심에 있다. 스피노자의 생업이었던 렌즈 연마를 생각하면 놀랄 일도 아니다. 스피노자에게 렌즈 연마란 명제를 연마하는 것과 대등했다. 진리에서 불투명성을 제거하고, 그것이 명료하게 보이게 하는 일, 백내장을 제거하는 것과 같은 일이다. 호르헤-루이스 보르헤스의 말에 따르면, 스피노자는 수정 렌즈를 연마할 때 수정처럼 맑은 거대한 우주 철학도 연마했다. 눈이 보이지 않는 사람이 한 말이라는 점을 생각하면 감동적이다. 보르헤스는 유명한 소네트 "스피노자"에서 "그는 연마하기 힘든 수정을 연마한다"고 썼다. "그의 별 전부인 일자의 무한한 지도." 보기를 중요시하는 또 다른 사람인 존 버거 역시 스피노자 팬이다. 최근에 낸 『벤투의 스케치북*Bento's Sketchbook*』(London: Verso, 2011)에서 버거는 렌즈/철학 연마자인 스피노자보다 그림 그리는 스피노자, 길지 않은 평생 동안 작은 스케치북을 항상 갖고 다녔던 스피노자 쪽에 더 많은 관심을 쏟았다. 이런 온갖 해석에서 기억해야 할 요점은 '시야vision'라는 것이 스피노자에게 어떤 구체적인 의미를 갖는가 하는 점이다. 그것은 지성에서만 발산되는 것이 아니라 특정한 지각도 표현한다. 직관적인 종류의 이성, 영원한 상에 있어 사물을 보는 것이다.

34. *Le monde diplomatique*, 1989년 5월, 16~17. 르페브르의 논문은 그 이후 두 번 재수록되었는데, 둘 다 『르몽드 디플로마티크』의 격월간 잡지인 *Manièe de voir* 에 실렸다. 첫 번째는 특별본인 'Banlieues: trente ans d'histoire et de révoltes (no.89, 2006, 10/11월)였고, 가장 최근에 실린 것은 'L'urbanisation du monde ["The Urbanization of the World"](no. 114, 2010~2011, 12/1월)였다.

35. 몰아내기는 브라질의 군사정권(1964~1985) 하에서처럼 강제적이고 잔혹하게 진행될 수 있다. 그 정권은 3천만 가구와 소작농을 토지에서 몰아냈는데, 이는 18, 19세기 영국의 엔클로저 법이 저질렀던 만행의 재현이었다. 또는 더 간접적으로 자행될 수도 있다. 가령 특정한 상품에 수입 관세를 무겁게 부과하고 수출 교역에는 넉넉한 보조금을 지급하여, 영세 사업자들을 세계시장의 예측 불가능

한 변덕 앞에 그대로 노출시키는 것이다. 다른 곳에서는 "법인화 추진incorpo ration drive"이 더 세심하고 점진적으로 진행되며, "도시적 중심과 이웃하는 시골들 사이에 재화와 사람과 생각의 소통과 교환의 강화를 통해 이루어진다." (Andrew Pearse, "Megalopolis and Peasant: The Expansion of the Urban-Industrial Complex and the Changing Rural Structure," T. Shanin, ed., *Peasants and Peasant Societies* [Harmondsworth, UK: Penguin Books, 1971], 76). 여기서 농촌 지역은 도시적인 문화 규범과 경제적 목표에 적응하기 시작하며, 얼마 안 가서 그들은 제도적으로 법인화되고 신용과 기술적 서비스를 제공받아, 새로운 형태의 의존 관계를 개발한다. 그런 단계에서 새로운 종류의 고집스러움이 시골 경제의 특정 분야에서 출현한다. 지금까지 나온 "도시적 산업 복합체"가 농촌 지역으로 확장되어가는 현상에 대한 최고의 설명인 연구에서 피어스가 말하듯이(77) 그리하여 "농촌에 투입되는 생산적 노력과 투자는 도시에서 얻는 보상으로 정당화된다."

2장

1. Jamed Joyce, *Finnegans Wake* (Harmondsworth, UK: Penguin, 1976), 32. 조이스는 취리히에 살 때 융과 몇 차례 만났다. 융은 조이스에게 정신분열증 증세가 있다고 확신했다. 언제나 정신분석을 회의적으로 보던 조이스 본인은 스위스 정신과 의사가 자신을 분석하도록 허용하지 않았다. 그러나 나중에 딸인 루시아의 정신 상태가 절박할 정도로 심각해지자 그는 융에게 루시아의 정신분석을 의뢰했다. 그러나 그 상담의 결과는 참혹했고, 조이스는 얼마 안 가서 융과 연락을 끊었다. 『피네간의 경야』의 여러 곳에서 정신과 의사는 조롱의 대상으로 나온다. 조이스는 "융프라우(독일어로 젊은 여자jungfrau)"라는 단어 대신에 "융프로드 ungfraud"라고 표기하며 융과 프로이트 둘 다 조롱한다. 그는 두 사람을 모두 "프로드[fraud: 협잡꾼]"으로 보는 것이다. 사실을 말하자면, 조이스적인 무의식에서, 광란하고 본능에 따라 움직이는 행동 유형은 들뢰즈와 기타리의 『안티오이디푸스』에 나온 "욕망하는 기계"와 더 많이 닮았다.

2. Joyce, *Finnegans Wake*, 261.

3. 앞의 책, 32.

4. Shirky, *Here Comes Everybody: The Power of Organizing without Organizations* (New York: Penguin, 2008).

5. 앞의 책, 31. 좀 다르게 위장하고는 있지만, 상상적 긍정성과 창조력은 내 저서 『마술적 마르크스주의*Magical Marxism*』(London: Pluto Press, 2011)의 중심 주제 였다.

6. Malcolm Gladwell, "Small Change: Why the Revolution Will Not be Tweeted," *New Yorker*, 2010년 10월.

7. Marx, *Grundrisse* (Harmondsworth, UK: Penguin, 1973), 99.

8. Henri Lefebvre, *La proclamation de la Commune* (Paris: Gallimard, 1965).

9. Henri Lefebvre, *The Explosion* (New York: Monthly Review Press, 1969); Lefebvre, *L´irruption, du Nanterre au sommet* (Paris: Anthropos, 1968).

10. Henri Lefebvre, "The Urban in Question", Elizabeth Lebas & Eleonore Kofman, eds., *Writings on Cities-Henri Lefebvre* (Oxford: Basil Blackwell, 1996), 209.

11. 르페브르는 세계 전역의 교외 지역들이 어떻게 변했는지를 볼 만큼 오래 살지는 않았다. (그는 1991년 6월에 죽었다.) 이런 변화는 미국에서 특히 뚜렷했는데, 과거에 인구밀도가 낮고 거주지가 넓게 펼쳐져 있던 지역이 이제는 고밀도 지역 으로 변했다. 그리고 그런 고밀도 지역이 오늘날 새로운 도시적 형태의 특징이 되었다. 조엘 가로Joel Garreau는 그런 곳을 "가장자리 도시Edge Cities"라 부르고, 에드 소야Ed Soja는 "엑소폴리스Exopolises", 혹은 "포스트 메트로폴리스Post-Metropolises"라 부른다. 믿기 힘들지만, 지금 미국에서 가장 인구밀도 가 높은 메트로폴리스는 넓게 펼쳐지고, 중심이 사라지고, 해체된 도시인 로스 엔젤레스다. 뉴욕을 한참 뛰어넘은 그 도시는 가장 넓은 면적을 차지하고도 1평 방마일당 1만 명이 살고 있다. 예전에는 중심이 없던 교외가 이제 다시 새 중심 부를 둘러싸고 재중심화되었다. 중심부가 여러 개 있는 형태로 새 공동체 연합 이 발생했다.(이들은 부유할 뿐만 아니라 반동적인 님비 유형의 연합이다.) 로 저 케일Roger Keil 같은 이론가들은 이런 교외의 경계 구역과 가장자리 도시 주 변부가 이제 미래의 합법적이고 경직된 도시적 형태의 중심이 되었다고 지적한

다. 넓게 펼쳐진 것은 좋다는 말은 아니다. 그런 현상이 여기 자리 잡았다는 뜻이며, 그것이 전부 다 나쁘지는 않다는 것이다. 이제 그 속에서 생태적 투쟁이 전개되어야 한다. Roger Keil, "Frontiers of Urban Political Ecology," Matthew Gandy, ed., *Urban Constellations* (Berlin: Jovis Verleg GmbH, 2011), 26~29.

12. Lefebvre. "The Right to the City," Lebas & Kofman, *Writing on Cities*, 126.

13. Lefebvre, "Engels et l'utopie," *Espace et politique, Le droit à la ville*(Paris: Anthropos, 1968), 217; *Metromarxism* (New York: Routledge, 2002), 42~48.

14. Peter Marcuse, "The Right to the Creative City," 〈창조적 도시의 한계The Limits to the Creative City〉 토론회에서 발표된 논문. University College London Urban Laboratory, Hub Westminster, London, 2011년 7월 29일.

15. 이 마지막 언급은 마샬 버먼에게 보내는 반어법적 응답일 수도 있다. 버먼은 타임스 스퀘어에 대한 청원인 *On the Town* (London: Verso, 2009)의 결말에서, 1901년에 처음 만들어진 이후 타임스 스퀘어가 도시적 생활에 대한, 밝은 조명과 큰 도시에 대한, 스펙터클에 참여할 우리의 권리에 대한, 버먼의 표현을 빌리자면 "파티를 할 우리의 권리"에 대한 (〈비스티보이스〉의 가사를 바꾸어 써보자면, "You gotta fight for your right to party!") 인간의 깊은 욕망을 표현했다고 주장했다. 버먼은 "이 싸움이 무엇으로 이루어지든 그것이 도시에 대한 권리라는 계몽적 관념을 우리가 21세기 타임스 스퀘어에 번역할 수 있는 유일한 길일지도 모른다"라고 말한다. (225) 그 자신의 개념과 RTTC의 현재 진행형 문제제기를 흥미 삼아 보고 싶다면 *City: Analysis of Urban Trends, Culture, Theory, Policy, Action*의 특별호인 13호, nos.2~3(2009년 6~9월)를 볼 것.

16. 마크 터시넷Mark Tushnet은 흥미진진한 논문 "Critique of Rights"에서 다음과 같이 말한다. "1964년 3월에 다섯 명의 흑인이 흑백 분리 공공 도서관을 이용하려고 했다. 도서관 이용을 저지당하자 그들 가운데 한 명이 열람실 의자에 주저앉았고, 다른 사람들은 근처에 조용히 섰다. (…) 1982년 12월에 화이트하우스 건너편에 있는 라파이에트 공원에 일군의 노숙자들이 텐트를 쳤다. 밤이 되었는데 텐트 외에 달리 잘 곳이 없다는 사실은 대중들에게 긴축재정이 낳은 끔찍한 결과를 깨닫게 해 주었다. 흑인들과 노숙자들이 수정헌법 제1조의 보호

를 받으며 그들의 권리를 행사하고 있는지 여부를 논의하는 것이 사회를 변화시
키거나 사회가 어떻게 변화하는지를 이해하는 데 도움을 준다고 진지하게 생각
하는 사람이 과연 있을까? 그보다는 그들이 정치적으로 효과 있는 행동에 가담
하는지 여부가 더 중요하다. 그들의 행동이 정치적으로 효과가 있다면, 우리는
그 유효성의 조건을 확립해야 한다. 그 조건이 '옳기' 때문이 아니라 정치적으
로 효과적인 행동이 중요하기 때문이다. (Mark Tushnet, "Critique of Rights,"
Texas Law Review [1984년 5월]: 1370~1371).

17. Bob Colenutt, "The Contemporary Politics of Rights in UK Urban
    Development," 2011년 7월 29일에 열린 〈창조적 도시의 한계The Limits to the
    Creative City〉 토론회에서 발표된 논문.

18. Tushnet, "Critique of Rights," 1363.

19. http://usf2010.wordpress.com (2012년 10월 22일자)

20. David Harvey, "The Right to the City," *New Left Review 53* (2008년 9-10월):
    40.

21. Manuel Castells, *The Urban Question: A Marxist Approach* (London: Edward
    Arnold, 1977), 90.

22. Castells, *The Urban Question*, 90. 강조는 필자. 『도시 혁명』에서 가져온, 3장에
    서 다시 다루게 될 중요한 인용문을 강조하려는 것이다.

23. Manuel Castells, "Is There an Urban Sociology?", C. Pickvance, ed., *Urban
    Sociology: Critical Essays* (London: Tavistock, 1976), 57.

24. Louis Althusser, *Lenin and Philosophy and Other Essays* (London: New Left
    Books, 1971), 155.

25. 르페브르 본인이 이 점을 가장 잘 알고 있었다. 급진적인 도시적 정치에 대한 그
    의 사유 가운데 얼마나 많은 부분이 농촌의 일상 생활에서, 특히 계절별 축제와
    시끌벅적한 라블레식의 소란스런 잔치ripaille에서 영감을 얻었는지를 기억해
    보라. 르페브르의 성향은 도시적인 것과 농촌적인 것의 기묘한 혼합물이었다.
    『잠과 휴식*La somme et le reste*(Tome 1)』에서 자신의 외모를 묘사할 때 그는 자
    기 얼굴이 길고 각지고 도시적인 얼굴이라고 말했다. 머리는 돈키호테 같다. 하
    지만 작고 다부진 몸집은 산초 판사와 닮은 농민 같은 모습trapu이라고 했다.

(*La somme et le reste* [Paris: La nef de Paris, 1959], 242) 르페브르는 이 이상한 조합을 자랑스러워했다. 그는 전통적인 도시가 파괴되는 걸 애통해했지만 그에 못지않게 시골 지역의 파괴에 대해서도 통탄했다. 그는 두 경우 모두 돌이킬 길이 없음을 알고 있었다.

26. Réis Debray, *Revolution in the Revolution? Armed Struggle and Political Struggle in Latin America* (New York: Grove Press, 19670), 77. 강조는 필자.

27. Jean-Paul Sartre, *Critique of Dialectical Reason-Volume One* (London: Verso, 1976), 특히 45 ~ 48; 318 ~ 321을 볼 것.

28. John Berger, *Lilac and Flag: An Old Wives' Tale of the City* (London: Granta Books, 1990), 47.

29. 이 용어는 르페브르의 것이다. *La méaphilosophie* (Paris: Editions de minuit, 1967), 77.

3장

1. 연대를 위한 이 부르주아적 쟁탈전은 지역성을 띤다. 그런 추세는 최근의 유로존 위기에서도 명백히 드러난다. 많은 자본가들이 이제는 유럽 중앙은행이 개입하여 금융시장의 변덕스러운 유동성에 대처하는 방화벽을 제공해 주기를, 〈유럽연합〉과 그 구성 국가들이 긴축 조치를 실행할 수 있도록 안정화되기를 원한다.

2. Lefebvre, *Le droit à la ville* (Paris: Anthropos. 1968), 110.

3. "근대적 삶의 화가Painter of Modern Life"(Charles Baudelaire, *The Painter of Modern Life and Other Essays* [London: Phaidon Press, 1995])에서 보들레르는 화가 콩스탕탱 기Constantin Guy를 "세속의 인간", "일반적 생활의 애호가"라 칭했다. "익명으로 다니기를 좋아하고, 우리 지구 표면에서 일어나는 모든 일을 알고 싶어하고, 이해하고 평가하고 싶어하는 사람"이라는 것이다. 보들레르의 테제는 남녀 구분 없이 현대의 메트로폴리스에 사는 수많은 주민들에게도 적용될 수 있다. 그들은 모두 세속의 사람, "세상을 이해하고, 세상의 모든 관습 배후에 있는 수수께끼와 합당한 이유를 이해하는 사람", 자신들 주위에서 벌어지는 모든 사고와 자신들을 사고 속에서 동일시하는 사람들이다. 기의 결정적인 특징은 그

가 뻔뻔하지 않다는 점이다. 그는 뻔뻔스러운 사람을 혐오하며, 그 자신은 세상에 열정적으로 참여하고, 세상에 대해 열정적인 호기심을 갖고 있다. 그는 삶의 기복, 덧없고 무한한 것 속에서 자신의 거처를 확립하려고 노력한다.

4. Lefebvre, *The Urban Revolution* (Minneapolis: University of Minnesota Press, 2003), 174.

5. 앞의 책, 118.

6. Manuel Castells, *Communication Power* (Oxford: Oxford University Press, 2009), 34.

7. Lefebvre, *The Urban Revolution*, 194~195n1.

8. Lefebvre, *The Production of Space* (Oxford: Blackwell, 1991), 102.

9. Lefebvre, *The Production of Space*, 102.

10. 앞의 책, 331.

11. 1980년대 초반 르페브르는 이런 종류의 시민권을 암시하기 시작해 열두어 명의 학계 인사와 동료 여행자들로 "나바르인 집단"을 결성하여 은퇴한 철학자〔르페브르〕의 피레네 산지의 집에서 정기적으로 모였다. 그 모임이 낳은 결실이 '새로운 시민권'이라는 주제를 중심으로 하는 논문 선집인『시민계약론*Du contrat de citoyenneté*』(H. Lefebvre et al., eds., *Du contrat de citoyenneté* Paris: Syllepse, 1985〕)이다. 르페브르는 루소의『사회 계약론』과 권리-의식적인 마르크스를 뒤섞는 논의로 글을 시작한다. 이 "새로운 시민권"은 여러 장으로 되어 있다. "The Right to Information", "The Right to Free Expression", "The Right to Culture", "The Right to Identity in Difference", "The Right to Self-Management", "The Right to the City", "The Right to [Public] Services." 그들의 요구는 잘 받아들여졌다. 그러나 다른 곳에서도 그렇지만『시민 계약론』에서도 논의가 너무나 고도로 추상적 차원에서 전개되기 때문에, 의도는 좋았더라도 독자들에게 안일하고 공허하다는 인상을 줄 수 있다는 것이 그들의 문제다. 여러 면에서 이 논의는 마르크스가 권리라는 문제에 대해 가졌던 의구심을 확인해 준다. 권리라는 것이 너무 유화적이고, 너무 자유주의적이고, 부르주아적인 선입견이며, 자산 권리 문제와 우리의 정치경제 체제의 정상적 작동이 낳는 산물인 구조적 불의와 불평등의 문제에 제대로 대처할 수 없다는 의구심이다. 우

리 대다수도 너무나 잘 알고 있듯이, 인권은 1948년에 "유엔 인권 헌장"이 반포된 뒤에도 날마다 조롱당한다. 권리가 조롱당할 때 사람들에게는 그들의 권리를 탈환할 그 어떤 권리도 남아 있지 않다.

12. *The Communist Manifesto* (New York: Penguin "Deluxe" Edition, 2011), 68.

13. Murray Bookchin, *Post-Scarcity Anarchism* (London: Wildwood House, 1974), 221. 북친과 르페브르는 공통점이 많다. 둘 다 열성적인 공산주의자이며, 구식 공산주의자들이다. 그리고 낭만적 자유 만능주의에 대해 상호적 관심을 갖고 있다. 북친이 1969년에 쓴 유명한 팸플릿 「들으라, 마르크스주의자여Listen, Marxist!」는 아나키스트–생태주의자와 마르크스주의자 간의 애증 관계에 대한 의미심장한 본보기다. 르페브르도 물론 아나키스트적 감수성을 가진 마르크스주의적 도시주의자였다. 둘 다 자신들의 정치를 도시적 맥락에 뿌리박았으며, 도시가 노동계급 전위부대의 특권화에 얼마나 깊이 영향을 주었는지를 알고 있다. 1970년대에 당황한 어떤 학생이 르페브르에게 물은 적이 있다. "당신은 아나키스트입니까, 마르크스주의자입니까?" "물론 마르크스주의자이지"라고 70대의 교수가 대답했다. "그래야 언젠가 우리 모두가 아나키스트가 될 수 있으니까." (Lefebvre, Edward Soja, *Thirdspace* [Oxford: Basil Blackwell, 1996, 33]에서 인용됨.) 북친은 「들으라, 마르크스주의자여」(173)에서 말한다. "삼십 년대의 온갖 쓰레기가 다시 돌아오고 있다. '계급 노선', '노동계급의 역할', '훈련된 중견 요원', '전위당', '프롤레타리아 독재' 따위를 내세우는 쓰레기 말이다. 그런 이야기가 모두 복귀했고, 그 어느 때보다 더 천박한 형태로 돌아왔다." "과거에서 안전을 추구하는 이런 태도, 창의적인 사유와 실천의 대안으로 고착된 도그마와 조직적 위계에서 은신처를 찾으려는 이런 시도"는 북친에게는 혁명가들 가운데 사회는 물론 그들 자신을 혁명할 수 있는 사람이 얼마나 소수인지를 알려주는 "괴로운 증거"다.

14. Marshall Berman, "Tearing Away Veils: The Communist Manifesto," *Karl Marx & Frederick Engles, The Communist Manifesto*, Penguin Deluxe Edition (New York: Penguin, 2011), 10.

15. 오늘날 근사한 직업, 봉급 받는 직업의 실상은 앤드루 로스Andrew Ross의 충실한 말을 빌리자면, "괜찮은 일이지, 구할 수만 있다면"이다. (cf. Ross's Nice

Work If You Can Get It [New York: NYU Press, 2010]) 많은 사람들이 비정규직 일자리, 육체 노동이 필요한 자영업을 드문드문 하면서 힘겹게 살아가는 것은 저개발 국가 세계의 고난이라고 여긴다. 그들은 전세계 노동 인구가 점점 더 많이 이런 고난을 겪는다는 걸 깨닫지 못한다. 여기서 더 중요한 것은 자유시장이 아니라 벼룩시장(로버트 뉴워스Robert Neuwirth의 표현)이다. 잡일, 수레에 싣고 온 물건을 교환하거나 행상하는 일이 그런 것들이다. 이탈리아, 스페인, 그리스에서는 노동인구의 약 3분의 1이 이런 방식으로 생계를 해결한다. 비정규직 일자리는 이제 '정규직' 일자리의 주변부가 아니라 많은 나라 경제에서 퇴직 이후 핵심적인 소득원이 되었고, 어떤 경우에는 산업화 시대가 끝난 이후, 봉급 받는 직장에서 퇴직한 이후 생활의 문제점이 아니라 해결책이 될 수도 있다.(Robert Neuwirth, *Stealth of Nations: The Global Rise of the Informal Economy* [New York: Pantheon, 2011]). 이 주제와 뉴워스의 책에 대해서는 5장에서 다시 다루겠다.

16. André Gorz, *Farewell to the Working Class* (London: Pluto Press, 1982), 68.

17. 앞의 책, 68.

18. Berman, "Tearing Away Veils," 11.

19. Murray Bookchin, *The Rise of Urbanization and the Decline of Citizenship* (San Francisco: Sierra Club Books, 1987), 60. 두 사람은 그 사실을 몰랐지만 북친과 르페브르는 1980년대 중반이라는 같은 시기에 시민권과 도시 개념을 재규정하려고 시도했다. 북친은 도시의 역할을 정치적으로 도구적인 것으로 보았고, 르페브르는 행성 도시화 현상 하에서 도시의 역할에 대해 애매모호한 태도를 보였던 것 같았다. 북친은 도심화citification의 관점에서 도시화urbanization를 비난했고, 르페브르는 도시화urbanization의 관점에서 도심화citification를 문제시했다. 1995년에 북친은 1987년에 자신이 쓴 글을 개정하고 보충하여 그 제목을 『도시화에서 도시로: 시민권의 새 정치를 향해*From Urbanization to Cities: Towards a New Politics of Citizenship*』로 바꾸고 생태학적 구성요소들을 희석시키면서, "자유지상주의적 지방자치libertarian municipalism"를 통제 불능인 도시화에 항거하는 요새로 보아 긍정했다. 북친의 사고의 발전에 대한 유익한 논의를 보려면 데미언 화이트Damian White의 다음 책을 참고하라. *Bookchin: A*

Critical Appraisal (London: Pluto Press, 2008)을 보라.

20. Bookchin, *The Rise of Urbanization and the Decline of Citizenship*, 48.

21. Roger Keil, "Frontiers of Urban Political Ecology," Matthew Gandy, ed., *Urban Constellations* (Berlin: Jovis Verlag, 2011), 29.

22. Keil, "Frontiers of Urban Political Ecology," 29.

23. Manuel Castells, "Neo-Anarchism," *La Vanguardia*, 2005년 5월 21일. 화이트 *Bookchin: A Critical Appraisal* (177)에서 인용.

24. Marshall Berman, *All That Is Solid Melts into Air* (London: Verso, 1988), 150.

25. 앞의 책, 153.

4장

1. Louis Althusser, *Philosophy of the Encounter, Later Writings, 1978~1987* (London: Verso, 2006), 197 (강조는 알튀세르). 봉건제에서 자본주의로 넘어가는 이행기에 관한 이런 식의 사유는 『자본론 읽기*Reading Capital*』가운데 원시적 축적을 다룬 에티엔느 발리바르의 글에서 처음 설명되었다. 우발적 힘들 사이의 '마주침'이 자본을 탄생시켰다는 것이다. 이 모든 것은 대놓고 표현되지 않았고 암묵적으로 다뤄졌지만 마주침의 이론을 보여 준다. "Elements for a Theory of Transition", Louis Althusser & Etienne Balibar, *Reading Capital* (London: Verso, 1979)

2. Althusser, "The Undercurrent of the Materialism of the Encounter," *Philosophy of the Encounter*, 167.

3. 클리나멘은 루크레티우스가 원래 라틴어로 쓴 단어인데. 선적인 궤적에서 예기치 않게 일어난 일탈. 물질의 예측 불가능하고 무작위적인 움직임을 가리킨다. 클리나멘은 영어로는 빗겨남swerve으로 번역된다.

4. Lucretius, *The Nature of Things* (London: Penguin Classics, 2007), 42.

5. Althusser, "The Undercurrent of the Materialism of the Encounter," 169(강조는 원문). 알튀세르는 로마의 철학자이자 시인인 루크레티우스로부터 많은 부분을 인용해 온다. 루크레티우스가 쓴 시 『사물의 본성에 관하여*The Nature of*

Things』 전 6권은 그 이전에 활동한 고대 그리스의 철학자 에피쿠로스의 사상을 소상하게 설명한다. 알튀세르는 분명 1969년에 처음 출간된 질 들뢰즈의 『감각의 논리*The Logic of Sense*』를 읽었을 것이다. 루크레티우스의 클리나멘을 아주 훌륭하게 요약한 글이 그 책에도 실려 있으니 말이다. 들뢰즈는 이렇게 말한다. "클리나멘이 밝히는 것은 우발성도, 불확정성도 아니다. 그것은 그와 다른 전혀 다른 어떤 것, 즉 원인들, 혹은 원인 계열의 환원 불가능성을 선언한다. (…) 클리나멘은 인과 계열의 의미를 결정하는 것이며, 각 인과 계열은 전자의 움직임에 의해 구성되고, 전자들의 마주침에서 그 완전한 독립성을 보존한다." (Deleuze, *The Logic of Sense* [London: Continuum Books, 2004], 306~307) 스티븐 그린블라트 Stephen Greenblatt의 다음 책은 저 유명한 루크레티우스의 빗겨남에 관해, 르네상스를, 계몽주의 인문학을, 새로운 지적 새벽을 낳은 원인이라고도 말해지는 빗겨남에 관해 최근에 다루어진 훌륭한 저술이다. *The Swerve: How the Renaissance Began* (London: Bodley Head, 2011) 그린블라트가 보여 주는 대로 루크레티우스의 우울하게 내리는 비로부터 찬란한 이성의 빛이 나오며, 수도원의 어둠의 세기와 교회의 절름거리는 정통성에 맞서는 반란이 발생했다.

6. Althusser, "The Undercurrent of the Merialism of Encounter." 193.

7. 앞의 책, 196.

8. Henri Lefebvre, *The Urban Revolution*, 32.

9. 앞의 책, 124.

10. 앞의 책, 125.

11. V for Vendetta (New York: Pocket Star Book, 2005), 4. 내가 인용한 책 판본은 워쇼스키 남매들이 쓴 시나리오를 토대로 하여 스티브 무어Steve Moore (앨런과 친척 아님)가 소설화한 것이다.

12. V for Vendetta, 73~74.

13. 칼리 라슨. "Revolution Number 99", *Vanity Fair*, 2012 2월호 , 63.

14. James Carroll, "Youth Pushed to the Edge," *International Herald Tribune*, 2010년 10월 11일.

15. Cf. James Joyce, *Finnegans Wake* (New York: Penguin, 19760, 21:

16. Bill Wasik, "Crowd Control," *Wired*, 2012, 1월호, 112.

17. Gilles Deleuze, *Expressionism in Spinoza's Philosophy* (New York: Zone Books, 1990), 274.

18. 앞의 책, 290~291, 강조는 원문.

19. 앞의 책, 294.

20. 최근 열린 〈세계 경제 포럼(WEF)〉의 보고서는 "점령하라" 운동을 기업 지도자와 정책 결정자들이 상대해야 할 2012년의 "대표적인 세계적 위험"의 하나로 꼽았다. "제대로 대처하지 않는다면 그런 운동은 디스토피아의 씨앗을 퍼뜨릴 것이다. 삶은 고난으로 가득 차고 희망은 사라진 그런 장소가 된다"고 그 보고서는 경고했다. 〈세계 경제 포럼〉의 거물들에 따르면 "점령하라" 운동은 잠재적으로 해로운 "세계화에 거역하는 역풍"과 "연결성의 어두운 측면"을 보인다. 가령 〈어노니머스〉 같은 "그냥 지루하다는 이유로 아무렇지도 않게 전복을 시도하는" 사이버해커들의 모임 같은 것 말이다.(www3.weforum.org/docs/WEF_GlobalRisks_Report_2012.pdf).

21. Jacques Derrida, "Specters of Marx," *New Left Review 205* (1994년 5/6월), 45-46. 강조는 원문.

22. Henri Lefebvre, *La penseè marxiste et la ville* (Paris: Casterman, 1972), 68.

23. Karl Marx, *Grundrisse* (Harmondswirth, UK: Penguin, 1973), 705.

24. Lefebvre, *La penseè marxiste et la ville*, 68.

5장

1. Fredric Jameson, *Representing Capital: A Reading of Volume One* (London: Verso, 2011), 149.

2. Henri Lefebvre, *La penseè marxiste et la ville* (Paris: Casterman, 1972), 7.

3. 앞의 책, 45.

4. Karl Marx & Frederick Engels, *The German Ideology* (London: Lawrence & Wishart, 1969), 68~69.

5. 앞의 책, 69.

6. Lefebvre, *La penseé marxiste et la ville*, 30~31.

7. 앞의 책, 59.

8. Cf, André Gorz, *Métamorphoses du travail: la critique de la raison économique* (Paris: Gallimard, 1988) 이 책은 『경제적 이성 비판*Critique of Economic Reason*』 이라는 제목으로 영역되었다. (London: Verso, 1989). 고르의 다음 책도 참고할 것. *Farewell to the Working Class* (London: Pluto Press, 1982), *The Immaterial* (London: Seagull Books, 2010).

9. 『메갈로폴리스』에서 비마르크스주의자의 관점에 선 장 고트먼은 진작부터 그런 상호관계를 암시해 왔다. 여러 가지 면에서 당시(1996년) 그는 르페브르 본인보다 더 신속하게 행동했다. 고트먼의 명저와 같은 해에 출판된 『모더니티 입문*Introduction to Modernity*』에서 르페브르는 그때까지도 자본주의적 모더니티와 도시화에 대해 거죽만 건드릴 뿐 본격적인 탐색에 들어가지는 않고 있었다. "뉴타운에 대한 노트Notes on a New Town"에서 르페브르는 프랑스의 뉴타운 개발에 사로잡혀 있는데, 지금 보면 그 계획은, 전세계 모든 곳에서 진행되는 메갈로폴리스식 개발 사업에 비해 케케묵은 역사적 유물관처럼 보인다. 고트먼은 "제4차 경제 활동"을 말하고 있는데, 이는 네 번째 부문에 "수송, 분석, 연구, 결정 내리기, 교육, 행정" 등이 포함된다는 점에서 단순한 "제3차" 활동과는 다르다. 더 오래된 '도시'의 노동 분업은 사라지고, 지적 훈련과 책임성을 더 많이 요구하는 직업이 그것을 대체하여 부상했다. 그리고 이런 것들이 메갈로폴리스의 확장을 밀어붙이는 힘이라고 고트먼은 말했다. (Jean Gottman, *Megalopolis*, 576~77)

10. Marx, *Grundrisse*, 700.

11. 앞의 책, 704~705.

12. 앞의 책, 705

13. 앞의 책, 705~706.

14. 말할 필요도 없지만, 소위 비물질적 노동과 인지적 자본주의가 가하는 사회적 위협과 정치적 전망은 마르크스주의자와 포스트 마르크스주의자들 사이에 활발한 논쟁을 불러일으켰다. 그러나 인지적 자본주의가 딜레마의 해결책이 아니라 자본주의의 위기를 표시한다는 데는 대체로 동의한다. 이 점에 대해 더 자세히 알고 싶으면 내 책 『마술적 마르크스주의』(London: Pluto Press, 2011), 특히 5장을 볼 것.

15. 〈애플〉은 2011년 4/4분기에만 460억 달러의 판매량과 130억 달러의 이윤을 냈다. 아이패드는 중국의 청도 시에 있는 중국 회사인 폭스콘에서 제조된다. 폭스콘은 소속 노동자에게 시간당 임금 2달러를 지불하며, 노동자들은 매달 16달러를 내고 비좁은 기숙사에서 생활한다. (John Lanchester, "Marx at 193," *London Review of Books*, 2012 4 5 .

16. Slavoj Zizek, "The Revolt of the Salaried Bourgeoisie", *London Review of Books*, 2012 1 26 , 9.

17. Marx, *Grundrisse*, 705.

18. Robert Neuwirth, *Stealth of Nations: The Global Rise of the Informal Economy* (New York: Pantheon, 2011), 18.

19. 앞의 책, 19.

20. 앞의 책, 179.

21. 나도 이런 광경을 가까이서 직접 본 적이 있다. 멕시코시티의 북서쪽 시 경계에, 다른 무엇보다 붕괴하는 세계의 풍경과 닮은 도시적 환경 한복판에 위치한 쓰레기처리장인 코알찰코였다. 코알찰코에서는 어디에서나 괴상하게 생긴 작은 당나귀를 볼 수 있었다. 스토아적인 자세로 달가닥 달가닥, 쓰레기 자루가 때로는 양 옆으로 삐져 나올 정도로 높이 쌓인 녹슨 수레를 끌고 가는 당나귀들. 당나귀는 수십 마리씩 틈을 주지 않고 연이어 왔고, 당나귀 주인들은 깊은 지하 구덩이에 쓰레기 자루를 내던졌다. 주중에는 쓰레기 수레가 매일 오갔고, 하루에 쓰레기 20톤을 하역했으며, 당나귀 350마리와 비슷한 수의 말이 그 일을 맡았다. 그들은 시 당국이 공식적인 폐기물 처리를 하지 않고 있는 상태에서 임시적으로 폐기물 처리를 대항하고 있었다. 그 주변 동네 주민들이 집 문 앞에 쓰레기 자루를 내다놓으면 당나귀가 지나가면서 싣고 간다. 당나귀 주인은 그 보상으로 팁 몇 페소를 받고, 수레가 가득 차면 읍내의 구덩이에 쓰레기를 하역한다. 이런 사람들 가운데 많은 이들이 과거에는 땅에서 농사를 지었고, 그중에서도 자영농이 많았다. 그런데 이제 남은 농경지가 없다. 가차없이 먹어 치우는 회색을, 메트로폴리스의 확장 추세를, 스펙터클한 메트로폴리스의 개발을 견뎌낸 녹색은 어디에도 없다.

22. Neuwirth, *Stealth of Nations*, 28.

23. Mike Davis, *Planet of Slums* (London: Verso, 2006), 19. 더 최근에 데이비스는 상당히 오만한 태도로, 그의 눈에 "포스트마르크스주의자" 진영으로 보이는 사람들을 격하게 비난했다. "제조업 노동력의 규모가 절대적, 상대적으로 급격히 줄어든" 나라에 사는 이론가들, 또 '프롤레타리아적 주체'라는 것이 이제 진부해졌는지 아닌지를 게으르게 반추하면서 우리에게 '다중', 수평적 자발성 따위를 생각하라고 강요하는" 사람들을 비난한 것이다. 데이비스는 "하지만 『자본론』이 빅토리아 시대의 영국이나 뉴딜 시대의 미국보다 더 정확하게 묘사하는 거대한 산업화 사회에서 이는 논쟁거리가 될 수 없다. 중국의 공장 노동자, 광부, 건설 노동자 2억 명은 행성 전역에서 가장 위험한 계급이다. 그들이 현재의 거품을 깨고 완전히 각성한다면, 사회주의자들의 지구가 여전히 가능한지 아닌지를 결정해 줄 지도 모른다"고 말한다. (Mike Davis, "Spring Confronts Winter", *New Left Review* 72 [2011 11/12]:15). 중국 노동자와 실업자들은 물론 포스트 자본주의 정치를 향한 밀물 속에서 각자의 몫을 할 것이다. 하지만 그들을 "가장 위험한 계급"으로 규정하는 것은 분석적으로 의심스럽고 정치적인 수사로 보인다.

24. John Berger, *Lilac and Flag* (London: Granta, 1990), 49, 114.

25. Neuwirth, *Stealth of Nations*, 151-152.

26. Cf. Marx, *Capital Volume One*, 794-802.

27. Frederic Jameson, *Representing Capital*, 149. "마르크스는 이 끔찍한 상황을 완전고용 정책으로 시정해달라고 요구하는 것이 아니다. 그보다는 실업이 축적과 확장의 역학과 구조적으로 분리 불가능하다는 것을 보여 준다.[149] (⋯) 나는 전 지구적 규모로 진행되는 새로운 종류의 변혁적 정치를 발명하기 위해 이 모든 것을 비극적인 파토스가 아니라 일종의 전 지구적 실업이라는 기준에서 생각할 필요가 있다고 확신한다."(151)

28. Lefebvre, *La penseé marxiste et la ville*, 68.

29. Thomas Friedman, "Made in the World," *New York Times*, 2012년 1월 28일.

30. Lefebvre, *La penseé marxiste et la ville*, 137.

31. Cf. Lefebvre, *le droit a la ville* (Paris: Anthropos, 1968), 123-124.

32. Isaac Asimov, *Gold: The Final Science Fiction Collection* (New York:

HarperPrism, 1995), 224.

33. 앞의 책.

34. 앞의 책, 226에 인용됨.

35. 앞의 책, 227.

6장

1. Henri Lefebvre, *Critique of Everyday Life-Volume Two* (London: Verso, 2002, 351.

2. 앞의 책, 345.

3. Henri Lefebvre, *The Urban Revolution* (Minneapolis: University of Minnesota Press, 2003), 5.

4. Etienne Balibar, "Elements for a Theory of Transition," *Reading Capital* (London: Verso, 1971), 272, 281, 307.

5. 앞의 책, 307. 강조는 원문.

6. Louis Althusser, *The Philosophy of the Encounter: Later Writings* (London: Verso, 1978-1987), 197. 강조는 원문.

7. 아시모프 본인도 이런 위험이 있지 않을까 의심했고, 그 정도는 알고 있었다. 『파운데이션과 제국』에서 그는 개인의 마음 안에서 그들의 감정 생활을 조정하는 "뮬the Mule"이라는 정신적 존재를 만들어 낸다. "뮬"은 하리 셀든이 은하계를 위해 만든 심리 역사적인 거대 계획을 좌절시킨다. 뮬의 조작을 통해 사람들(개인으로서, 그리고 집단으로서)은 예전처럼 행동하고, 각자 논리 감각을 보유하며, 예전의 성품과 기억을 유지한다. 그렇지만 욕망하고 저항할 능력이 근본적으로 변하여, 어떤 단일한 개인도 사회역사적인 큰 흐름에 극적인 영향을 미칠 수 없다는 셀든의 가정을 무효화해 버린다.

8. Gustave Le Bon, *The Crowd: A Study of the Popular Mind* (1986), etext. virginia.edu/toc/modeng/public/BonCrow.html (2012년 3월 8일)

9. John Berger, G. (London: Hogarth Press, 1989), 10.

10. 데이비드 하비는 최근에 『반란의 도시*Rebel City: From the Right to the City to*

the Urban Revolution』(London: Verso, 2012)에서 이 은유를 지배계급에게 정면으로 던져, 염세주의적이고 "야성적"인 시위 폭도와 데모꾼들을 염세적이고 "야만적"이라고 매도할 게 아니라 자본주의의 "야만적" 성향에 대해, 그 금융가와 정치가 지배계급의 "야만적 본성"에 대해 성찰해 보라고 요구한다. "도덕적 나침반의 상실에 대해, 시민성의 쇠퇴에 대해, 엇나가는 젊은이들 사이에서 가족적 가치와 규율 의식이 서글프게 악화되는 현실에 대해 번지르르한 말투로 오만하게 구는" 그들의 태도에 대해 성찰해 보라는 것이다.(156) 그동안 "야만적인 은행가는 공공의 지갑을 털고 (…) 헤지펀드 운용자와 비공개 자산 운영의 천재들은 부의 세계를 약탈한다. 전화카드와 신용카드 회사는 모든 사람의 청구서에 수수께끼 같은 비용을 떠넘겼다."(156) 하비의 책은 강한 말투와 예리한 비판, 반자본주의적 투쟁을 위한 흥미있는 통찰이 가득 실려 있다. 하지만 "도시에 대한 권리에서 도시 혁명으로"라는 부제에도 불구하고 그 두 가지를 합해버린다는 결점이 있다. 이러한 개념적 혼란이 정치적 혼란을 초래하는 바람에 그 예리한 비판의 타당성에도 불구하고 하비는 실천에 대한 자신의 전망과 충분히 조화를 이루지 못한다.

11. Jean-Paul Sartre, *Critique of Dialectical Reason·Volume One* (London: Verso, 1976), 524.

12. Berger, *G.*, 68 ~ 69.

13. Berger, "The Nature of Mass Demonstrations", *John Berger: Selected Essays*, ed. Geoff Dyer (London: Bloomsbury, 2001), 247 ~ 248.

14. 2008년에 이스라엘 군대가 위협적으로 주둔하던 기간의 어느날, 통행금지 시간에 존 버거는 팔레스타인 라말라의 한 극장에 모인 군중 앞에서『*G*』에 나오는 이 구절을 큰 소리로 낭독했다. 충만하고 팽팽한 분위기에서 그는 자신들을 〔소설에 나오는〕1898년의 참여자들과 동일시하는 팔레스타인 남녀노소 앞에서 그 글을 낭독했다. 버거는 말했다. "나는 삼십년도 더 이후에 맞게 될 라말라에서의 바로 그 순간을 위해 〔삼십년 전에〕그 장을 썼다는 느낌이 들었다." (Andy Merrifield, *John Berger* [London: Reaktion Books, 2012], 207)

15. Andy Merrifield, *Magical Marxism* (London: Pluti, 2011), 91.

16. Peter Waterman, "International Labor Communication by Computer: The

Fifth International," *Working Paper Series No. 129*. Institute of Social Studies(ISS), The Hague, The Netherlands, 1992년 7월.

17. Marx, *Capital Volume One*, 445. 강조는 저자.

18. "협업"에 관한 마르크스의 논의(*Capital Volume One*, 13장)는 여전히 살펴볼 가치가 있다. 그 논의는 계속하여 기술적 진보와 집단적 인간 잠재력 사이의 관계에 대해 많은 이야기를 하며, 이는 자본주의의 위장 안에서만 벌어지는 일이 아니다. "노동자가 다른 노동자들과 계획된 방식에 따라 협력할 때, 그는 자신의 개인성의 차꼬를 벗어던지며, 인간이라는 자신의 종의 능력을 발전시킨다."고 마르크스는 말한다. (447) 이는 작업장에서만 일어나는 일은 아닐 것이다.

19. Marx, *Capital Volume One*, 449.

20. Larry Niven, "Flash Crowd," *Niven, The Flight of the Horse* (London: Futura Books, 1975), 105. 니븐의 공상과학소설에서 "와이어헤딩wireheading"은 전기 자극을 통해 일어난 직접적인 두뇌 보상 형태이다. 와이어헤딩을 통해 행복은 가능해지며, 쾌락 역시 상상할 수 있고, 감정은 경험이 된다. 니븐의『알려진 우주*Known Space*』 시리즈에서 와이어헤드는 두뇌 이식을 받은 사람, 소위 드라우드[droud:뇌에 미세한 전류를 흐르게 하여 쾌락 중추를 자극하는 기구. 옮긴이]라 불리는 시술을 받은 사람이다. 드라우드는 끊임없고 중독적인 쾌감을 자극하며, 대개 와이어헤드에게 손상을 입힌다. 그들의 생애에서 다른 모든 것의 우선순위가 밀리기 때문이다. 와이어헤드는 1995년 이후 유통된 쌍방 교류적 비디오 게임의 이름이기도 하다.   .

21. 앞의 책, 107.

22. 앞의 책, 117.

23. Michio Kaku, *Parallel Worlds* (London: Penguin, 2006), 175.

24. Niven, "Flash Crowd," 123.

25. 앞의 책, 158.

26. 앞의 책, 163.

27. Sartre, *Critique of Dialectical Reason*, 505.

28. 앞의 책, 356.

29. 앞의 책, 367

30. 앞의 책, 363. (강조는 원문).

31. Karl Marx, *Civil War in France* (New York: International Publishers, 1940), 123 (이탤릭체는 마르크스)

32. 앞의 책, 828.

33. 앞의 책, 559.

34. James Joyce, *Finnegans Wake* (Harmondsworth, UK: Penguin, 1976), 143.

35. 앞의 책, 143.

36. Cf. Brian Green, *The Elegant Universe* (London: Vintage Books, 2000), 264~265.

37. Gilles Deleuze & Felix Gattari, *Kafka: Toward a Minor Literature* (Minneapolis: University of Minnesota Press, 1986).

38. 앙리 르페브르는 『메타철학』(Paris: Editions du minuit, 1965)에서 나머지 *residues*와 "환원 불가능*irréducible*"이라는 개념을 사용한다. 그는 시스템을 전체화하면 일정한 나머지가 언제나 "축출"된다고 말한다. 각 경우에 남겨지는 것은 그 변증법적인 타자가 되며, 환원 불가능성이라는 점에서, 고집스러움이라는 점에서, 주저앉아 순응하기를 거부한다는 점에서 회귀하고 본질적이다. 가령, 철학은 일상, 축제, 놀이를 '축출' 한다. 기술 관료제는 욕망과 상상을 축출한다. 관료제는 '일탈' 과 전복을 축출한다. 이성과 합리성은 불합리성과 자발성을 축출한다.

39. 버틀러의 논문은 온라인 저널인 『트랜스버셜*Transversal*』에서 찾아볼 수 있다. http:// eipcp.net/transversal/1011/butler/en/ (2012년 7월 10일)

40. Hannah Arendt, *The Human Condition* [958] (Chicago: University of Chicago Press, 1999), 198

41. The Invisible Committee, *The Coming Insurrection* (Los Angeles: Semiotext(e), 2009).

42. 앞의 책, 112. 1960년대에 앨런 긴즈버그는 〈비-인스Be-ins〉와 정치 집회에서 옷을 벗어던지는 습관이 있었다. 그는 자신의 진정성을 표현하고 싶은 욕구가 컸다. 하지만 요즘은 벌거숭이가 되는 것은 오로지 약함이나 순진함과 어리석음의, 또는 그 모두의 표시일 뿐이다.

43. G. W. F. Hegel, *The Phenomenology of Spirit* (Oxford: Oxford University Pres, 1977), 19.

7장

1. 이 장 앞머리 제사에 쓰인 인용문은 미완으로 남은 카프의 최후작인 『성』에서 가져온 것이다. 『성』은 앙리 르페브르가 마지막으로 (다시 읽은) 책 가운데 하나이다. (*Conversations avec Henri Lefebvre* [Paris: Messidor, 1991, 23]) 아마 르페브르는 카프카의 이 책이 역사가 끝났다는 말을 듣는 이 교차점에서, 또다른 대안이 없는(TINA) 지점임을 이해하는 데 특히 적절하다고 생각했던 게 아닐까?

2. Jean-Paul Sartre, *The Imaginary* (New York: Routledge, 2004, 125)

3. Picture the Homeless: http://picturethehomeless.org/Documents/Flyers/citywide%20findings_Flyer.pdf.

5. 〈토지 되찾기〉 운동은 2006년 마이애미에서 처음 시작되었다. 몇 명의 활동가와 노숙자들이 마이애미의 리버티시티 구역에 있는 공유지와 나대지를 점거하여, 폐자재 합판과 패킹 팔레트, 함석 지붕과 골판지로 자체 운영되는 판자집을 짓고 우모자 마을(Umoja Village：통합 마을이라는 뜻)이라는 이름을 붙여, 집을 잃은 주민 53명을 거주하게 했다. 그 마을은 원인 모를 화재가 나서 소실되기까지 6개월간 유지되었다. 화재에도 불구하고 〈토지 되찾기〉 활동은 전국적으로 동정적인 사람들의 관심을 끌어, 젠트리피케이션, 약탈적 대출, 유도적인 금융 패키지를 통한 자본 의 투자에 맞서는 운동도 시작되었다. 〈토지 되찾기〉 운동은 마이클 무어의 영화 〈자본주의: 러브스토리Capitalism: A Love Story〉로 한층 더 큰 지원을 받았다. 그 영화는 활동가 맥스 라모Max Rameau를 주인공으로 삼아 마이애미 점령 운동과 퇴거 방어 네트워크의 성공을 집중조명했다.

6. 〈토지 되찾기〉 운동에 대해서는 다음을 참고할 것. www.takebacktheland.org/index.php?page=about-the-take-back-the-land--movement

7. Max Rameau, "Occupy to Liberate," www.organizingupgtade.com/2011/11max-rameau-occupy-to-liberate/.

8. Marcel Gauchet, "Les droits de l' homme ne sont pas une politique," Le débat

3 (1980, 7/8월): 3~21.

9. 여기서 주목할 사례는 반낙태주의를 내세우는 기독교 우파의 "생명의 권리Right to Life" 운동일 것이다. 그들은 난자가 인간이라고 믿으며, 피임이라는 "악행"에 반대하여 난자와 정자를 신성시한다.

10. Alexandre Kojéve, *Introduction to the Reading of Hegel: Lectures on the "Phenomenology of Spirit"* (Ithaca, NY: Cornell University Press, 1980), 9. 프랑스 작가 레이몽 케노Raymond Queneau는 1933년에서 1939년 사이에 파리의 〈사회과학고등연구원〉에서 했던 수업 내용을 책으로 펴내는 작업을 최종 감수했다. 그 내용은 여기저기 흩어져 있던 코제브의 노트와 메모 용지들을 정리하는 것이었다. 솔 벨로Saul Bellow의 아름다운 소설 『라벨스타인*Ravelstein*』에서 불멸의 인물로 형상화된 미국의 보수파 학자인 고 앨런 블룸Allan Bloom이 코제브 책의 본문을 편집하고 서문을 썼다. 블룸은 코제브를 "인간과 형이상학적 기초에 대한 마르크스의 빈약한 설명에 만족하지 못하여 진정한 철학의 원천을 찾아 헤겔로 돌아선 사려 깊고, 박식하며, 심오한 마르크스주의자"(viii)라고 불렀다. 헤겔의 자유주의를 받아들인 마르크스는 말할 것도 없이 블룸 같은 반마르크스주의 보수파들에게 받아들이기 훨씬 쉬운 존재였을 것이다. 코제브 본인은 그 이후 프랑스 외교관이 되었고 전 세계의 급진적 학생들이 주인-노예 변증법을 길거리에서 변화시키려 시도하던 1968년 5월에 죽었다.

11. Kojève, *Introduction to the Reading of Hegel*, 43. 없모든 대문자는 코제브 본인의 것.

12. G. W. F. Hegel, *Phenomenology of Spirit* (Oxford: Oxford University Press, 1981), 115.

13. Kojève, *Introduction to the Reading of Hegel*, 58.

14. 앞의 책.

15. Marx, *Capital·Volume One* (Harmondsworth, UK: Penguin, 1976), 342.

16. 앞의 책, 344.

17. 앞의 책.

18. "How about Gardening or Golfing at the Mall?", *New York Times*, 2012년 2월 5일.

19. Asimov, *Prelude to Foundation* (London: Voyager, 1988), 212.

20. Fredric Jameson, "Postmodernism, or, the Cultural Logic of Late Capitalism," *New Left Review* 146 (1984년 7/8월):87.

21. Salman Rushdie, "Outside the Whale", Rushdie, *Imaginary Homelands: Essays and Criticism*, 1981-1991 (London: Penguin, 1991), 99.

22. Franz Kafka, *The Castle* (New York: Penguin, 1997), 52.

23. Guy Debord, *Comments on the Society of the Spectacle* (London: Verso, 1991), 9.

24. David Harvey, *The Enigma of Capital and the Crisis of Capitalism* (London: Profile Books, 2010).

25. "Your Ad Here, on a Fire Truck? Broke Cities Sell Naming Rights," *New York Times*, 2012년 6월 24일.

26. Marx, *Communist Manifesto* (New York: Penguin, 2011), 67.

찾아보기

마주침의 정치

지은이_ 앤디 메리필드
옮긴이_ 김병화
감수 및 해제_ 서동진
펴낸이_ 이명회
펴낸곳_ 도서출판 이후
편집_ 김은주, 신원제, 유정언, 홍연숙
본문 디자인_ 천승회
표지 디자인_ 김태형

첫 번째 찍은 날 2015년 05월 28일

등록 _ 1998. 2. 18(제13-828호)
주소 _ 121-754 서울시 마포구 양화로 156, 1229호(동교동, 엘지팰리스 빌딩)
전화 _ 대표 02-3141-9640 편집 02-3141-9643 팩스 02-3141-9641
www.ewho.co.kr

ISBN 978-89-6157-079-4 93300
이 도서의 국립중앙도서관 출판예정도서목록(CIP)은 서지정보유통지원시스템 홈페이지
(http://seoji.nl.go.kr)와 국가자료공동목록시스템(http://www.nl.go.kr/kolisnet)에서 이용하
실 수 있습니다.(CIP 제어번호: CIP 2015013800)